Mafalda

Mafalda

El amor según Mafalda

QUINO

Lumen

Nota editorial

¿Qué es el amor? Es una de las preguntas que se ha venido haciendo la humanidad desde el inicio de los tiempos, y quién mejor que Quino y Mafalda para responderla con su particular mezcla de sabiduría y humor.

«¿Vos qué opinás del amor, Manolito?», le pregunta Susanita a su amigo, a lo que este contesta: «¿Del amor a qué?». Y es que el amor no tiene por qué dirigirse a alguien, ni mucho menos ser un amor romántico y acaramelado, ni atormentado y secreto, ni tampoco vincularse a una pareja. Quien conozca (¡pero ¿hay alguien en este mundo que todavía no lo haga?!) a Mafalda sabrá que Quino jamás pondría en su boca las tramas de princesas o las obsesiones por el amorío que a menudo asociamos a la imaginación de una niña. En todo caso, es a su amiga, la irremediable Susanita, a quien corresponden esos clichés, en una versión tan exasperada como irresistiblemente cómica. En la mencionada tira en la que Susanita y Manolito conversan sobre el amor, ella lo describe como flotar entre tules mientras oyes música de violines, pero para él es más bien como columpiarse en una hamaca mientras le tiras cascotazos a un tambor. El amor según Mafalda, y por tanto según Quino, habla mucho más de amistad, compasión, empatía y solidaridad, de amor al prójimo, amor propio y amor a las pequeñas cosas de la vida: la radio, los Beatles, el Pájaro Loco, los caramelos, las historias de cowboys, los libros o Brigitte Bardot. Y como es natural, también habla de su reverso: el odio, los celos, la incomprensión, el egoísmo, la desafección.

Quino lo sabe: la imaginación de un niño es mucho más grande de lo que nos dicen. El amor de un niño es mucho más grande de lo que nos cuentan. La amistad de un niño es mucho más grande de lo que jamás sospechamos. Y por eso ha construido a una familia de personajes preparados para ensanchar nuestro órgano bombeador y amatorio. Ya sea desde la ternura que desprenden Guille, Miguelito o Felipe, desde una versión más que original del espíritu, tan característica de las personalidades de Manolito, Susanita y Libertad, o desde la potentísima energía renovable que es siempre el discurso de Mafalda, la selección de viñetas que aquí presentamos podría asumirse como una guía de comportamiento ante las injusticias del mundo. Porque lo importante del amor no es ya el romanticismo de colores pálidos, sino la capacidad de contenernos, el trabajo de la amistad más atenta y, por último, el cuidado de los nuestros pero también del amplio mundo que habitamos para que siga siendo habitable en el futuro.

Por eso, cuando hablamos del «amor según Mafalda», de lo que estamos hablando en realidad es de la esperanza de un mundo mejor: de esa esperanza luminosa en manos de esos chicos locos de seis añitos a los que no les tiembla la voz al enfrentarse al poder. Así, podemos decir que el amor es Mafalda interesándose por la paz, el progreso, la humanidad y el conocimiento, o preguntando cómo puede ponerse una tirita en el alma después de haber visto a unos niños huérfanos en la calle. El amor es Felipe refugiándose en las historietas, o fingiendo que con el disfraz del Llanero Solitario podrá resolver todos sus miedos e inseguridades. El amor es Manolito cuando acaricia la hucha en la que se esconden sus monedas, pero también sus sueños de futuro. El amor es Susanita deseando —además de un marido médico y un futuro con «¡hijitos!»— ser buena persona, aunque sepa que la educaron en el individualismo. El amor es Miguelito filosofando sobre la patria, su propia idiosincrasia y el sentido de la vida. El amor es Guille proclamando que su mamá es la mujer más fuerte del mundo. Y el amor es, también, Libertad preocupándose por su padre, o haciendo ver a los adultos que hasta la niña más chiquita del mundo es capaz de plantarle cara a las injusticias más grandes.

Ahora que el mundo vive sumido en una enorme lista de tiranteces, adivinar qué es el amor, la solidaridad, la ternura y la amistad a través de una pequeña filósofa como lo es Mafalda se ha convertido casi en un acto de urgencia.

Así que, como dirían todos ellos, crispados y con los brazos en jarras: ¡no sean zanahorias y amen de verdad!

a Mafalda, Felipe, Manolito, Susanita, Miguelito, Guille y Libertad

QUINO

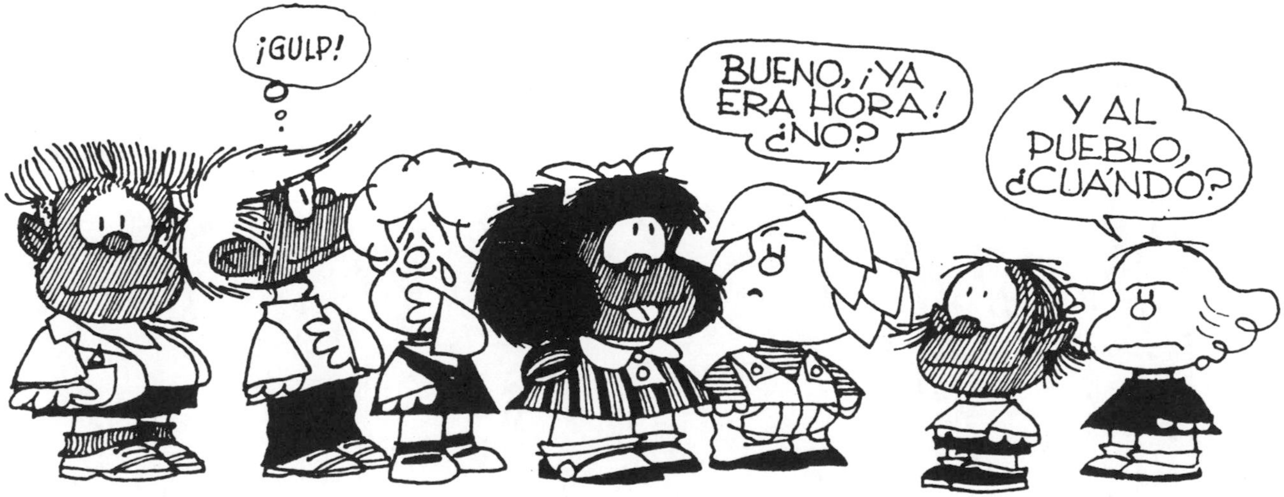
¡GULP!
BUENO, ¡YA ERA HORA! ¿NO?
Y AL PUEBLO, ¿CUÁNDO?

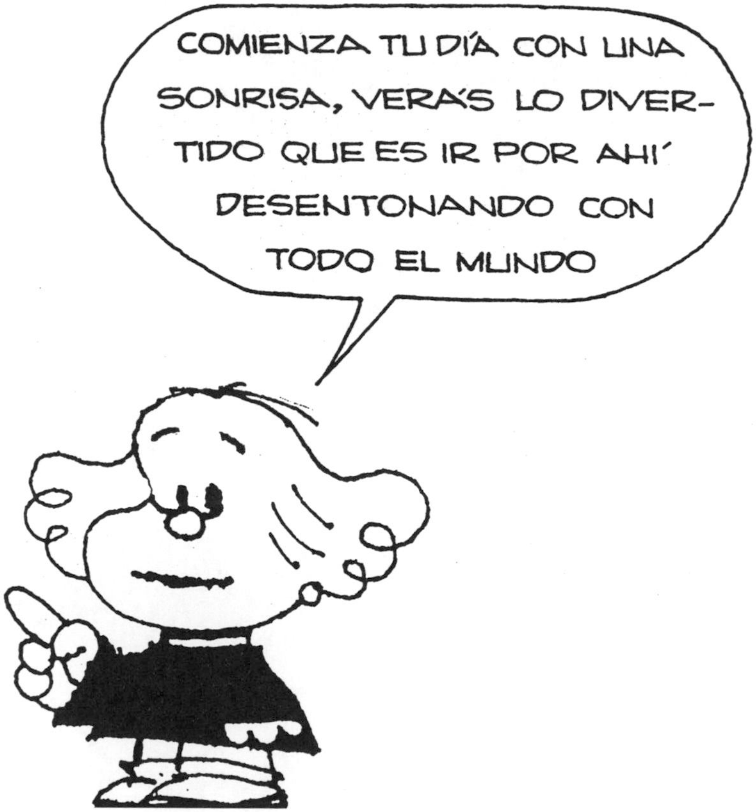
COMIENZA TU DÍA CON UNA SONRISA, VERÁS LO DIVERTIDO QUE ES IR POR AHÍ DESENTONANDO CON TODO EL MUNDO

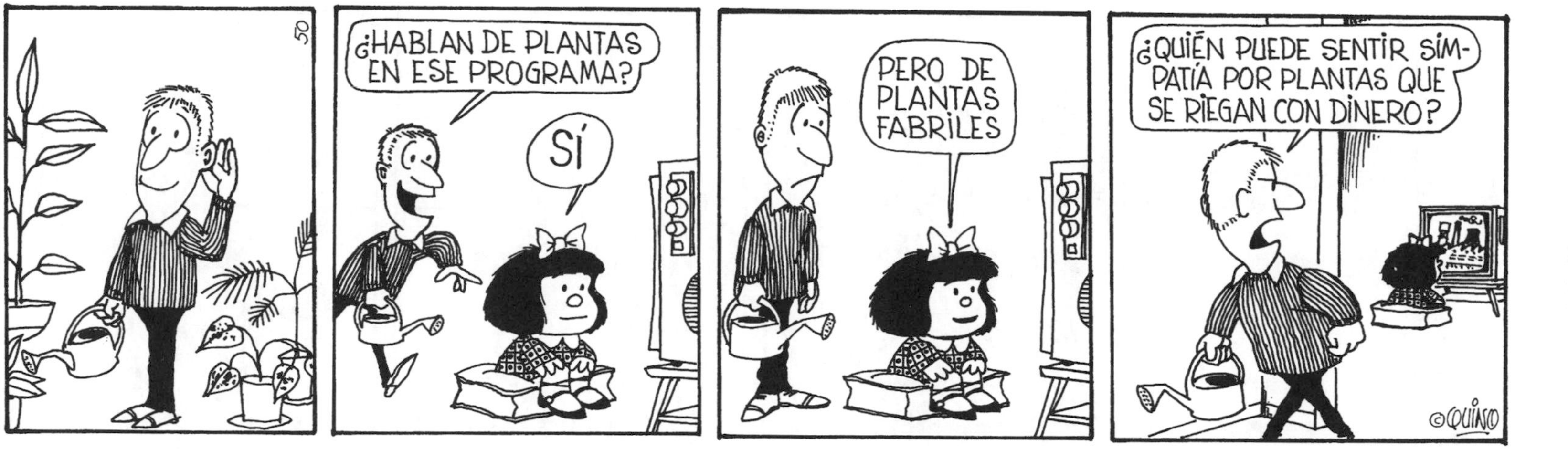
50
¿HABLAN DE PLANTAS EN ESE PROGRAMA?
SÍ
PERO DE PLANTAS FABRILES
¿QUIÉN PUEDE SENTIR SIMPATÍA POR PLANTAS QUE SE RIEGAN CON DINERO?
©QUINO

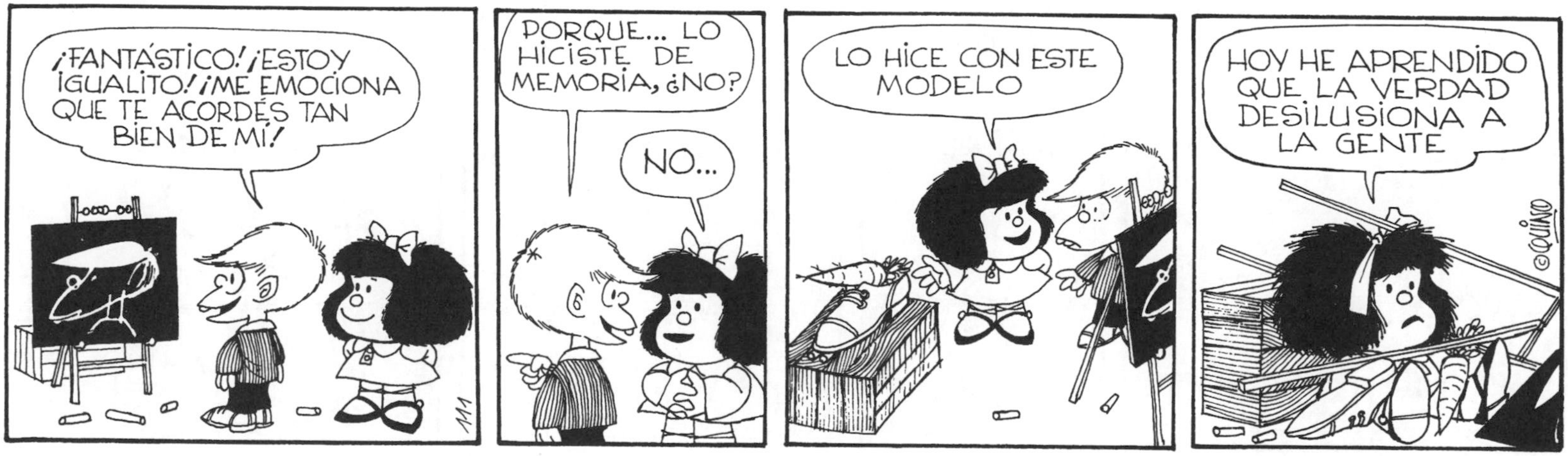
¡FANTÁSTICO! ¡ESTOY IGUALITO! ¡ME EMOCIONA QUE TE ACORDÉS TAN BIEN DE MÍ!
111
PORQUE... LO HICISTE DE MEMORIA, ¿NO?
NO...
LO HICE CON ESTE MODELO
HOY HE APRENDIDO QUE LA VERDAD DESILUSIONA A LA GENTE
©QUINO

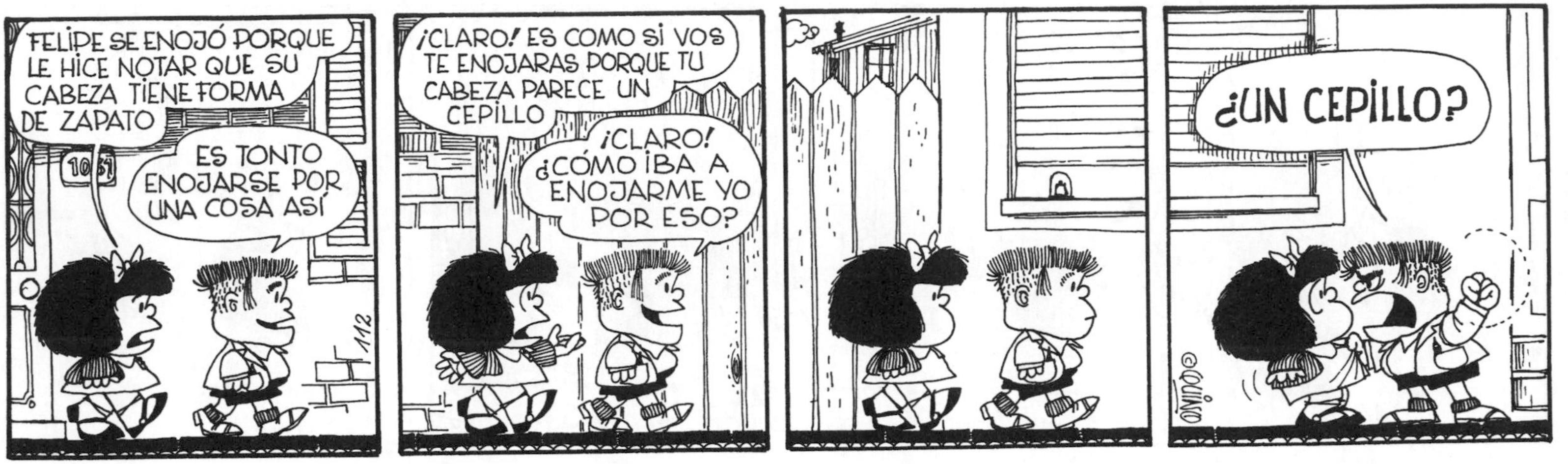
FELIPE SE ENOJÓ PORQUE LE HICE NOTAR QUE SU CABEZA TIENE FORMA DE ZAPATO
ES TONTO ENOJARSE POR UNA COSA ASÍ
¡CLARO! ES COMO SI VOS TE ENOJARAS PORQUE TU CABEZA PARECE UN CEPILLO
¡CLARO! ¿CÓMO IBA A ENOJARME YO POR ESO?
¿UN CEPILLO?
© QUINO

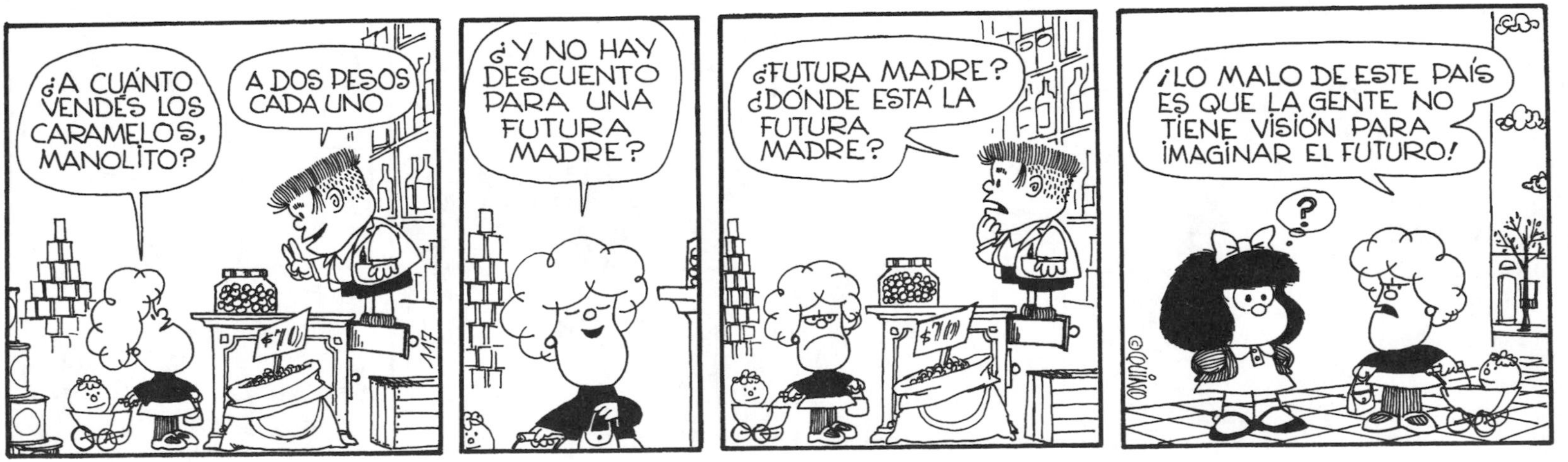
¿A CUÁNTO VENDÉS LOS CARAMELOS, MANOLITO?
A DOS PESOS CADA UNO
$70
¿Y NO HAY DESCUENTO PARA UNA FUTURA MADRE?
¿FUTURA MADRE? ¿DÓNDE ESTÁ LA FUTURA MADRE?
¡LO MALO DE ESTE PAÍS ES QUE LA GENTE NO TIENE VISIÓN PARA IMAGINAR EL FUTURO!
?
© QUINO

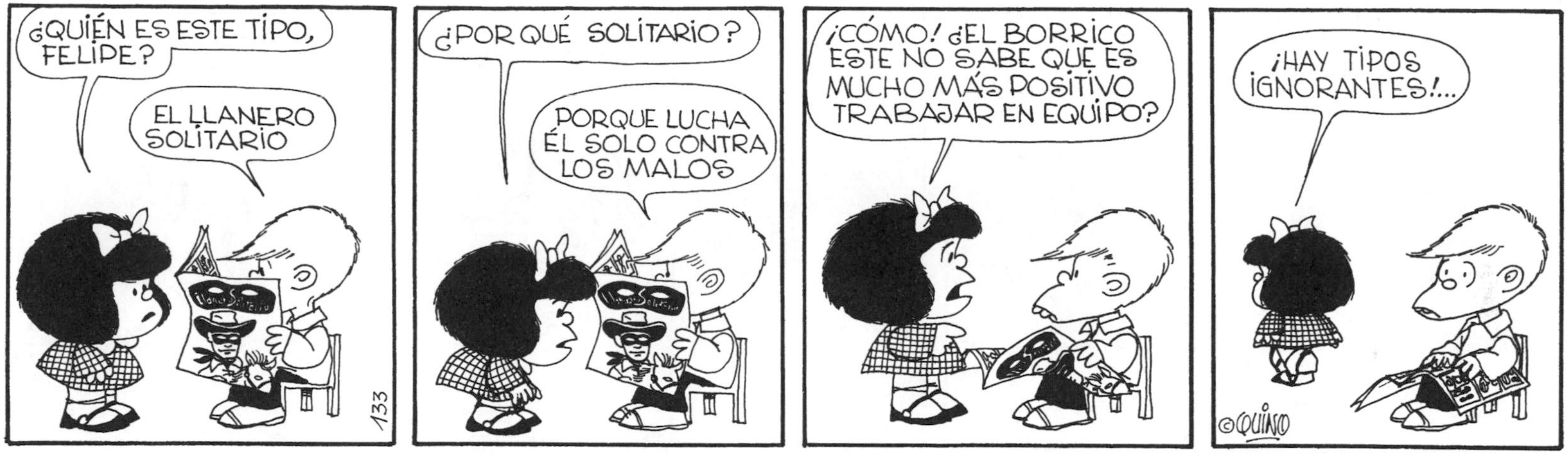
¿QUIÉN ES ESTE TIPO, FELIPE?
EL LLANERO SOLITARIO
133
¿POR QUÉ SOLITARIO?
PORQUE LUCHA ÉL SOLO CONTRA LOS MALOS
¡CÓMO! ¿EL BORRICO ESTE NO SABE QUE ES MUCHO MÁS POSITIVO TRABAJAR EN EQUIPO?
¡HAY TIPOS IGNORANTES!...
©QUINO

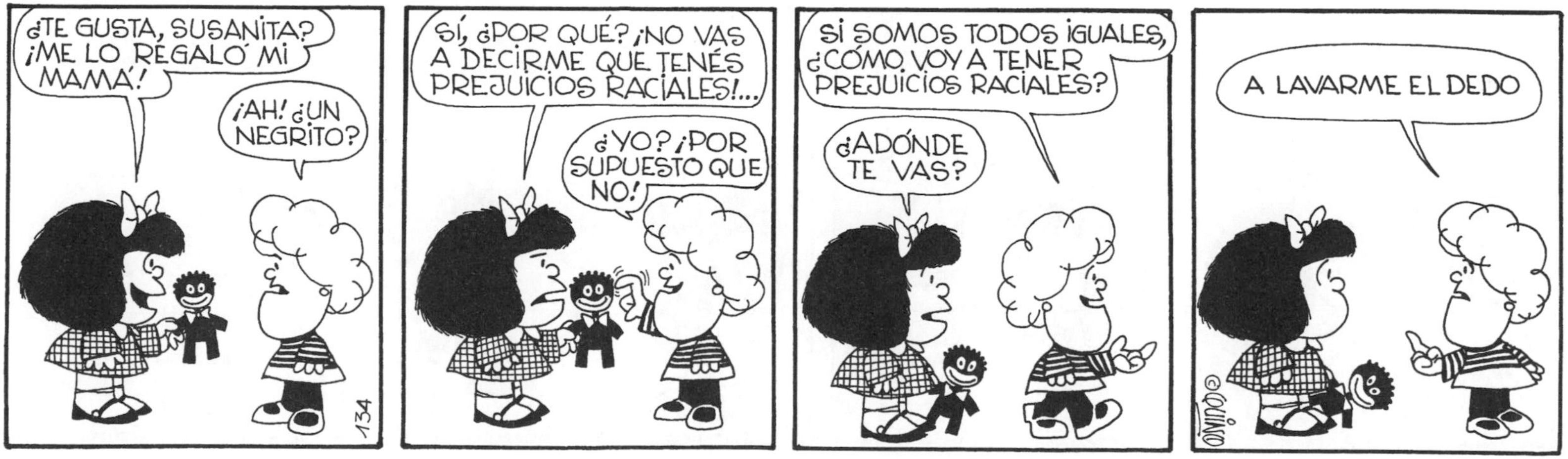
¿TE GUSTA, SUSANITA? ¡ME LO REGALÓ MI MAMÁ!
¡AH! ¿UN NEGRITO?
134
SÍ, ¿POR QUÉ? ¡NO VAS A DECIRME QUE TENÉS PREJUICIOS RACIALES!...
¿YO? ¡POR SUPUESTO QUE NO!
SI SOMOS TODOS IGUALES, ¿CÓMO VOY A TENER PREJUICIOS RACIALES?
¿ADÓNDE TE VAS?
A LAVARME EL DEDO
©QUINO

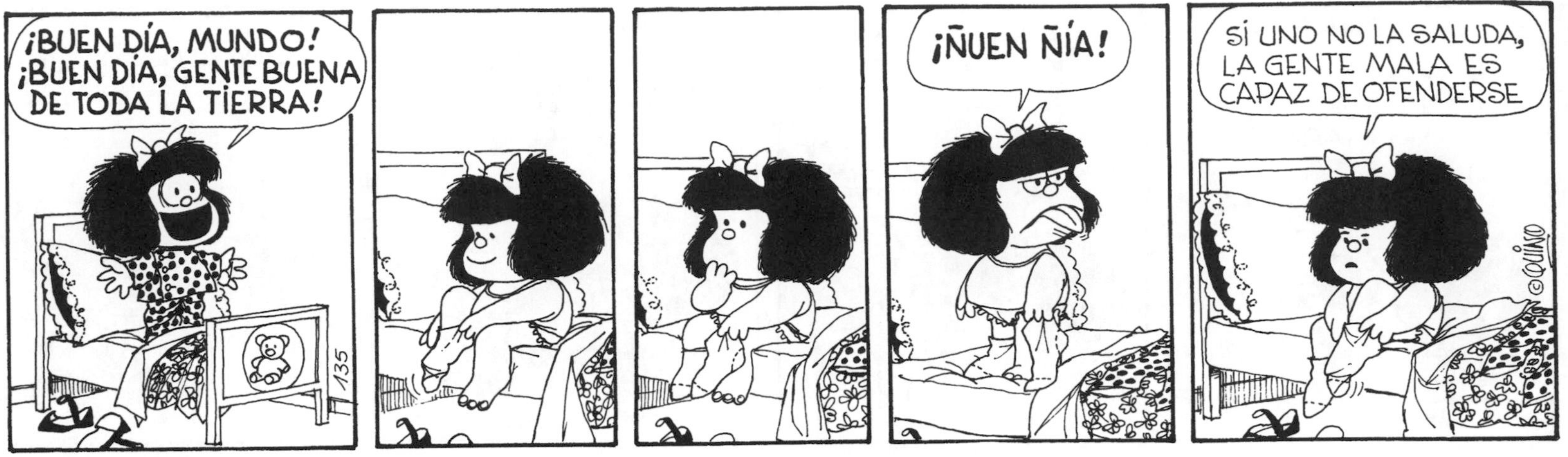
¡BUEN DÍA, MUNDO! ¡BUEN DÍA, GENTE BUENA DE TODA LA TIERRA!
135
¡ÑUEN ÑIA!
SÍ UNO NO LA SALUDA, LA GENTE MALA ES CAPAZ DE OFENDERSE
©QUINO

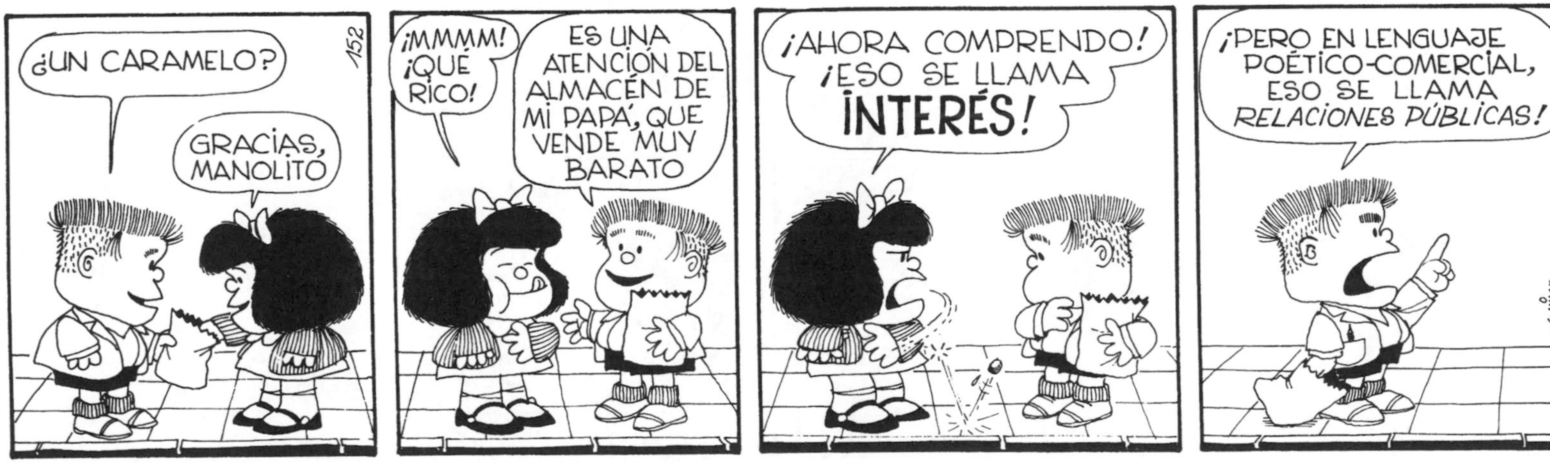
152
¿UN CARAMELO?
GRACIAS, MANOLITO
¡MMMM! ¡QUÉ RICO!
ES UNA ATENCIÓN DEL ALMACÉN DE MI PAPÁ, QUE VENDE MUY BARATO
¡AHORA COMPRENDO! ¡ESO SE LLAMA INTERÉS!
¡PERO EN LENGUAJE POÉTICO-COMERCIAL, ESO SE LLAMA *RELACIONES PÚBLICAS*!
©QUINO

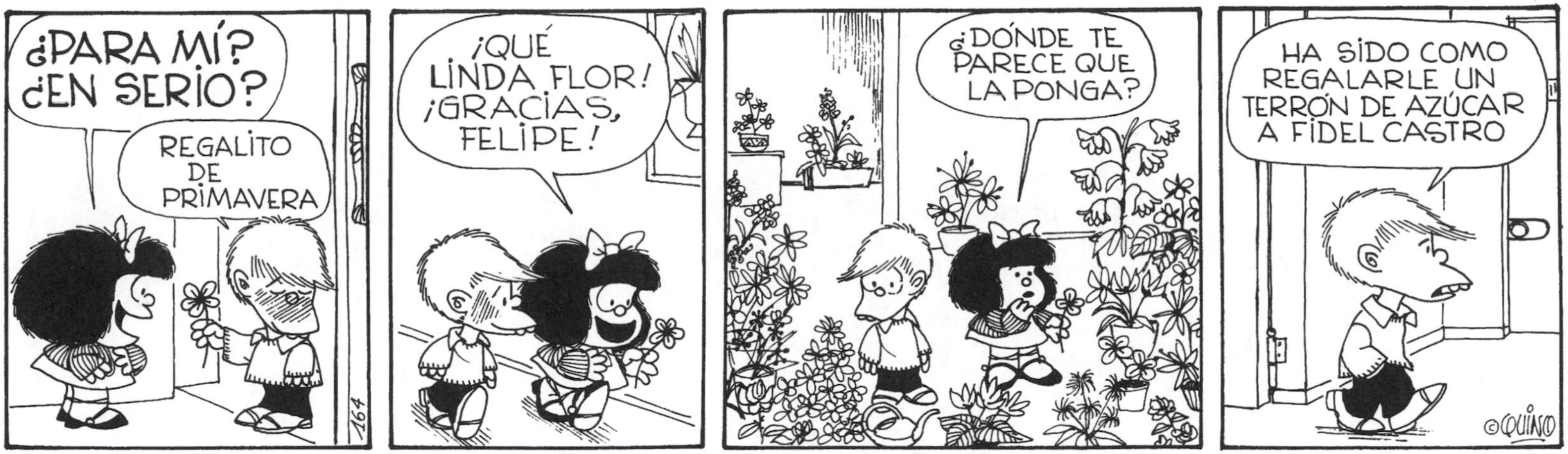
¿PARA MÍ? ¿EN SERIO?
REGALITO DE PRIMAVERA
164
¡QUÉ LINDA FLOR! ¡GRACIAS, FELIPE!
¿DÓNDE TE PARECE QUE LA PONGA?
HA SIDO COMO REGALARLE UN TERRÓN DE AZÚCAR A FIDEL CASTRO
©QUINO

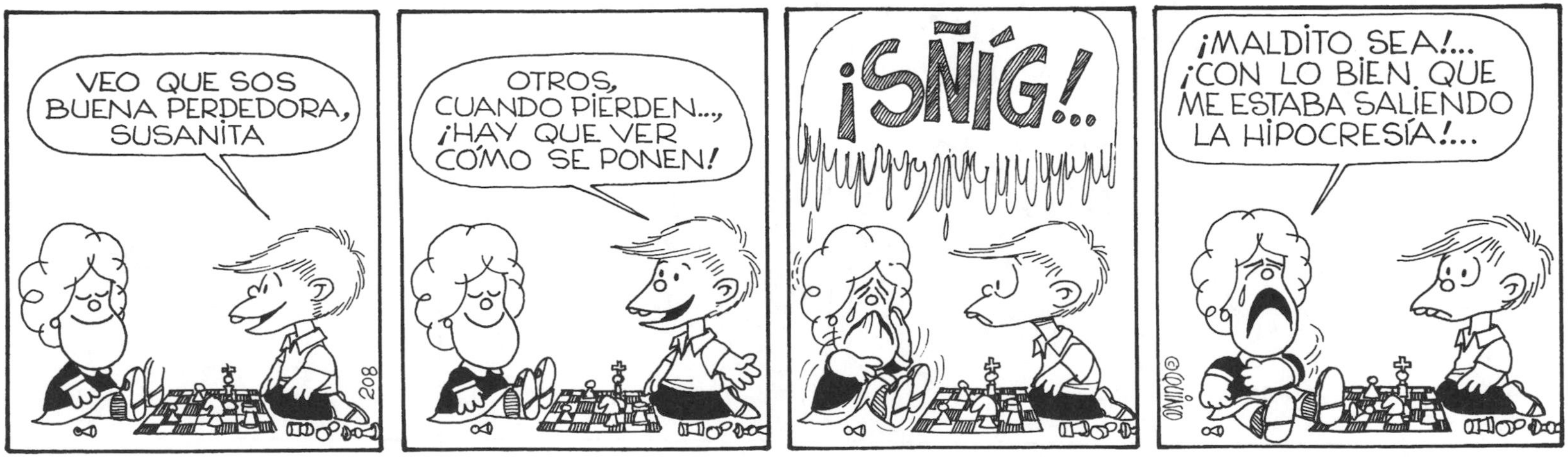
VEO QUE SOS BUENA PERDEDORA, SUSANITA
208
OTROS, CUANDO PIERDEN..., ¡HAY QUE VER CÓMO SE PONEN!
¡SÑIG!..
¡MALDITO SEA!... ¡CON LO BIEN QUE ME ESTABA SALIENDO LA HIPOCRESÍA!...
©QUINO

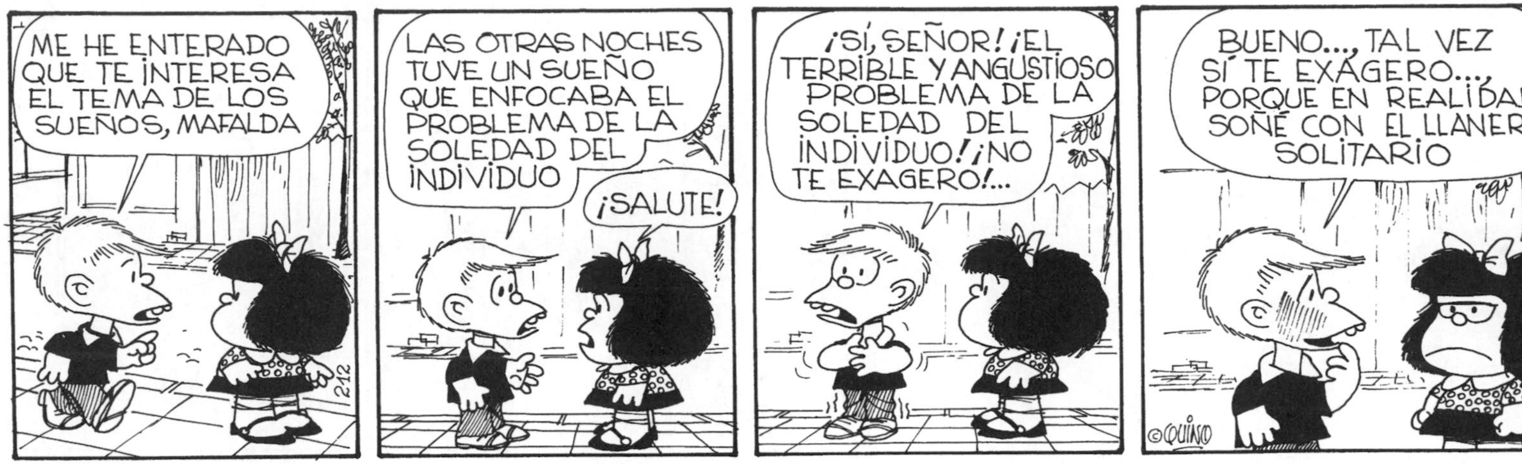
ME HE ENTERADO QUE TE INTERESA EL TEMA DE LOS SUEÑOS, MAFALDA
212
LAS OTRAS NOCHES TUVE UN SUEÑO QUE ENFOCABA EL PROBLEMA DE LA SOLEDAD DEL INDIVIDUO
¡SALUTE!
¡SÍ, SEÑOR! ¡EL TERRIBLE Y ANGUSTIOSO PROBLEMA DE LA SOLEDAD DEL INDIVIDUO! ¡NO TE EXAGERO!...
BUENO..., TAL VEZ SÍ TE EXAGERO..., PORQUE EN REALIDAD, SOÑÉ CON EL LLANERO SOLITARIO
©QUINO

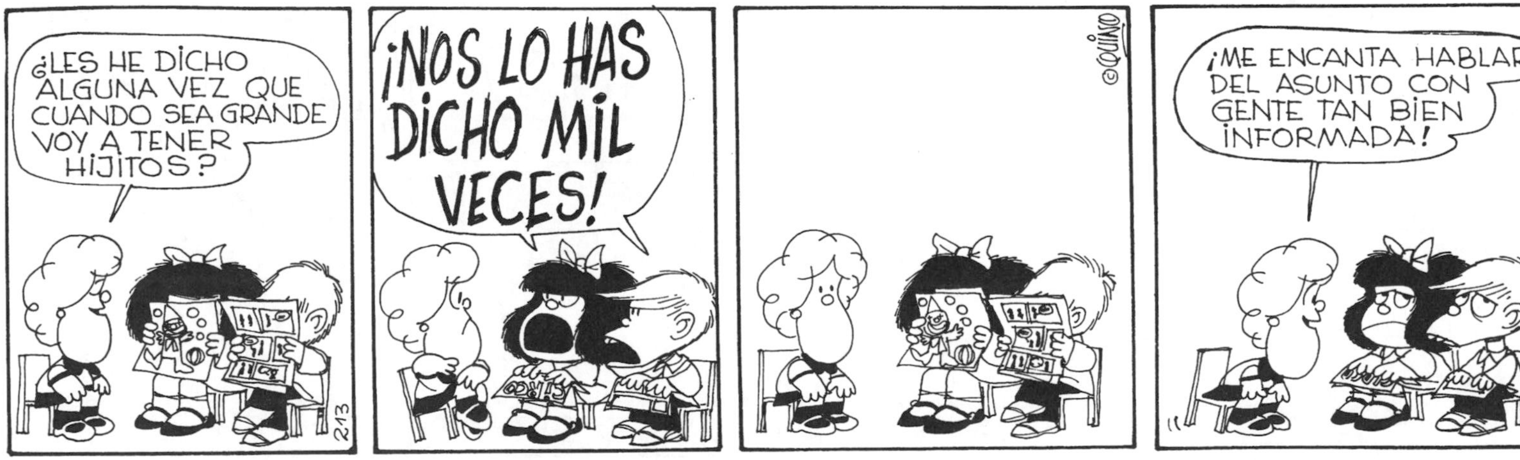
¿LES HE DICHO ALGUNA VEZ QUE CUANDO SEA GRANDE VOY A TENER HIJITOS?
213
¡NOS LO HAS DICHO MIL VECES!
©QUINO
¡ME ENCANTA HABLAR DEL ASUNTO CON GENTE TAN BIEN INFORMADA!

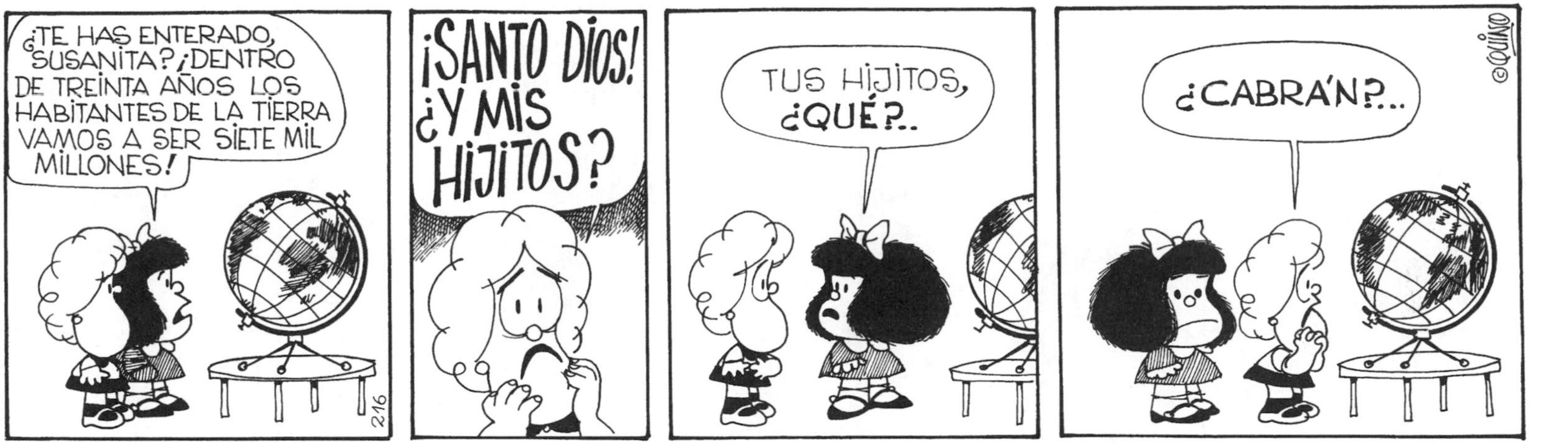
¿TE HAS ENTERADO, SUSANITA? ¡DENTRO DE TREINTA AÑOS LOS HABITANTES DE LA TIERRA VAMOS A SER SIETE MIL MILLONES!
216
¡SANTO DIOS! ¿Y MIS HIJITOS?
TUS HIJITOS, ¿QUÉ?..
¿CABRÁN?...
©QUINO

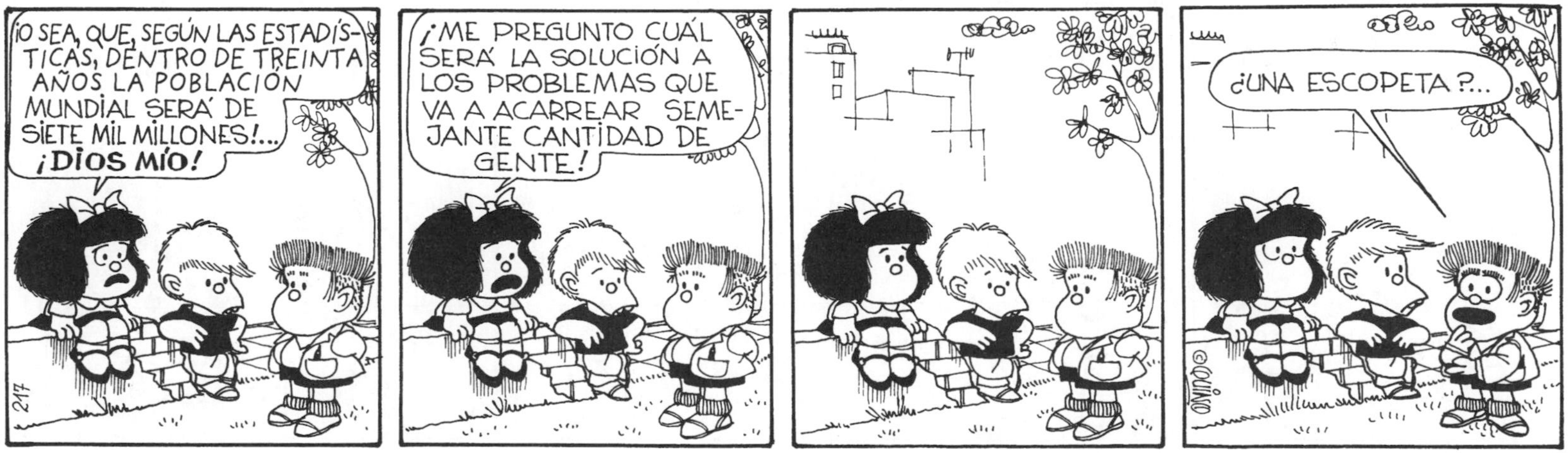
¡O SEA, QUE, SEGÚN LAS ESTADÍSTICAS, DENTRO DE TREINTA AÑOS LA POBLACIÓN MUNDIAL SERÁ DE SIETE MIL MILLONES!... ¡DIOS MÍO!
217
¡ME PREGUNTO CUÁL SERÁ LA SOLUCIÓN A LOS PROBLEMAS QUE VA A ACARREAR SEMEJANTE CANTIDAD DE GENTE!
¿UNA ESCOPETA?...
©QUINO

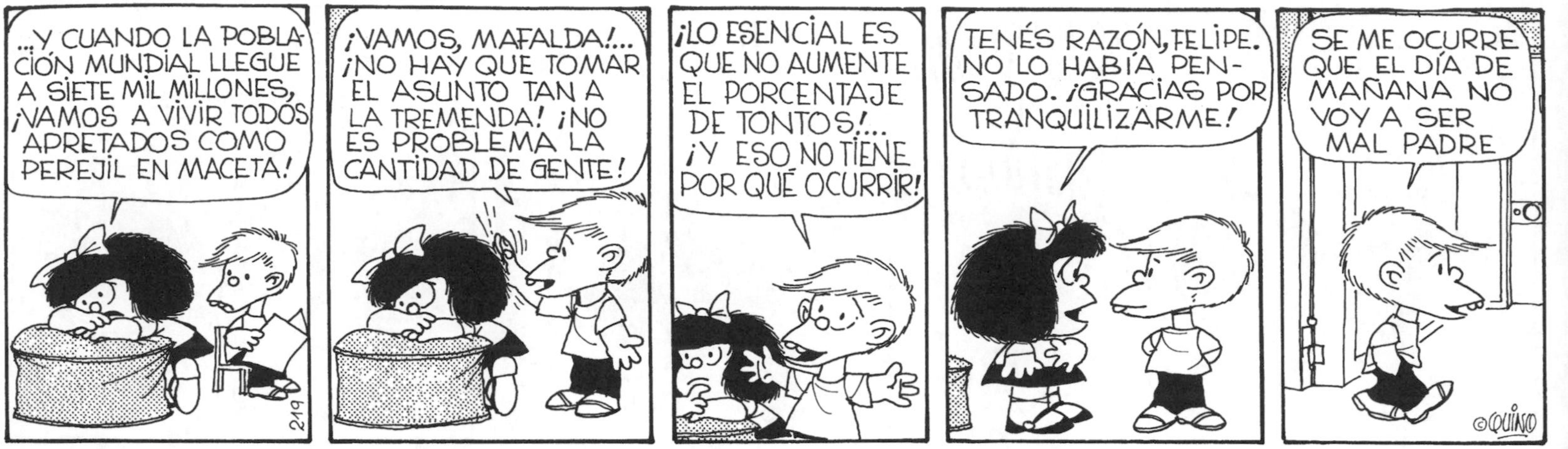
...Y CUANDO LA POBLACIÓN MUNDIAL LLEGUE A SIETE MIL MILLONES, ¡VAMOS A VIVIR TODOS APRETADOS COMO PEREJIL EN MACETA!
219
¡VAMOS, MAFALDA!... ¡NO HAY QUE TOMAR EL ASUNTO TAN A LA TREMENDA! ¡NO ES PROBLEMA LA CANTIDAD DE GENTE!
¡LO ESENCIAL ES QUE NO AUMENTE EL PORCENTAJE DE TONTOS!... ¡Y ESO NO TIENE POR QUÉ OCURRIR!
TENÉS RAZÓN, FELIPE. NO LO HABÍA PENSADO. ¡GRACIAS POR TRANQUILIZARME!
SE ME OCURRE QUE EL DÍA DE MAÑANA NO VOY A SER MAL PADRE
©QUINO

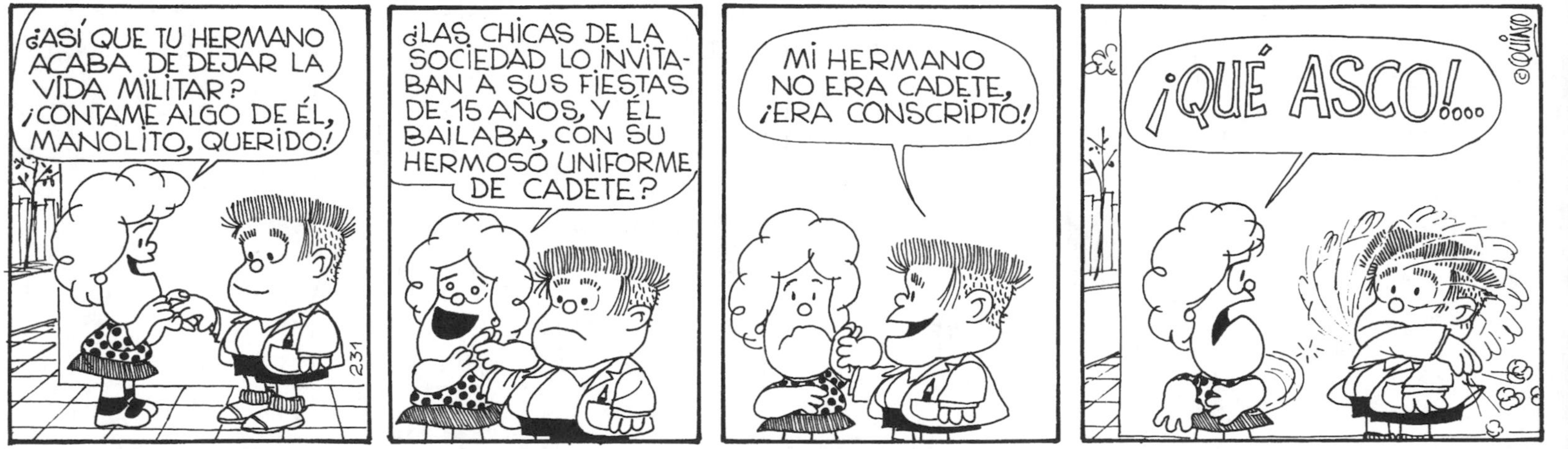
¿ASÍ QUE TU HERMANO ACABA DE DEJAR LA VIDA MILITAR? ¡CONTAME ALGO DE ÉL, MANOLITO, QUERIDO!
231
¿LAS CHICAS DE LA SOCIEDAD LO INVITABAN A SUS FIESTAS DE 15 AÑOS, Y ÉL BAILABA, CON SU HERMOSO UNIFORME DE CADETE?
MI HERMANO NO ERA CADETE, ¡ERA CONSCRIPTO!
¡QUÉ ASCO!...
©QUINO

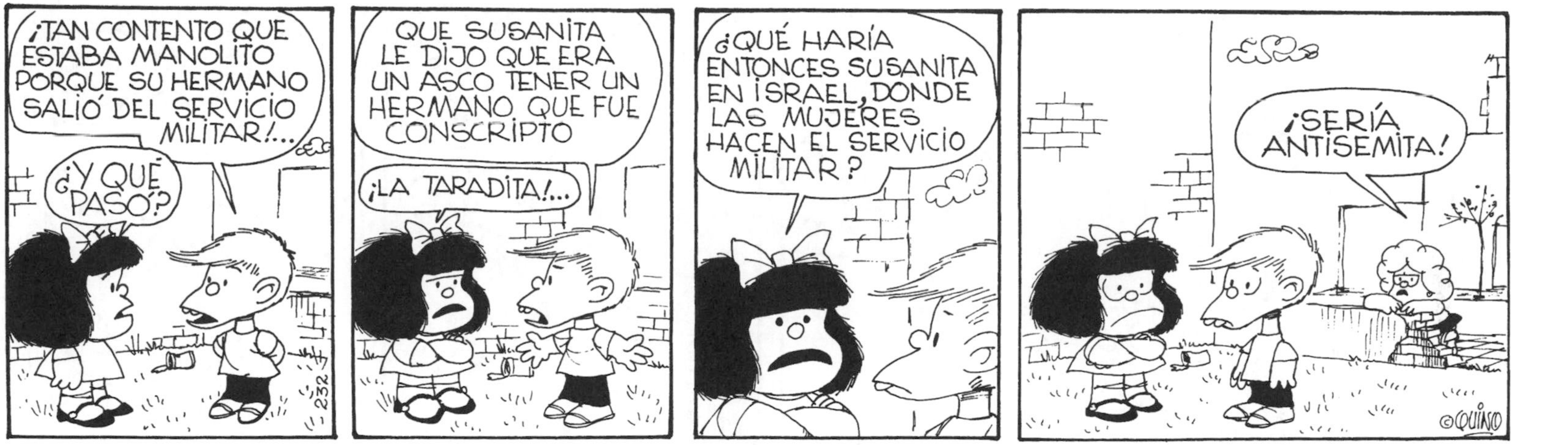
¡TAN CONTENTO QUE ESTABA MANOLITO PORQUE SU HERMANO SALIÓ DEL SERVICIO MILITAR!...
¿Y QUÉ PASÓ?
232
QUE SUSANITA LE DIJO QUE ERA UN ASCO TENER UN HERMANO QUE FUE CONSCRIPTO
¡LA TARADITA!...
¿QUÉ HARÍA ENTONCES SUSANITA EN ISRAEL, DONDE LAS MUJERES HACEN EL SERVICIO MILITAR?
¡SERÍA ANTISEMITA!
©QUINO

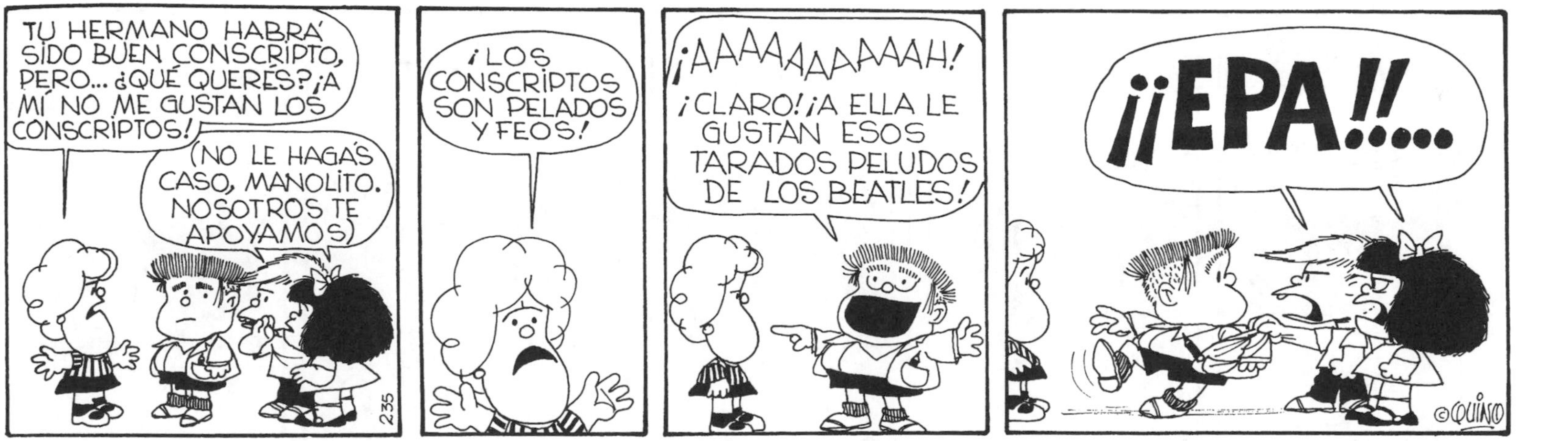
TU HERMANO HABRÁ SIDO BUEN CONSCRIPTO, PERO... ¿QUÉ QUERÉS? ¡A MÍ NO ME GUSTAN LOS CONSCRIPTOS!
(NO LE HAGÁS CASO, MANOLITO. NOSOTROS TE APOYAMOS)
235
¡LOS CONSCRIPTOS SON PELADOS Y FEOS!
¡AAAAAAAAAAH!
¡CLARO! ¡A ELLA LE GUSTAN ESOS TARADOS PELUDOS DE LOS BEATLES!
¡¡EPA!!...
©QUINO

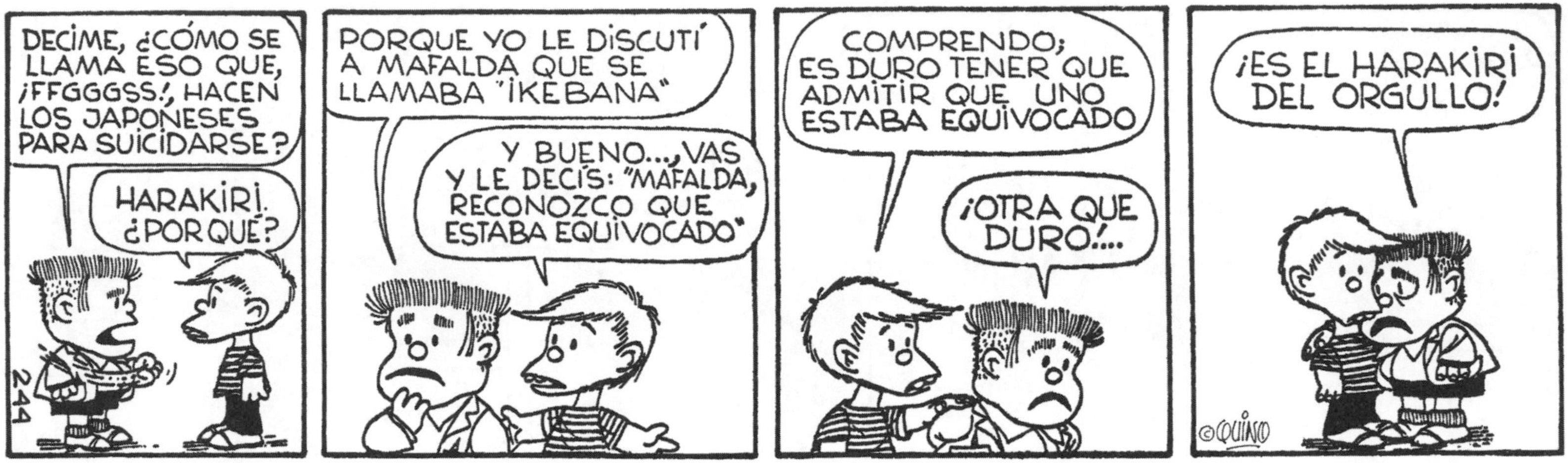
DECIME, ¿CÓMO SE LLAMA ESO QUE, ¡FFGGGSS!, HACEN LOS JAPONESES PARA SUICIDARSE?
HARAKIRI. ¿POR QUÉ?
244
PORQUE YO LE DISCUTÍ A MAFALDA QUE SE LLAMABA "IKEBANA"
Y BUENO..., VAS Y LE DECÍS: "MAFALDA, RECONOZCO QUE ESTABA EQUIVOCADO"
COMPRENDO; ES DURO TENER QUE ADMITIR QUE UNO ESTABA EQUIVOCADO
¡OTRA QUE DURO!...
¡ES EL HARAKIRI DEL ORGULLO!
©QUINO

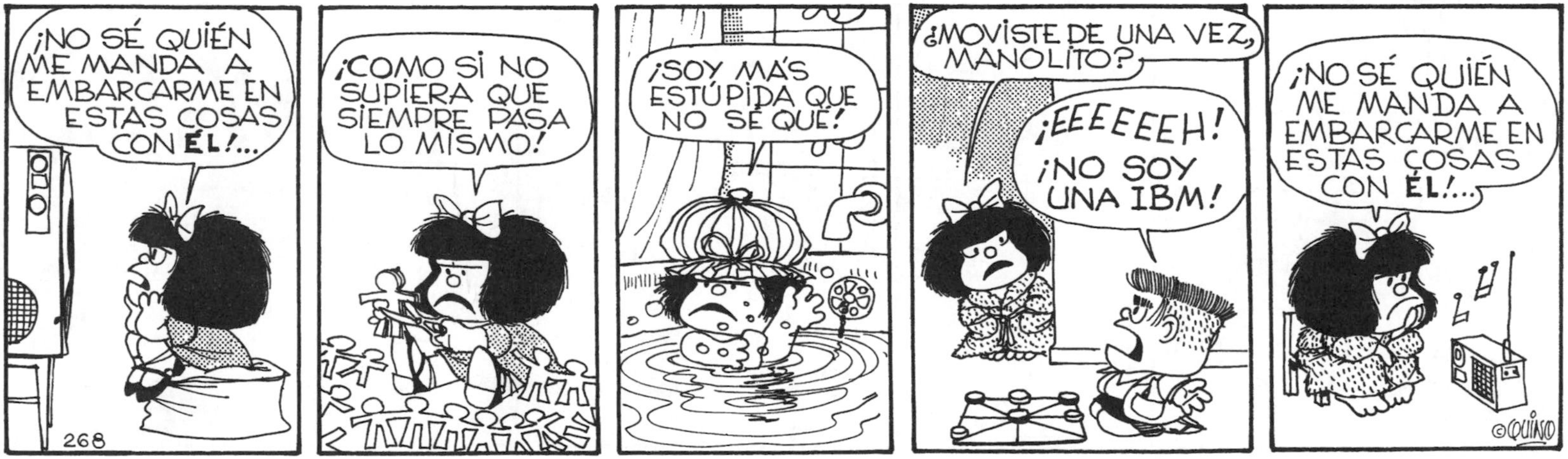
¡NO SÉ QUIÉN ME MANDA A EMBARCARME EN ESTAS COSAS CON ÉL!...
268
¡COMO SI NO SUPIERA QUE SIEMPRE PASA LO MISMO!
¡SOY MÁS ESTÚPIDA QUE NO SÉ QUÉ!
¿MOVISTE DE UNA VEZ, MANOLITO?
¡EEEEEEH!
¡NO SOY UNA IBM!
¡NO SÉ QUIÉN ME MANDA A EMBARCARME EN ESTAS COSAS CON ÉL!...
©QUINO

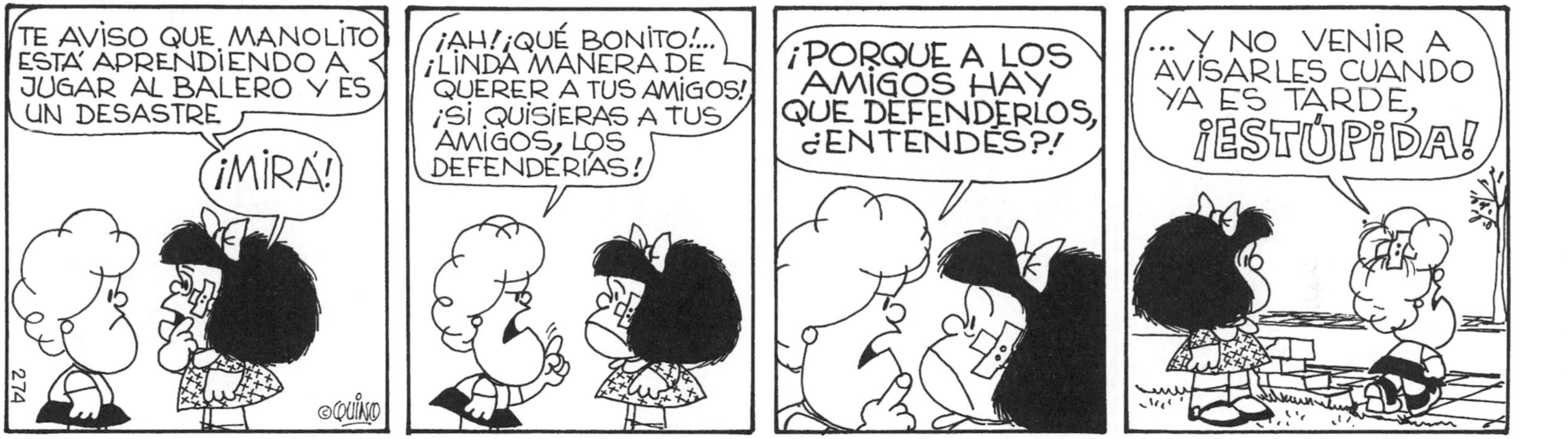
TE AVISO QUE MANOLITO ESTÁ APRENDIENDO A JUGAR AL BALERO Y ES UN DESASTRE
¡MIRÁ!
274
©QUINO
¡AH! ¡QUÉ BONITO!... ¡LINDA MANERA DE QUERER A TUS AMIGOS! ¡SI QUISIERAS A TUS AMIGOS, LOS DEFENDERÍAS!
¡PORQUE A LOS AMIGOS HAY QUE DEFENDERLOS, ¿ENTENDÉS?!
... Y NO VENIR A AVISARLES CUANDO YA ES TARDE, ¡ESTÚPIDA!

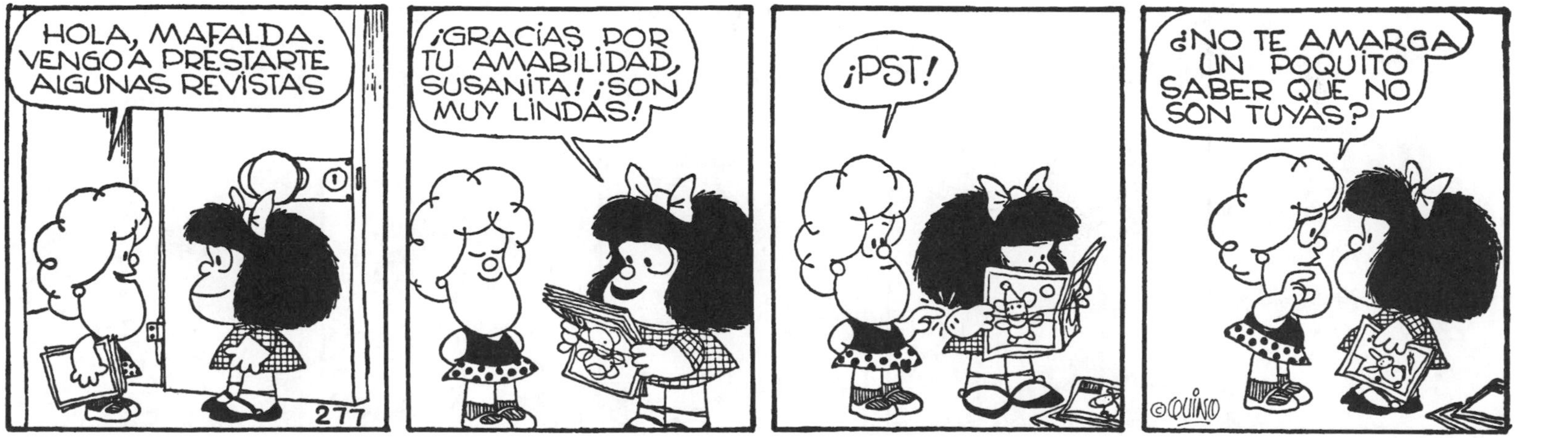
HOLA, MAFALDA. VENGO A PRESTARTE ALGUNAS REVISTAS
277
¡GRACIAS POR TU AMABILIDAD, SUSANITA! ¡SON MUY LINDAS!
¡PST!
¿NO TE AMARGA UN POQUITO SABER QUE NO SON TUYAS?
©QUINO

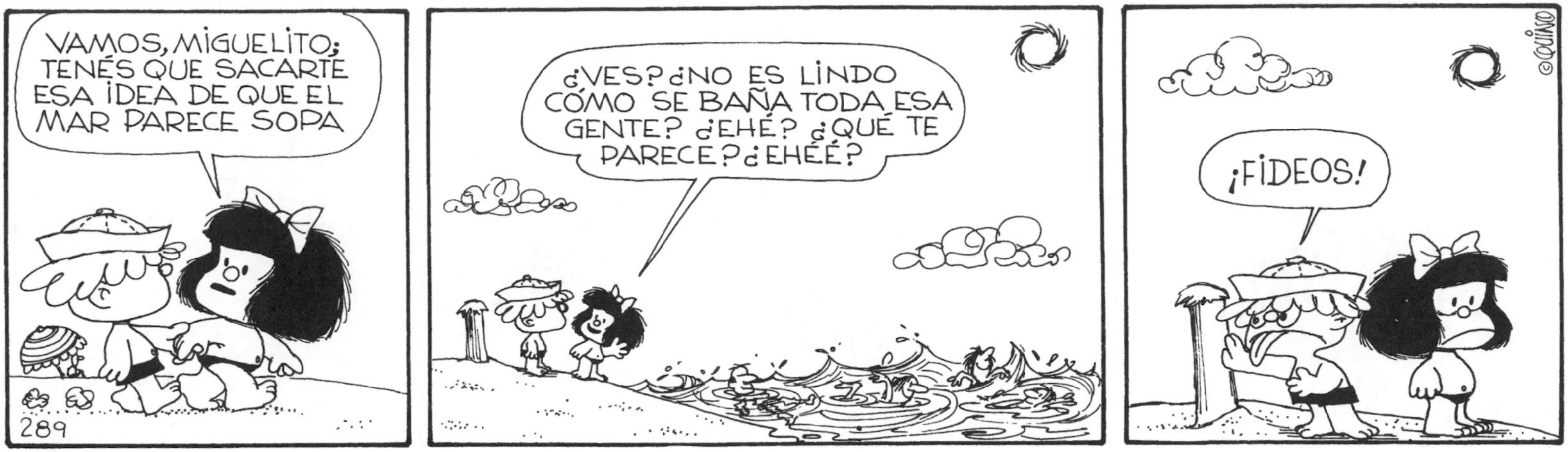
VAMOS, MIGUELITO; TENÉS QUE SACARTE ESA IDEA DE QUE EL MAR PARECE SOPA
289
¿VES? ¿NO ES LINDO CÓMO SE BAÑA TODA ESA GENTE? ¿EHÉ? ¿QUÉ TE PARECE? ¿EHÉÉ?
¡FIDEOS!
©QUINO

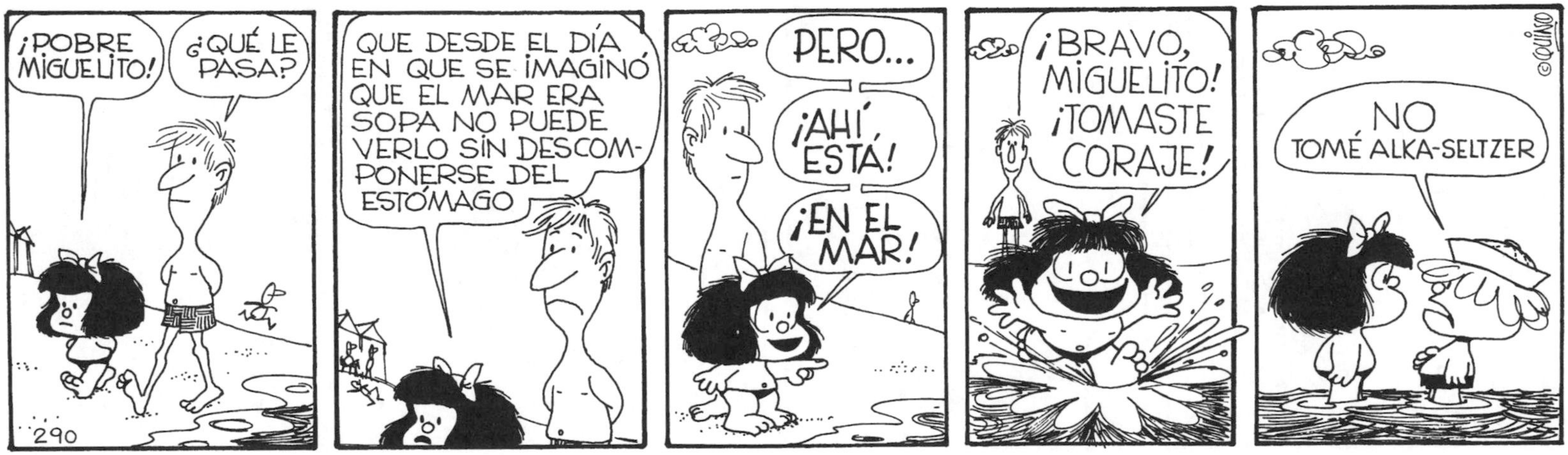
¡POBRE MIGUELITO!
¿QUÉ LE PASA?
290
QUE DESDE EL DÍA EN QUE SE IMAGINÓ QUE EL MAR ERA SOPA NO PUEDE VERLO SIN DESCOMPONERSE DEL ESTÓMAGO
PERO...
¡AHÍ ESTÁ!
¡EN EL MAR!
¡BRAVO, MIGUELITO! ¡TOMASTE CORAJE!
NO TOMÉ ALKA-SELTZER
©QUINO

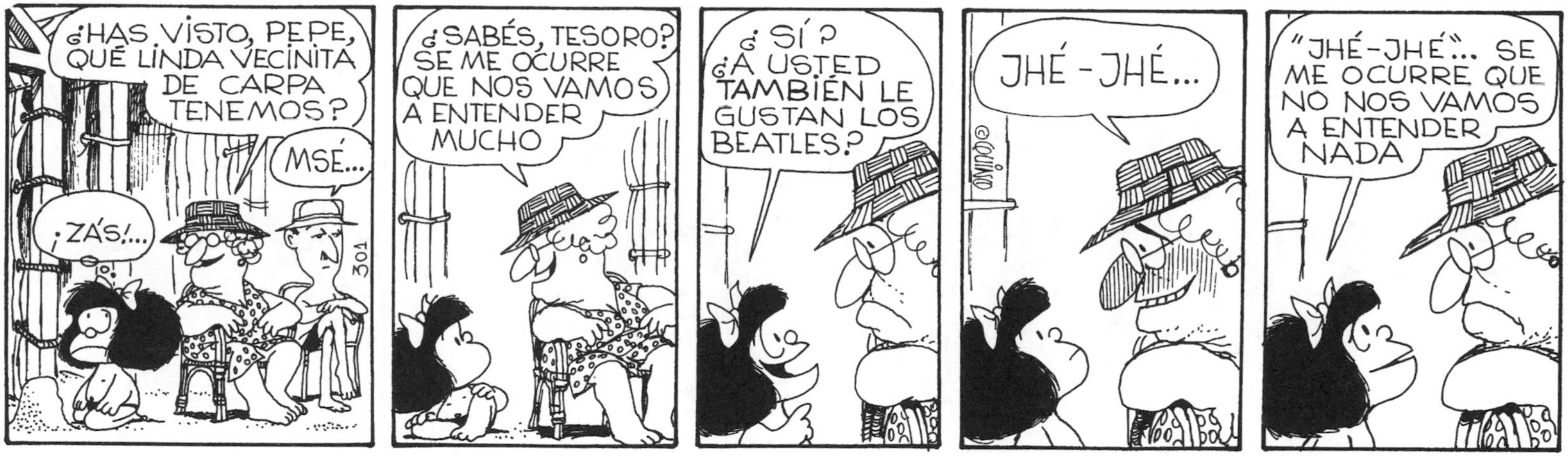
¿HAS VISTO, PEPE, QUÉ LINDA VECINITA DE CARPA TENEMOS?
MSÉ...
¡ZÁS!...
301
¿SABÉS, TESORO? SE ME OCURRE QUE NOS VAMOS A ENTENDER MUCHO
¿SÍ? ¿A USTED TAMBIÉN LE GUSTAN LOS BEATLES?
©QUINO
JHÉ-JHÉ...
"JHÉ-JHÉ"... SE ME OCURRE QUE NO NOS VAMOS A ENTENDER NADA

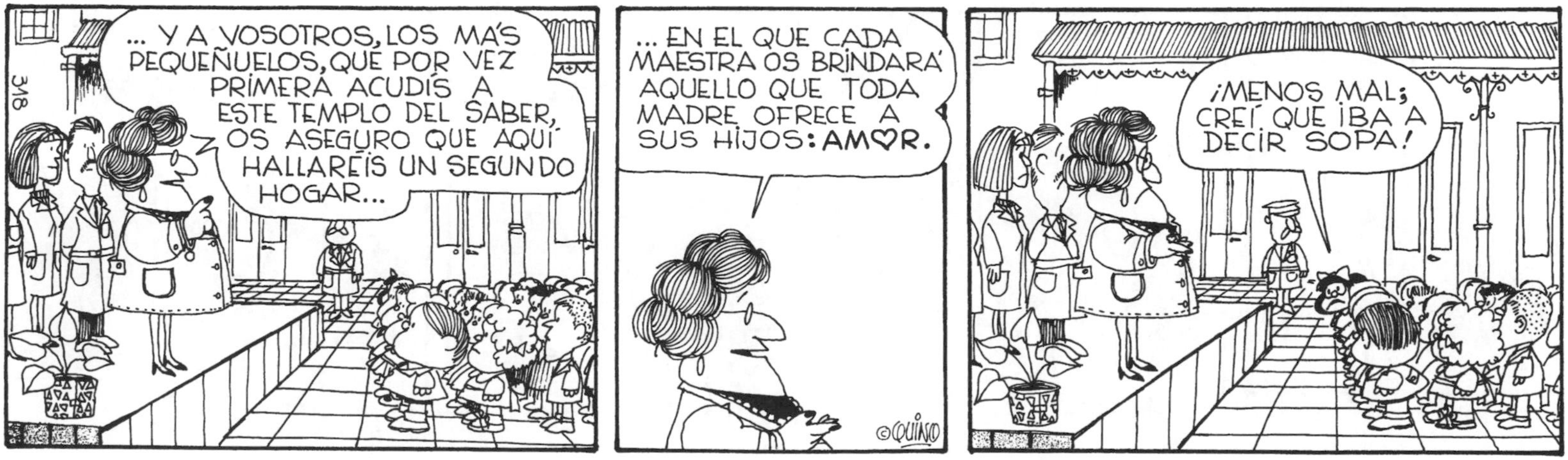
318
... Y A VOSOTROS, LOS MÁS PEQUEÑUELOS, QUE POR VEZ PRIMERA ACUDÍS A ESTE TEMPLO DEL SABER, OS ASEGURO QUE AQUÍ HALLARÉIS UN SEGUNDO HOGAR...
... EN EL QUE CADA MAESTRA OS BRINDARÁ AQUELLO QUE TODA MADRE OFRECE A SUS HIJOS: AMOR.
©QUINO
¡MENOS MAL; CREÍ QUE IBA A DECIR SOPA!

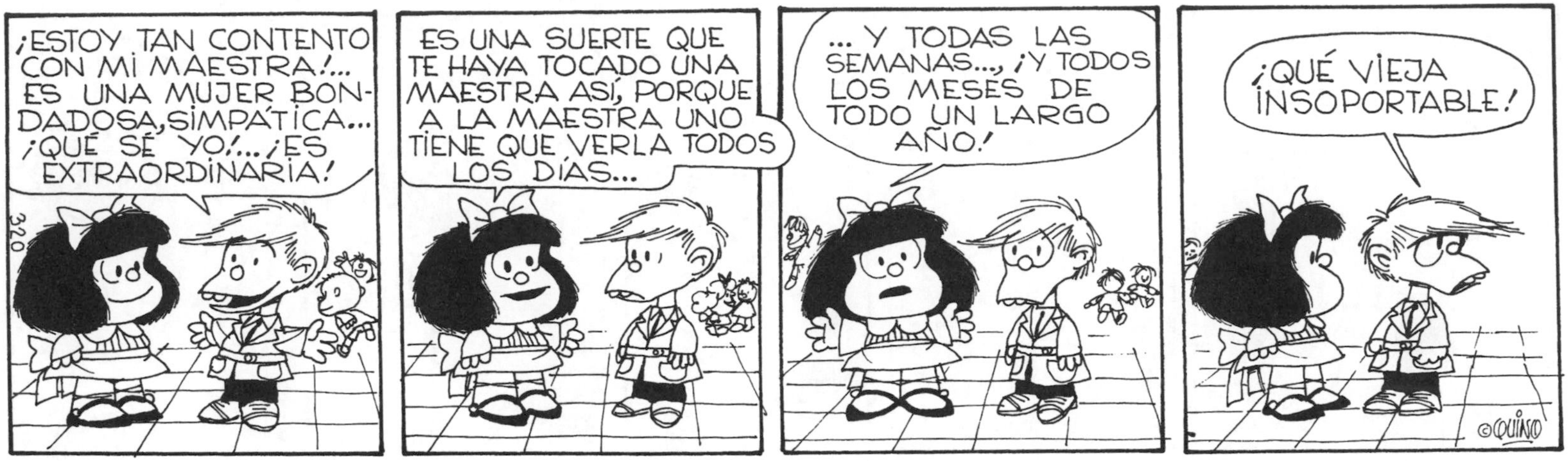
320
¡ESTOY TAN CONTENTO CON MI MAESTRA!... ES UNA MUJER BONDADOSA, SIMPÁTICA... ¡QUÉ SÉ YO!... ¡ES EXTRAORDINARIA!
ES UNA SUERTE QUE TE HAYA TOCADO UNA MAESTRA ASÍ, PORQUE A LA MAESTRA UNO TIENE QUE VERLA TODOS LOS DÍAS...
... Y TODAS LAS SEMANAS..., ¡Y TODOS LOS MESES DE TODO UN LARGO AÑO!
¡QUÉ VIEJA INSOPORTABLE!
©QUINO

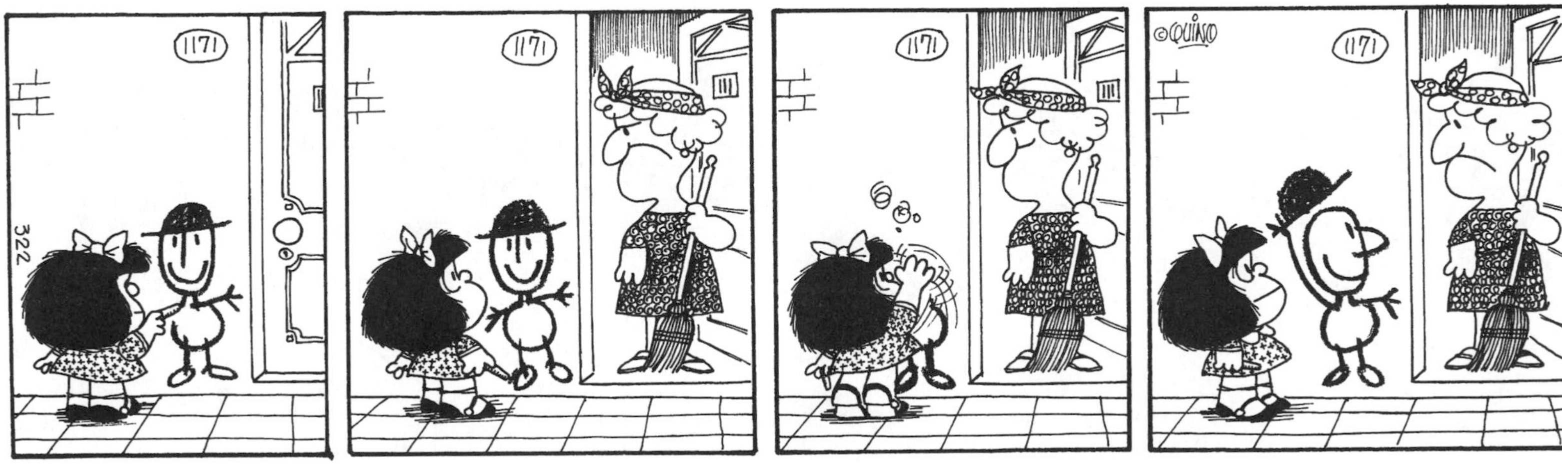
322
1171
1171
1171
©QUINO
1171

LA POBRE HA CONTRAÍDO EL TEMOR DE TENER PELOS EN LA LENGUA

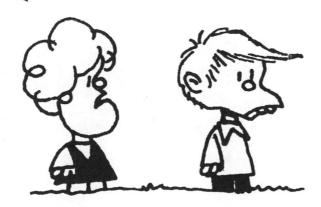

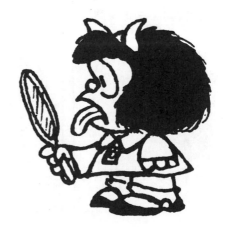

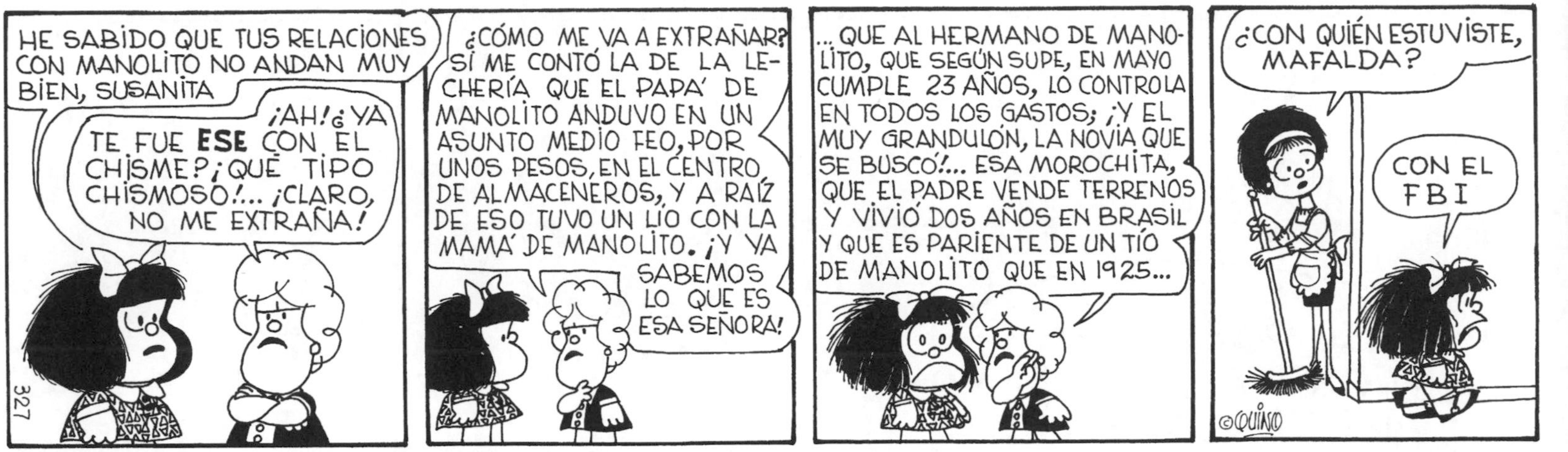
HE SABIDO QUE TUS RELACIONES CON MANOLITO NO ANDAN MUY BIEN, SUSANITA
¡AH! ¿YA TE FUE **ESE** CON EL CHISME? ¡QUÉ TIPO CHISMOSO!... ¡CLARO, NO ME EXTRAÑA!
327
¿CÓMO ME VA A EXTRAÑAR? SÍ ME CONTÓ LA DE LA LECHERÍA QUE EL PAPÁ DE MANOLITO ANDUVO EN UN ASUNTO MEDIO FEO, POR UNOS PESOS, EN EL CENTRO DE ALMACENEROS, Y A RAÍZ DE ESO TUVO UN LÍO CON LA MAMÁ DE MANOLITO. ¡Y YA SABEMOS LO QUE ES ESA SEÑORA!
... QUE AL HERMANO DE MANOLITO, QUE SEGÚN SUPE, EN MAYO CUMPLE 23 AÑOS, LO CONTROLA EN TODOS LOS GASTOS; ¡Y EL MUY GRANDULÓN, LA NOVIA QUE SE BUSCÓ!... ESA MOROCHITA, QUE EL PADRE VENDE TERRENOS Y VIVIÓ DOS AÑOS EN BRASIL Y QUE ES PARIENTE DE UN TÍO DE MANOLITO QUE EN 1925...
¿CON QUIÉN ESTUVISTE, MAFALDA?
CON EL FBI
©QUINO

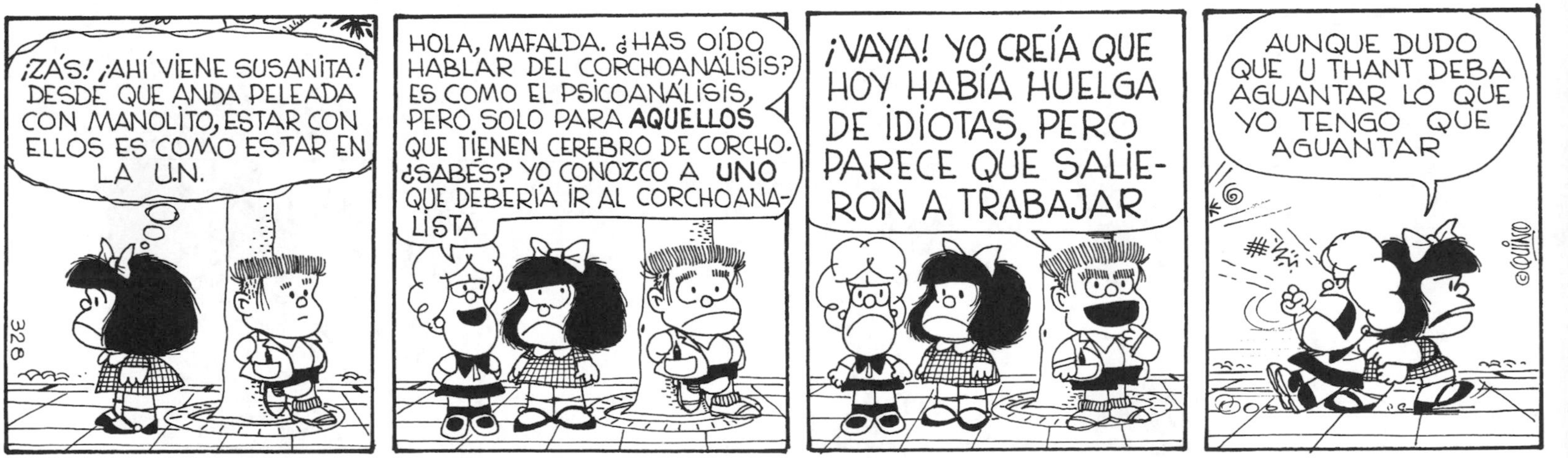
¡ZÁS! ¡AHÍ VIENE SUSANITA! DESDE QUE ANDA PELEADA CON MANOLITO, ESTAR CON ELLOS ES COMO ESTAR EN LA U.N.
328
HOLA, MAFALDA. ¿HAS OÍDO HABLAR DEL CORCHOANÁLISIS? ES COMO EL PSICOANÁLISIS, PERO SOLO PARA **AQUELLOS** QUE TIENEN CEREBRO DE CORCHO. ¿SABÉS? YO CONOZCO A **UNO** QUE DEBERÍA IR AL CORCHOANALISTA
¡VAYA! YO CREÍA QUE HOY HABÍA HUELGA DE IDIOTAS, PERO PARECE QUE SALIERON A TRABAJAR
AUNQUE DUDO QUE U THANT DEBA AGUANTAR LO QUE YO TENGO QUE AGUANTAR
©QUINO

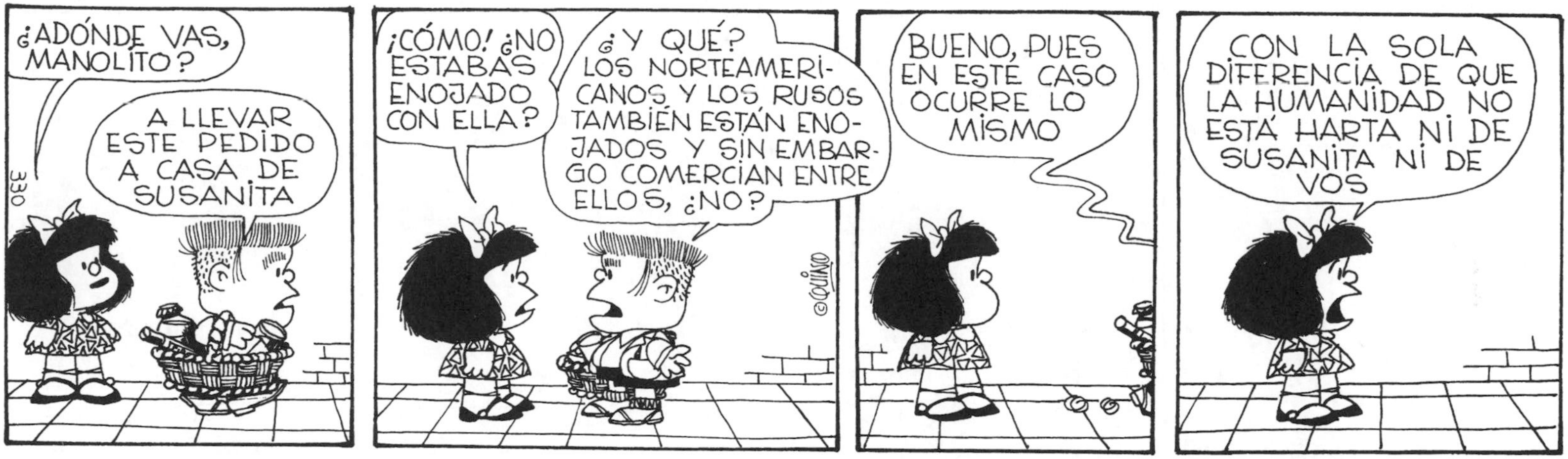
¿ADÓNDE VAS, MANOLITO?
A LLEVAR ESTE PEDIDO A CASA DE SUSANITA
330
¡CÓMO! ¿NO ESTABAS ENOJADO CON ELLA?
¿Y QUÉ? LOS NORTEAMERICANOS Y LOS RUSOS TAMBIÉN ESTÁN ENOJADOS Y SIN EMBARGO COMERCIAN ENTRE ELLOS, ¿NO?
©QUINO
BUENO, PUES EN ESTE CASO OCURRE LO MISMO
CON LA SOLA DIFERENCIA DE QUE LA HUMANIDAD NO ESTÁ HARTA NI DE SUSANITA NI DE VOS

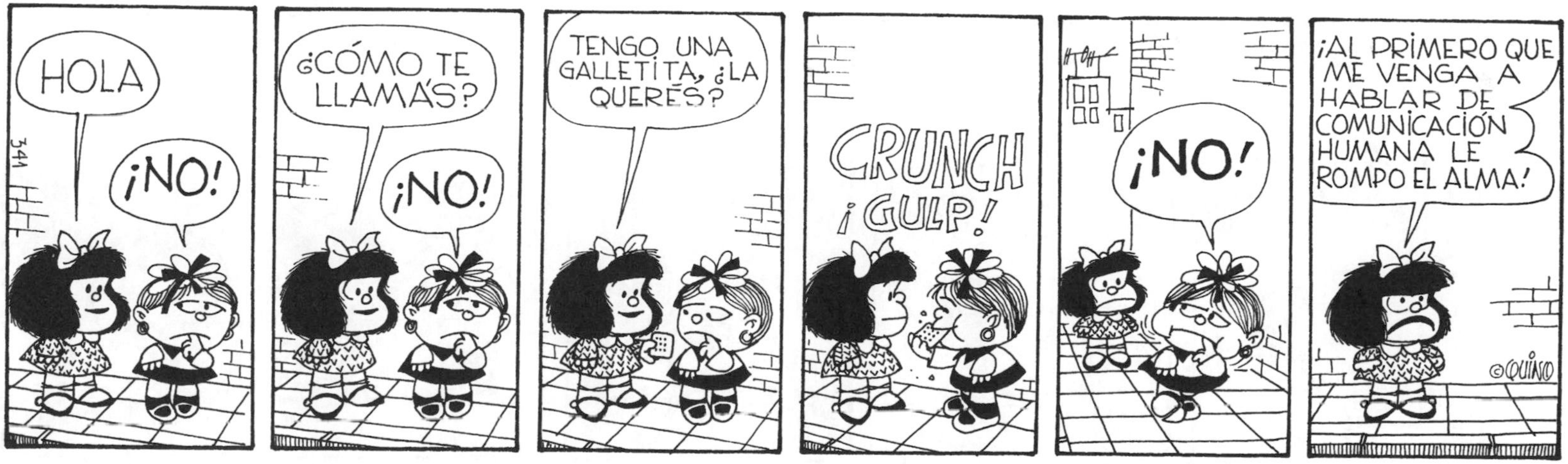
HOLA
341
¡NO!
¿CÓMO TE LLAMÁS?
¡NO!
TENGO UNA GALLETITA, ¿LA QUERÉS?
CRUNCH
¡GULP!
¡NO!
¡AL PRIMERO QUE ME VENGA A HABLAR DE COMUNICACIÓN HUMANA LE ROMPO EL ALMA!
©QUINO

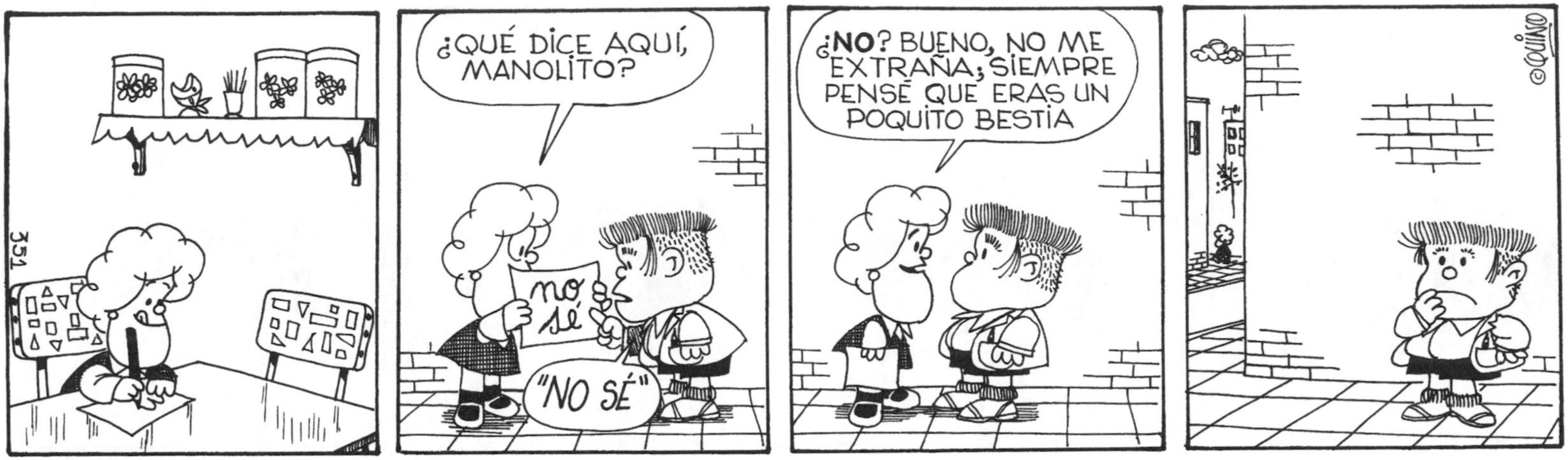
351
¿QUÉ DICE AQUÍ, MANOLITO?
no sé
"NO SÉ"
¿NO? BUENO, NO ME EXTRAÑA; SIEMPRE PENSÉ QUE ERAS UN POQUITO BESTIA
© QUINO

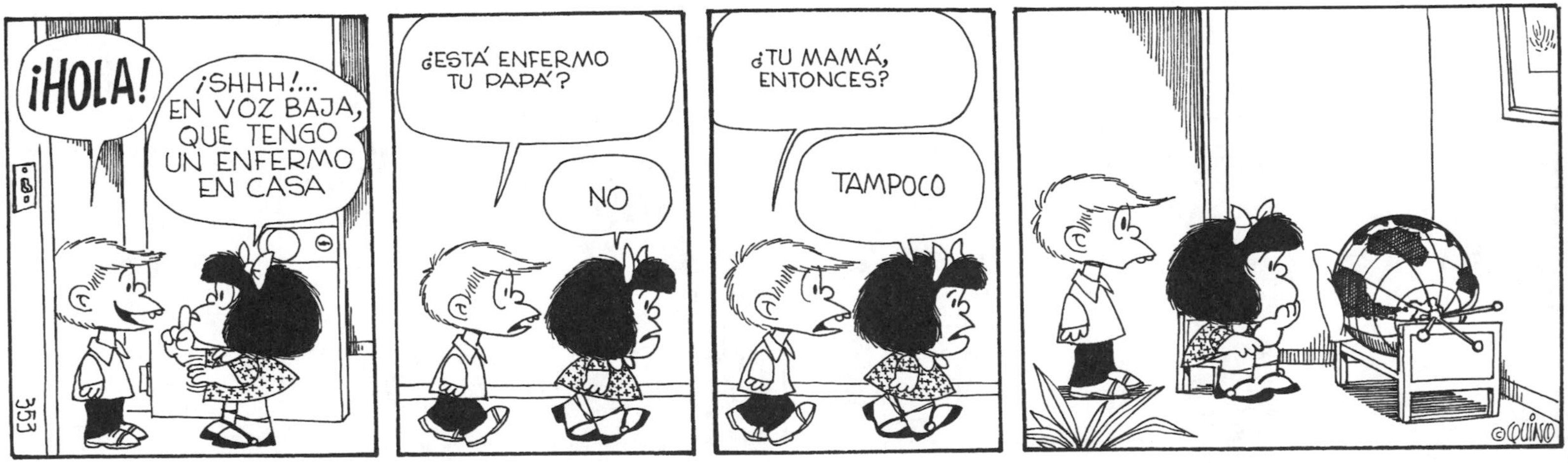
353
¡HOLA!
¡SHHH!... EN VOZ BAJA, QUE TENGO UN ENFERMO EN CASA
¿ESTÁ ENFERMO TU PAPÁ?
NO
¿TU MAMÁ, ENTONCES?
TAMPOCO
© QUINO

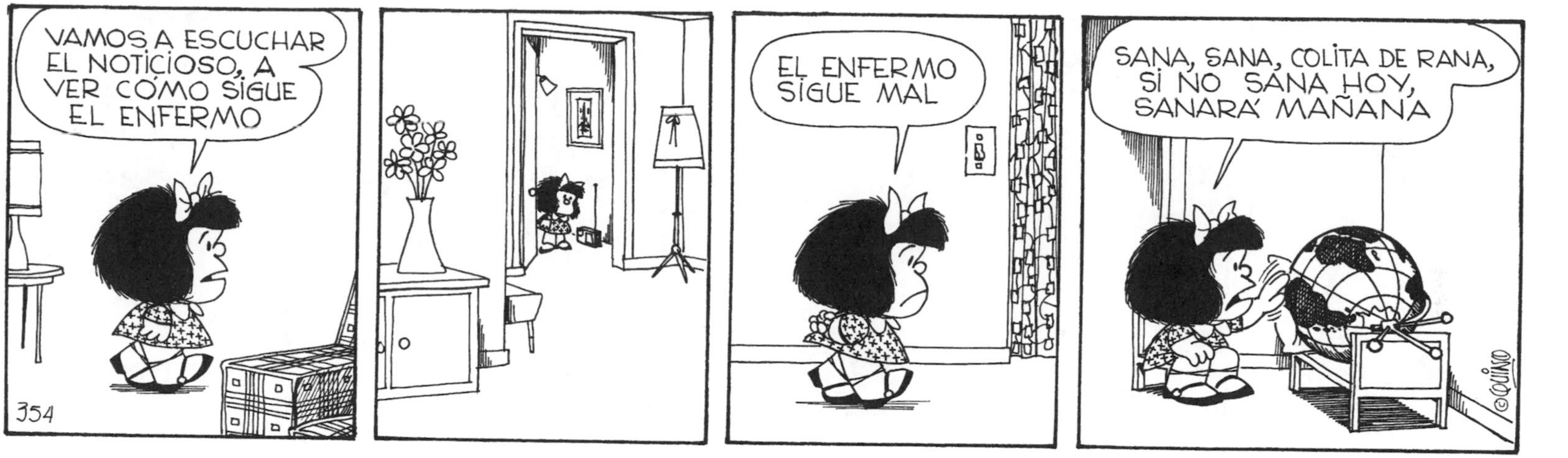
VAMOS A ESCUCHAR EL NOTICIOSO, A VER CÓMO SIGUE EL ENFERMO
354
EL ENFERMO SIGUE MAL
SANA, SANA, COLITA DE RANA, SI NO SANA HOY, SANARÁ MAÑANA
©QUINO

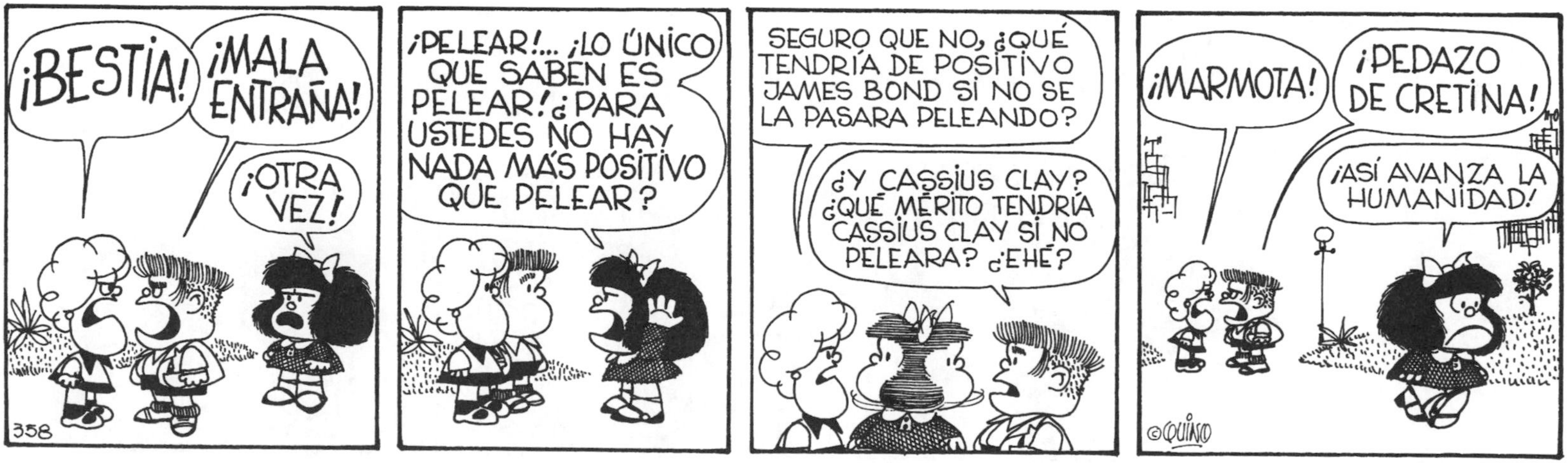
¡BESTIA!
¡MALA ENTRAÑA!
¡OTRA VEZ!
358
¡PELEAR!... ¡LO ÚNICO QUE SABEN ES PELEAR! ¿PARA USTEDES NO HAY NADA MÁS POSITIVO QUE PELEAR?
SEGURO QUE NO, ¿QUÉ TENDRÍA DE POSITIVO JAMES BOND SI NO SE LA PASARA PELEANDO?
¿Y CASSIUS CLAY? ¿QUÉ MÉRITO TENDRÍA CASSIUS CLAY SI NO PELEARA? ¿EHÉ?
¡MARMOTA!
¡PEDAZO DE CRETINA!
¡ASÍ AVANZA LA HUMANIDAD!
©QUINO

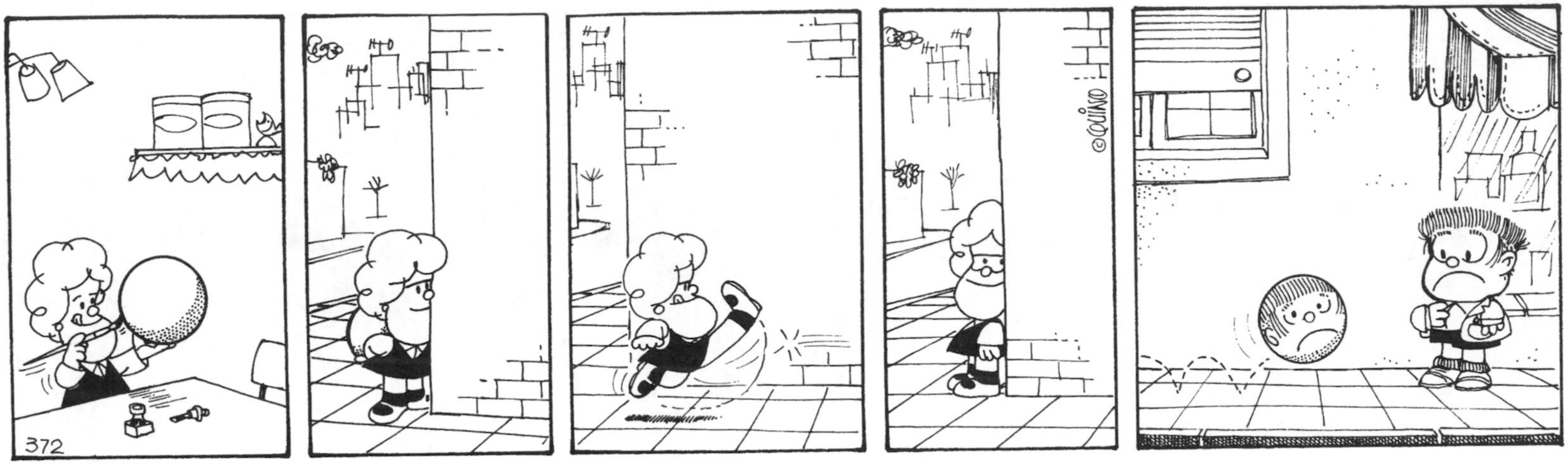
372
©QUINO

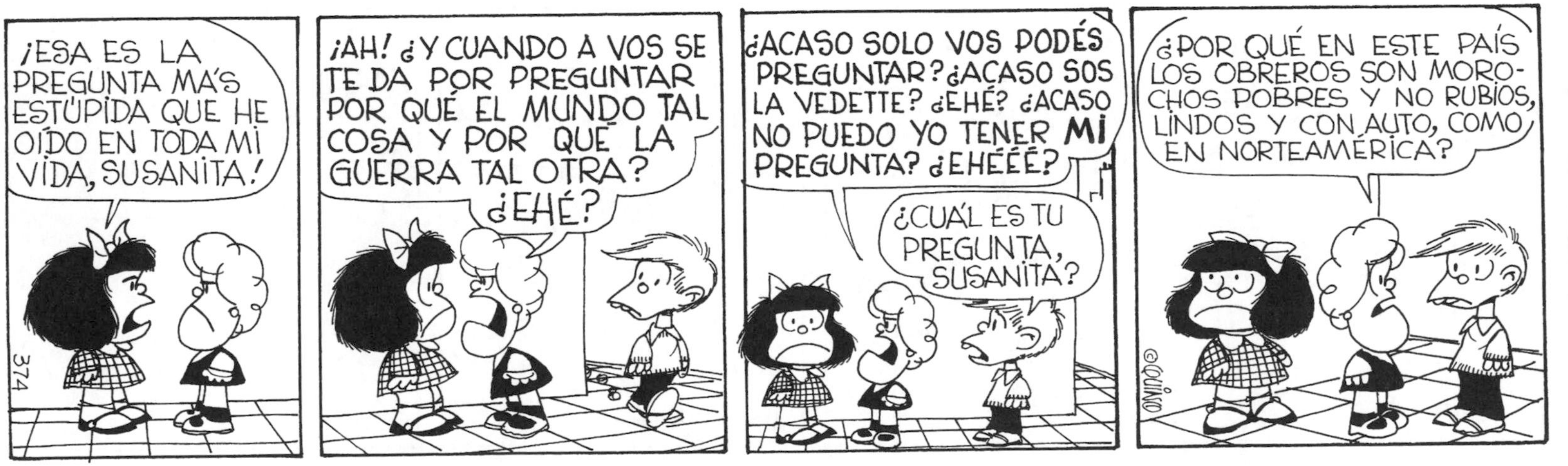
¡ESA ES LA PREGUNTA MÁS ESTÚPIDA QUE HE OÍDO EN TODA MI VIDA, SUSANITA!
374
¡AH! ¿Y CUANDO A VOS SE TE DA POR PREGUNTAR POR QUÉ EL MUNDO TAL COSA Y POR QUÉ LA GUERRA TAL OTRA?
¿EHÉ?
¿ACASO SOLO VOS PODÉS PREGUNTAR? ¿ACASO SOS LA VEDETTE? ¿EHÉ? ¿ACASO NO PUEDO YO TENER MI PREGUNTA? ¿EHÉÉÉ?
¿CUÁL ES TU PREGUNTA, SUSANITA?
¿POR QUÉ EN ESTE PAÍS LOS OBREROS SON MOROCHOS POBRES Y NO RUBIOS, LINDOS Y CON AUTO, COMO EN NORTEAMÉRICA?
©QUINO

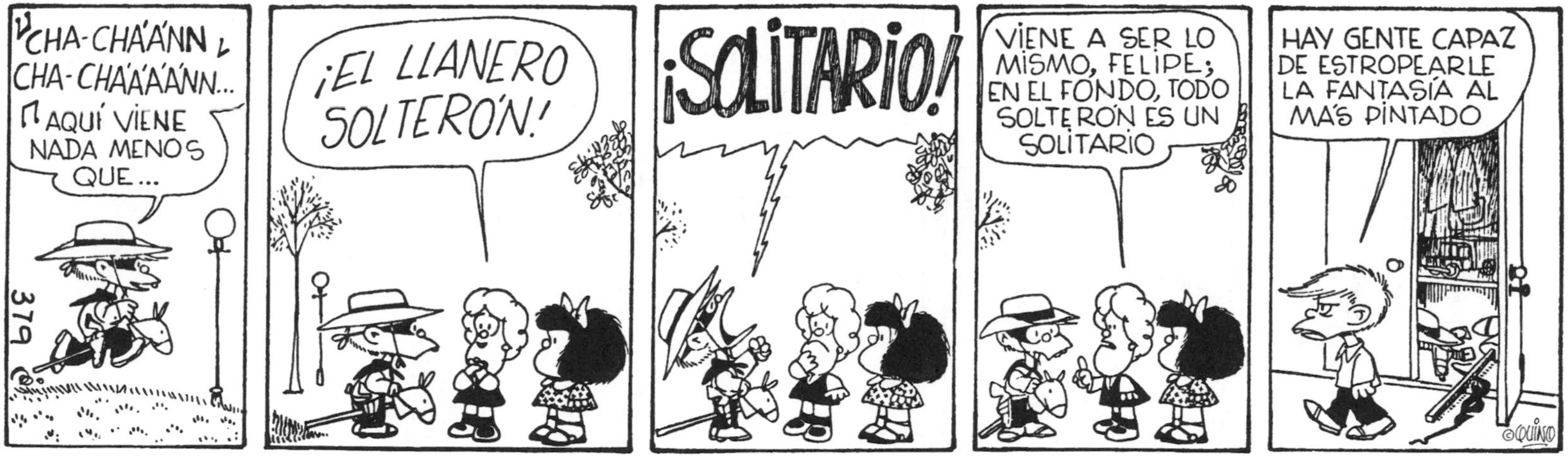
CHA-CHAÁÁNN, CHA-CHAÁÁÁÁNN... AQUÍ VIENE NADA MENOS QUE...
379
¡EL LLANERO SOLTERÓN!
¡SOLITARIO!
VIENE A SER LO MISMO, FELIPE; EN EL FONDO, TODO SOLTERÓN ES UN SOLITARIO
HAY GENTE CAPAZ DE ESTROPEARLE LA FANTASÍA AL MÁS PINTADO
©QUINO

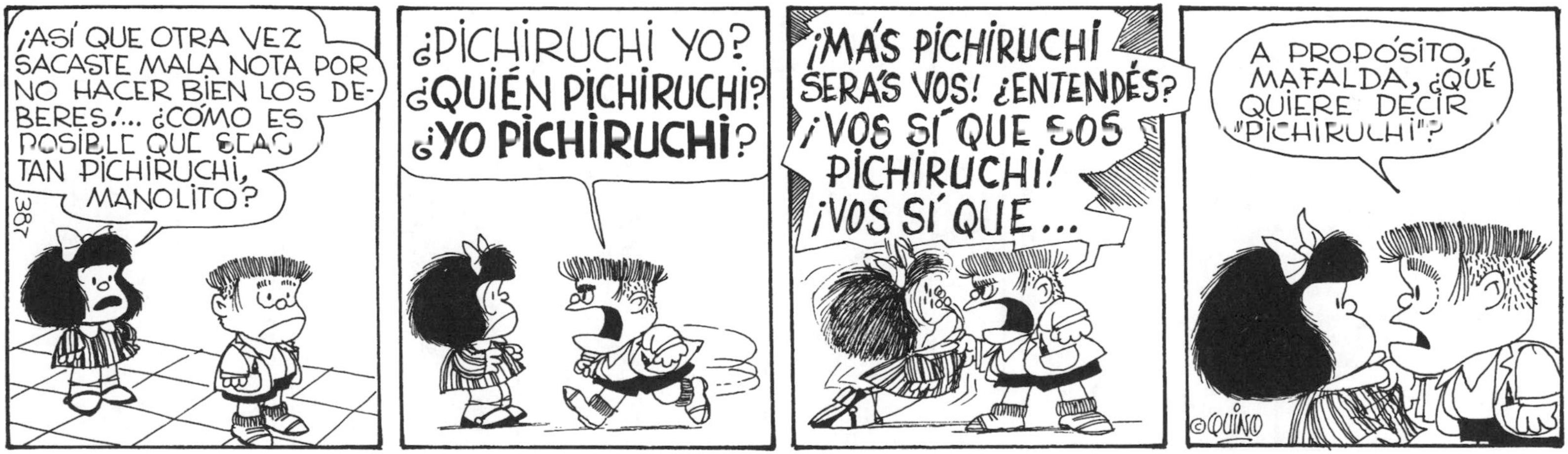
¡ASÍ QUE OTRA VEZ SACASTE MALA NOTA POR NO HACER BIEN LOS DEBERES!... ¿CÓMO ES POSIBLE QUE SEAS TAN PICHIRUCHI, MANOLITO?
387
¿PICHIRUCHI YO? ¿QUIÉN PICHIRUCHI? ¿YO PICHIRUCHI?
¡MÁS PICHIRUCHI SERÁS VOS! ¿ENTENDÉS? ¡VOS SÍ QUE SOS PICHIRUCHI! ¡VOS SÍ QUE...
A PROPÓSITO, MAFALDA, ¿QUÉ QUIERE DECIR "PICHIRUCHI"?
©QUINO

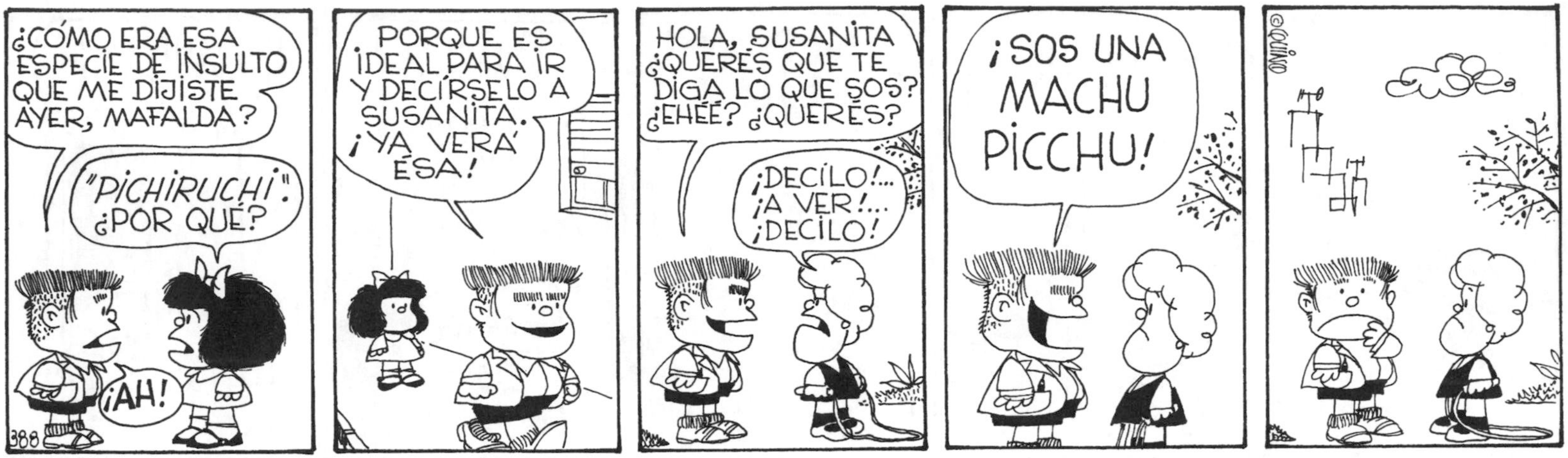
¿CÓMO ERA ESA ESPECIE DE INSULTO QUE ME DIJISTE AYER, MAFALDA?
"PICHIRUCHI". ¿POR QUÉ?
¡AH!
PORQUE ES IDEAL PARA IR Y DECÍRSELO A SUSANITA. ¡YA VERÁ ÉSA!
HOLA, SUSANITA ¿QUERÉS QUE TE DIGA LO QUE SOS? ¿EHÉÉ? ¿QUERÉS?
¡DECÍLO!... ¡A VER!... ¡DECÍLO!
¡SOS UNA MACHU PICCHU!
©QUINO
388

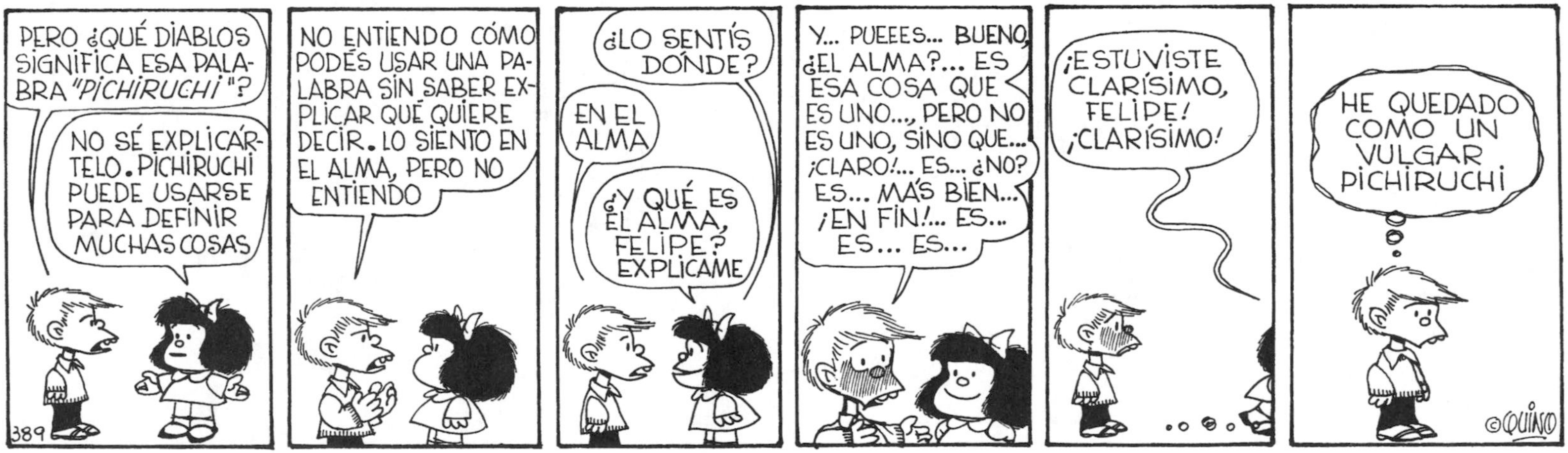
PERO ¿QUÉ DIABLOS SIGNIFICA ESA PALABRA "PICHIRUCHI"?
NO SÉ EXPLICÁRTELO. PICHIRUCHI PUEDE USARSE PARA DEFINIR MUCHAS COSAS
NO ENTIENDO CÓMO PODÉS USAR UNA PALABRA SIN SABER EXPLICAR QUÉ QUIERE DECIR. LO SIENTO EN EL ALMA, PERO NO ENTIENDO
¿LO SENTÍS DÓNDE?
EN EL ALMA
¿Y QUÉ ES EL ALMA, FELIPE? EXPLICAME
Y... PUEEES... BUENO, ¿EL ALMA?... ES ESA COSA QUE ES UNO..., PERO NO ES UNO, SINO QUE... ¡CLARO!... ES... ¿NO? ES... MÁS BIEN... ¡EN FIN!... ES... ES... ES...
¡ESTUVISTE CLARÍSIMO, FELIPE! ¡CLARÍSIMO!
HE QUEDADO COMO UN VULGAR PICHIRUCHI
©QUINO
389

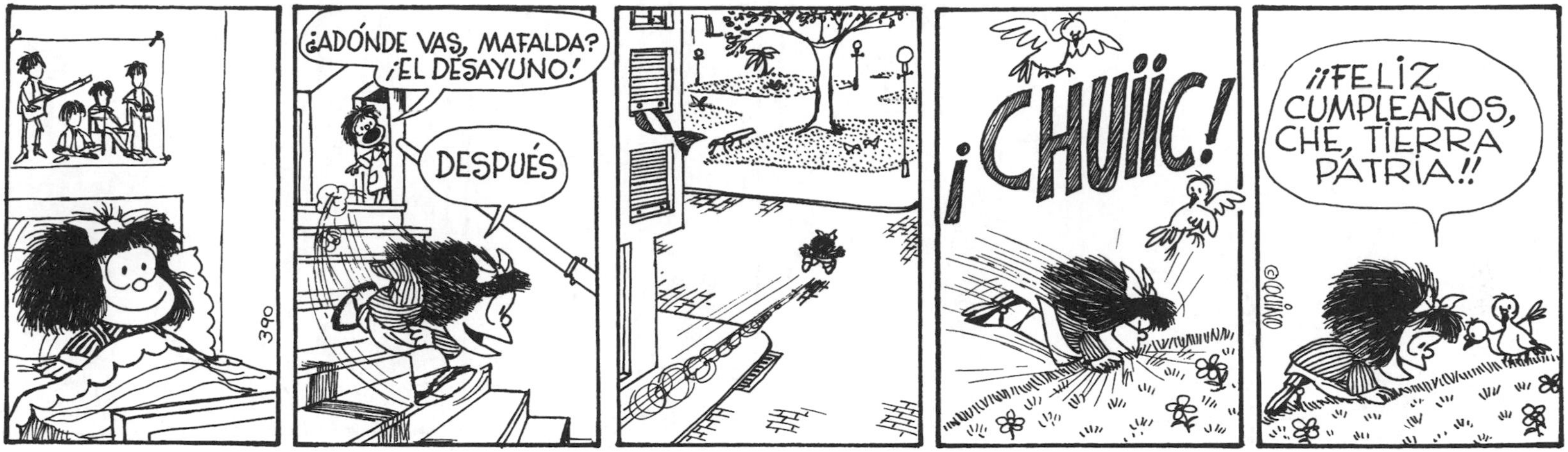
390
¿ADÓNDE VAS, MAFALDA? ¡EL DESAYUNO!
DESPUÉS
¡CHUÏÏC!
¡¡FELIZ CUMPLEAÑOS, CHE, TIERRA PÁTRIA!!
©QUINO

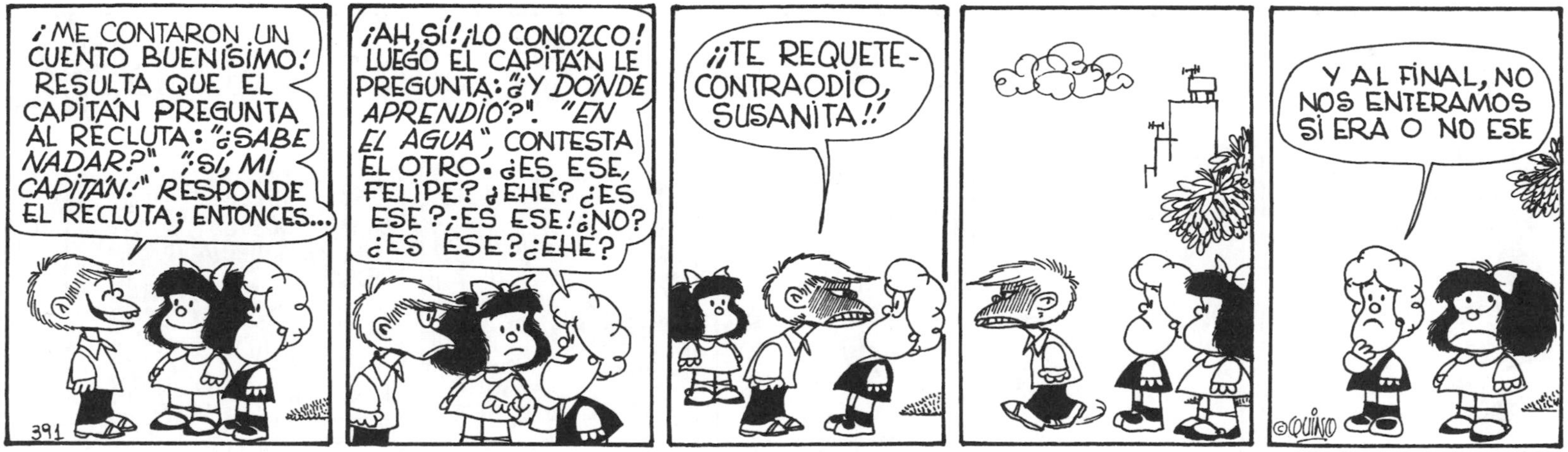
391
¡ME CONTARON UN CUENTO BUENÍSIMO! RESULTA QUE EL CAPITÁN PREGUNTA AL RECLUTA: "¿SABE NADAR?". "¡SÍ, MI CAPITÁN!" RESPONDE EL RECLUTA; ENTONCES...
¡AH, SÍ! ¡LO CONOZCO! LUEGO EL CAPITÁN LE PREGUNTA: "¿Y DÓNDE APRENDIÓ?". "EN EL AGUA", CONTESTA EL OTRO. ¿ES ESE, FELIPE? ¿EHÉ? ¿ES ESE? ¡ES ESE! ¿NO? ¿ES ESE? ¿EHÉ?
¡¡TE REQUETE-CONTRAODIO, SUSANITA!!
Y AL FINAL, NO NOS ENTERAMOS SI ERA O NO ESE
©QUINO

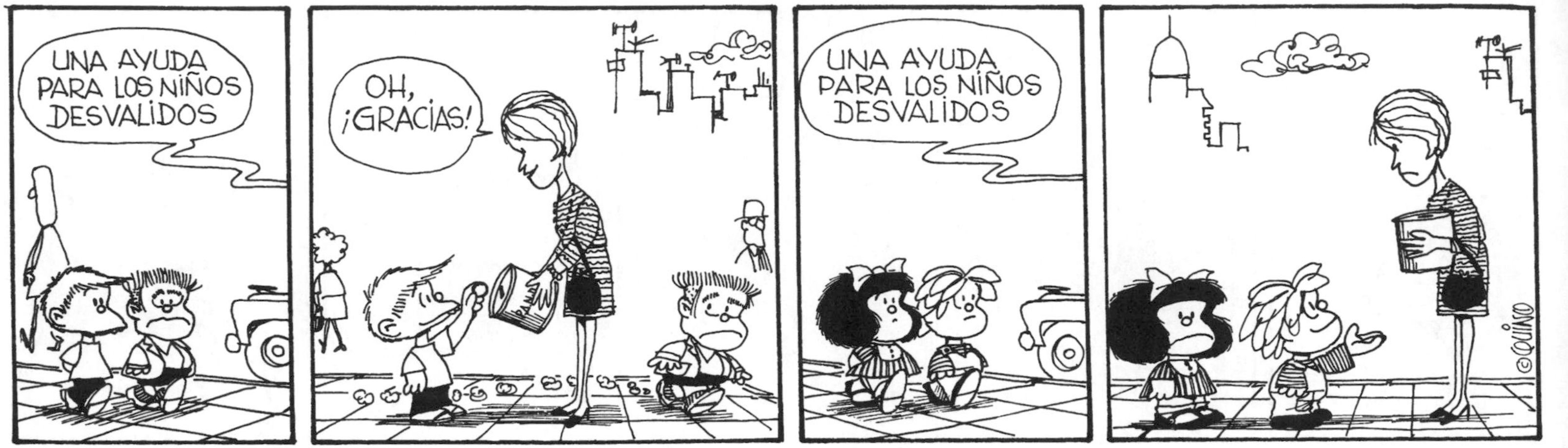
UNA AYUDA PARA LOS NIÑOS DESVALIDOS
OH, ¡GRACIAS!
UNA AYUDA PARA LOS NIÑOS DESVALIDOS
©QUINO

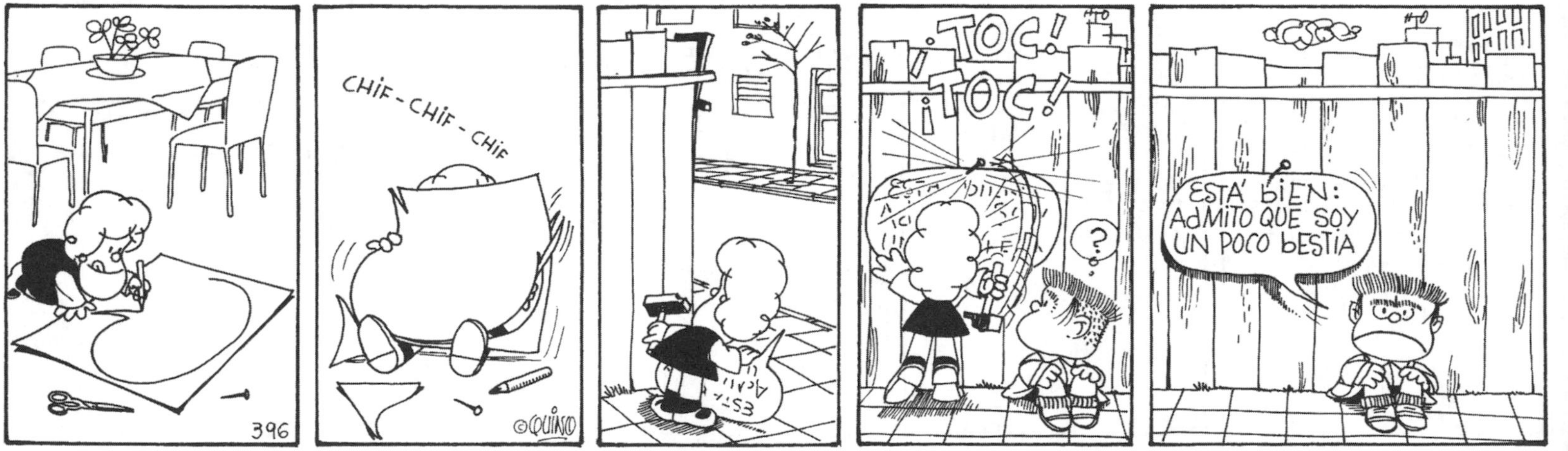
396
CHIF - CHIF - CHIF
©QUINO
¡TOC! ¡TOC!
?
ESTÁ BIEN: ADMITO QUE SOY UN POCO BESTIA

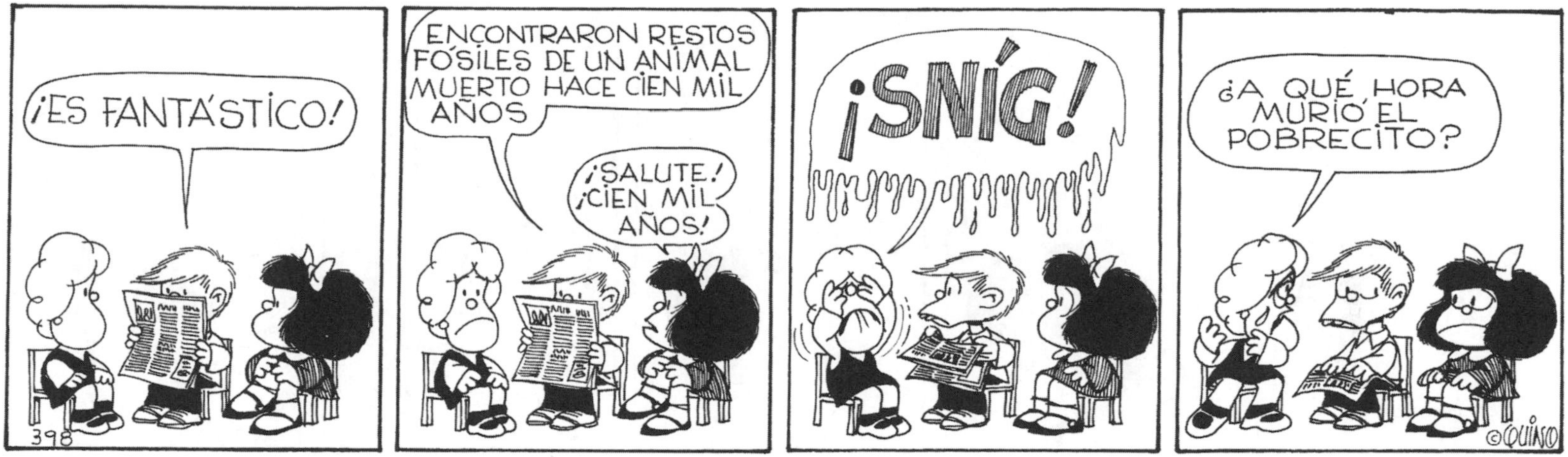
¡ES FANTÁSTICO!
398
ENCONTRARON RESTOS FÓSILES DE UN ANIMAL MUERTO HACE CIEN MIL AÑOS
¡SALUTE! ¡CIEN MIL AÑOS!
¡SNÍG!
¿A QUÉ HORA MURIÓ EL POBRECITO?
©QUINO

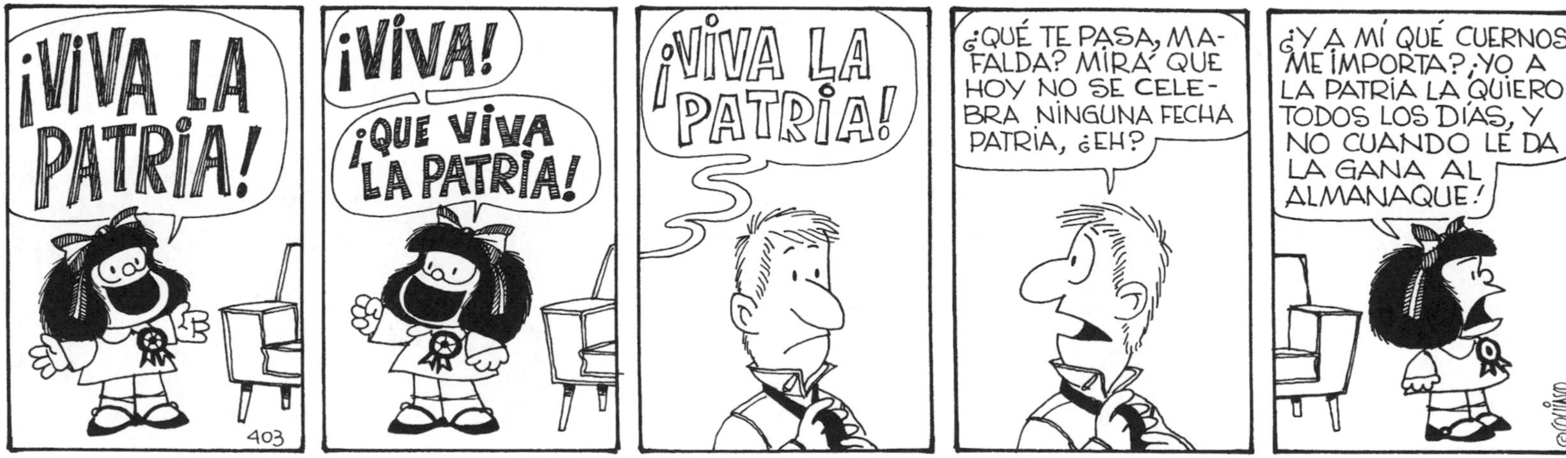
¡VIVA LA PATRIA!
403
¡VIVA!
¡QUE VIVA LA PATRIA!
¡VIVA LA PATRIA!
¿QUÉ TE PASA, MAFALDA? MIRÁ QUE HOY NO SE CELEBRA NINGUNA FECHA PATRIA, ¿EH?
¿Y A MÍ QUÉ CUERNOS ME IMPORTA? ¡YO A LA PATRIA LA QUIERO TODOS LOS DÍAS, Y NO CUANDO LE DA LA GANA AL ALMANAQUE!
©QUINO

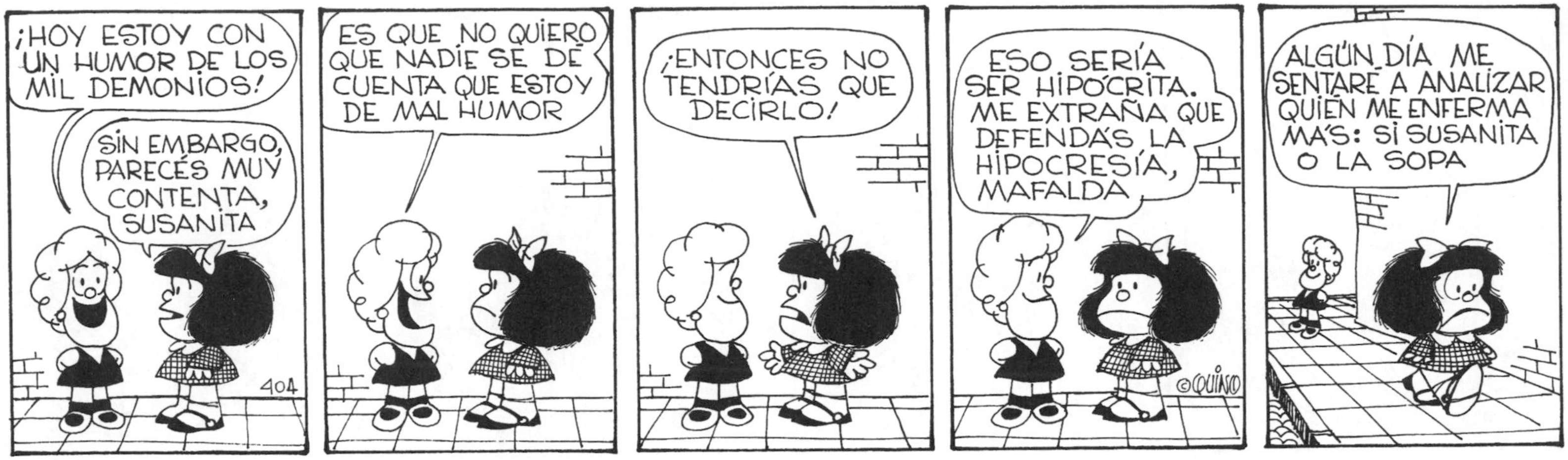
¡HOY ESTOY CON UN HUMOR DE LOS MIL DEMONIOS!
SIN EMBARGO, PARECÉS MUY CONTENTA, SUSANITA
404
ES QUE NO QUIERO QUE NADIE SE DÉ CUENTA QUE ESTOY DE MAL HUMOR
¡ENTONCES NO TENDRÍAS QUE DECIRLO!
ESO SERÍA SER HIPÓCRITA. ME EXTRAÑA QUE DEFENDÁS LA HIPOCRESÍA, MAFALDA
©QUINO
ALGÚN DÍA ME SENTARÉ A ANALIZAR QUIÉN ME ENFERMA MÁS: SI SUSANITA O LA SOPA

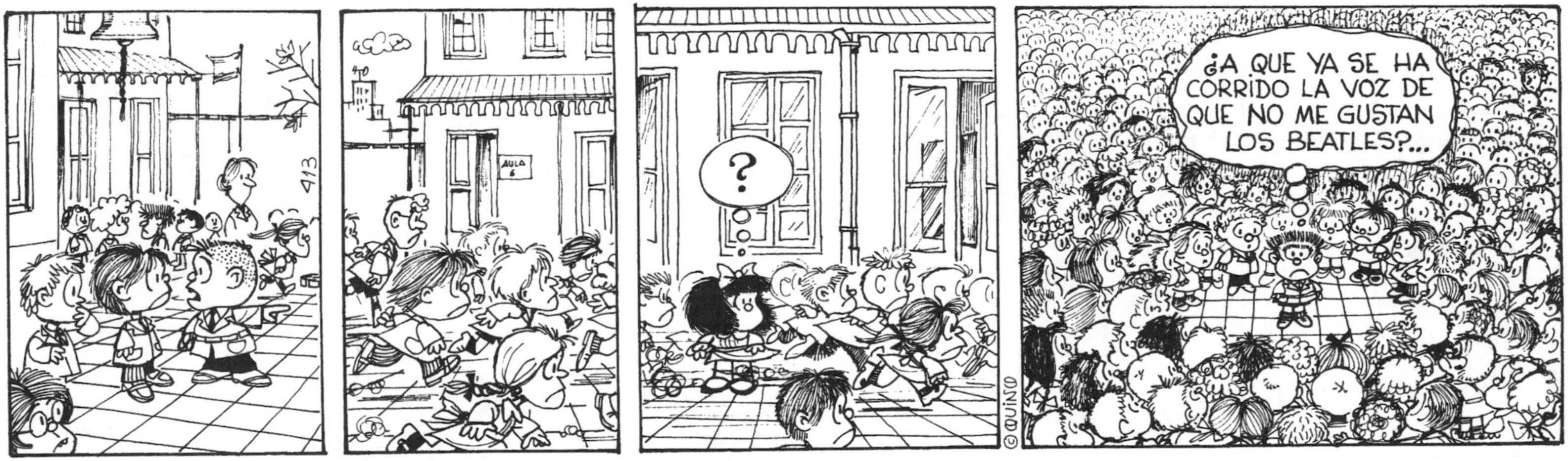
413
AULA 6
?
©QUINO
¿A QUE YA SE HA CORRIDO LA VOZ DE QUE NO ME GUSTAN LOS BEATLES?...

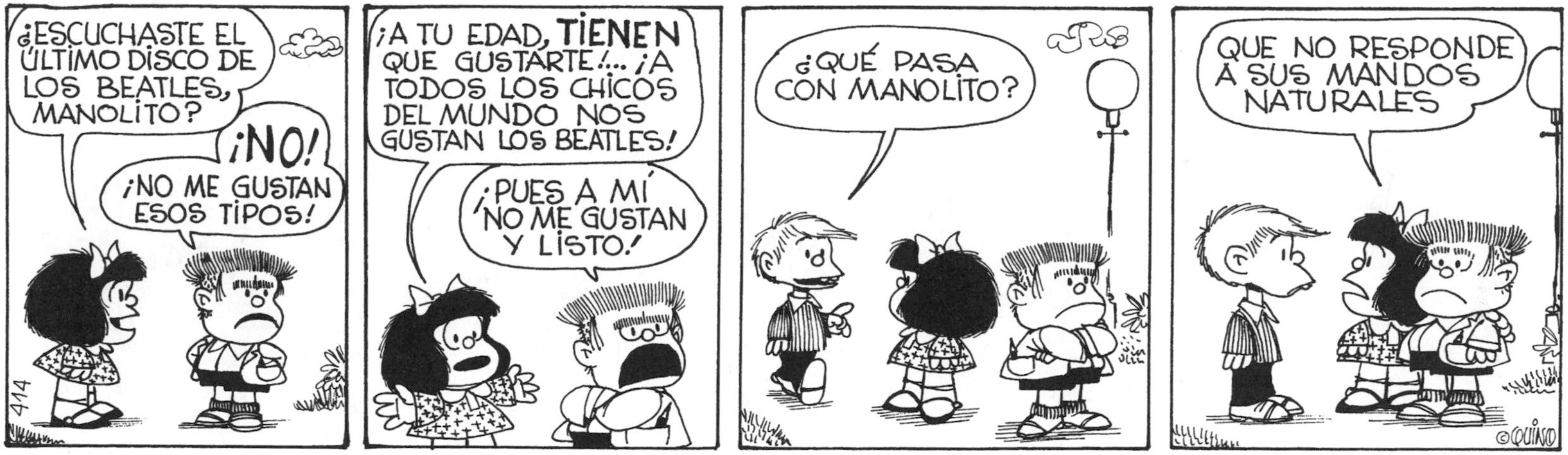
414
¿ESCUCHASTE EL ÚLTIMO DISCO DE LOS BEATLES, MANOLITO?
¡NO!
¡NO ME GUSTAN ESOS TIPOS!
¡A TU EDAD, TIENEN QUE GUSTARTE!... ¡A TODOS LOS CHICOS DEL MUNDO NOS GUSTAN LOS BEATLES!
¡PUES A MÍ NO ME GUSTAN Y LISTO!
¿QUÉ PASA CON MANOLITO?
QUE NO RESPONDE A SUS MANDOS NATURALES
© QUINO

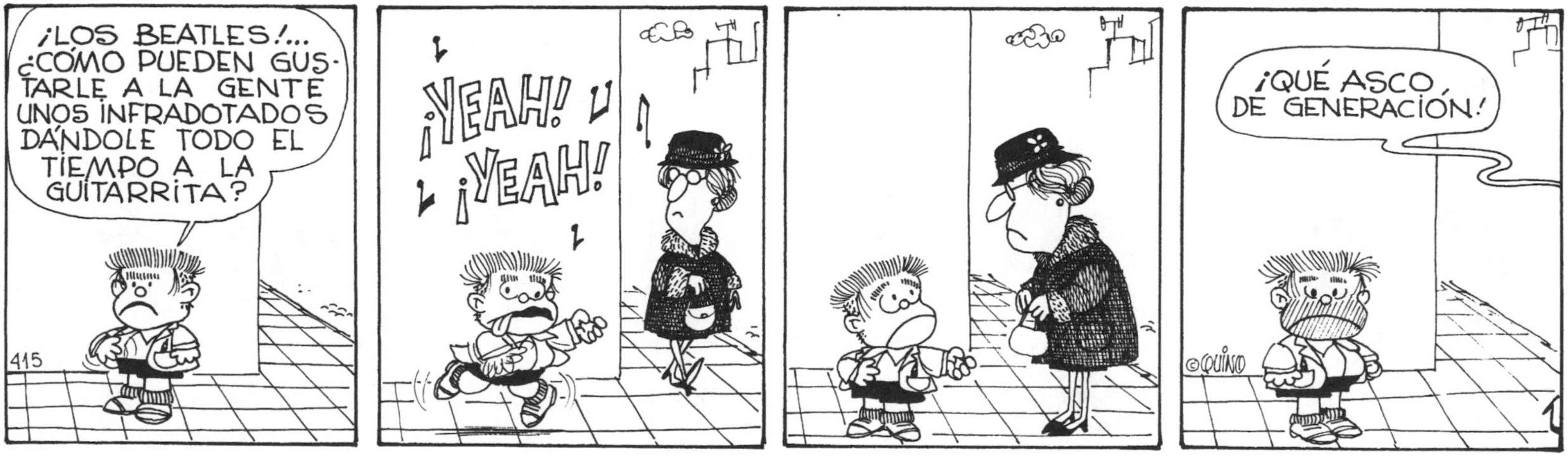
¡LOS BEATLES!... ¿CÓMO PUEDEN GUS-TARLE A LA GENTE UNOS INFRADOTADOS DÁNDOLE TODO EL TIEMPO A LA GUITARRITA?
415
¡YEAH! ¡YEAH!
¡QUÉ ASCO DE GENERACIÓN!
© QUINO

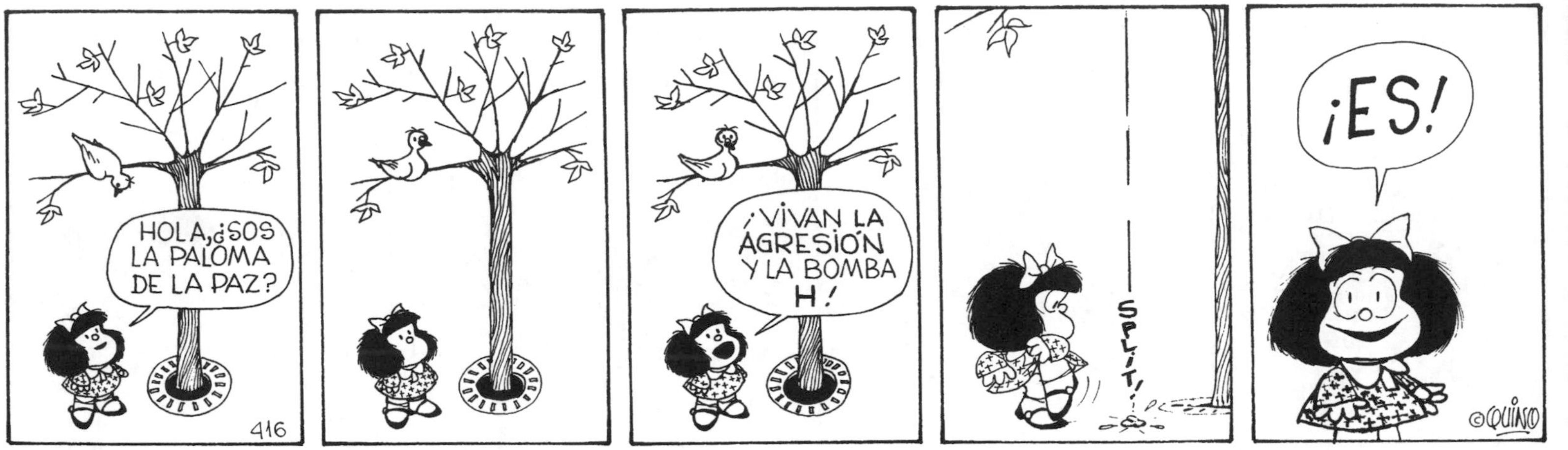
HOLA, ¿SOS LA PALOMA DE LA PAZ?
416
¡VIVAN LA AGRESIÓN Y LA BOMBA H!
SPLIT!
¡ES!
©QUINO

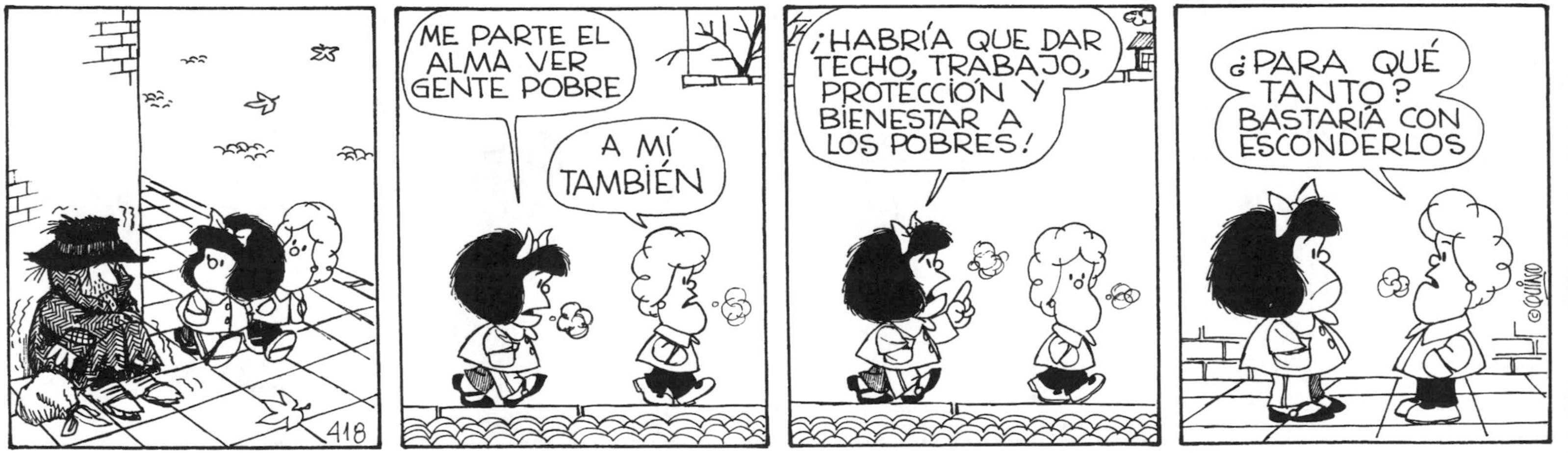
418
ME PARTE EL ALMA VER GENTE POBRE
A MÍ TAMBIÉN
¡HABRÍA QUE DAR TECHO, TRABAJO, PROTECCIÓN Y BIENESTAR A LOS POBRES!
¿PARA QUÉ TANTO? BASTARÍA CON ESCONDERLOS
©QUINO

¿Y SI LO DIJERA? ¿EH?
¿Y SI AGARRO Y LO DIGO?
¿Y SI DIGO LO BARATO QUE VENDE ALMACÉN DON MANOLO? ¿EH?

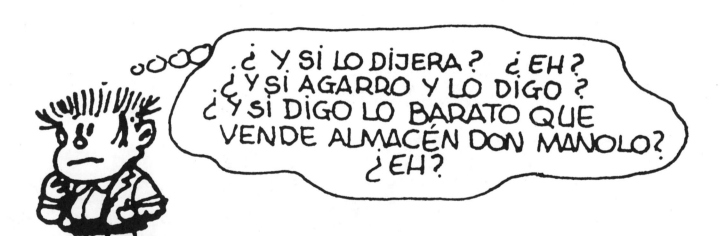

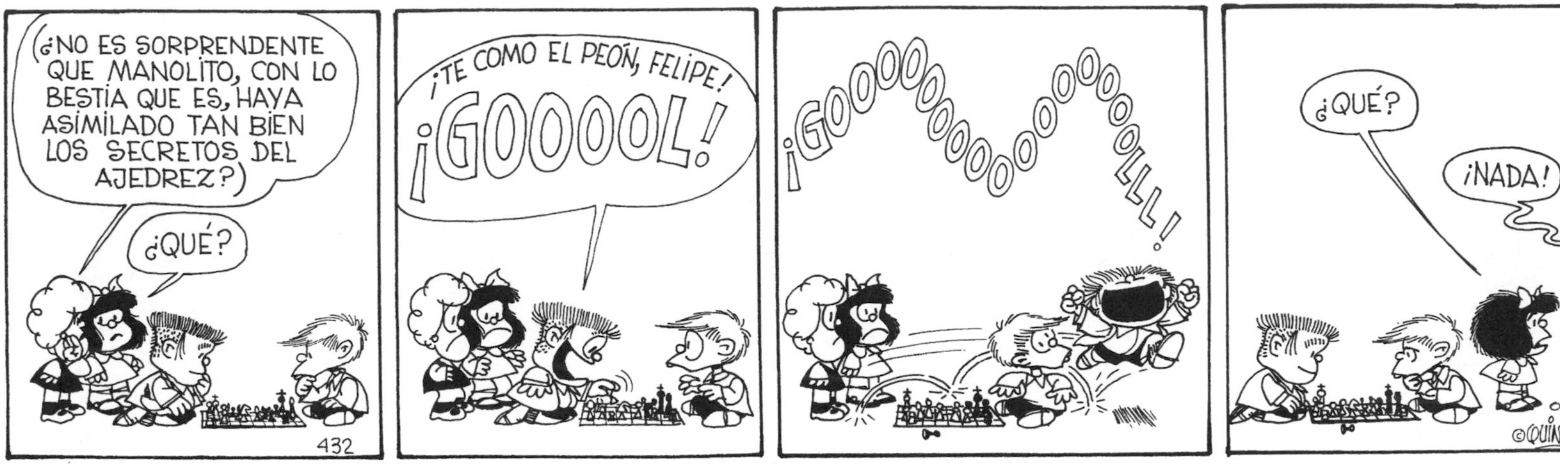
(¿NO ES SORPRENDENTE QUE MANOLITO, CON LO BESTIA QUE ES, HAYA ASIMILADO TAN BIEN LOS SECRETOS DEL AJEDREZ?)
¿QUÉ?
432
¡TE COMO EL PEÓN, FELIPE!
¡GOOOOL!
¡GOOOOOOOOOOOOOOOOLLL!
¿QUÉ?
¡NADA!
©QUINO

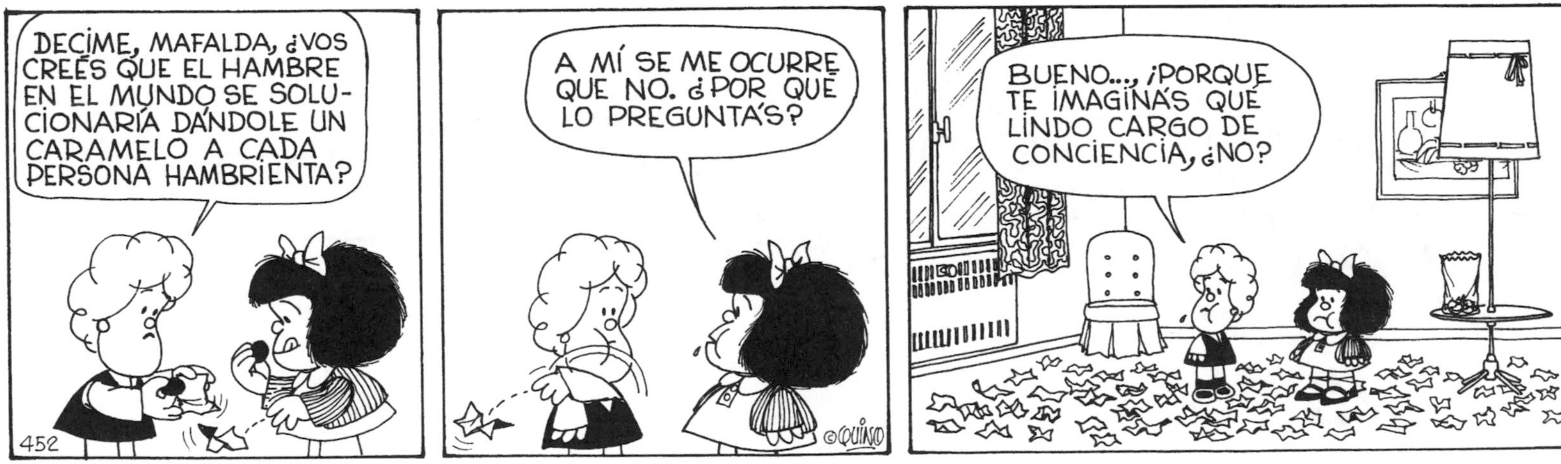
DECIME, MAFALDA, ¿VOS CREÉS QUE EL HAMBRE EN EL MUNDO SE SOLUCIONARÍA DÁNDOLE UN CARAMELO A CADA PERSONA HAMBRIENTA?
452
A MÍ SE ME OCURRE QUE NO. ¿POR QUÉ LO PREGUNTÁS?
©QUINO
BUENO..., ¡PORQUE TE IMAGINÁS QUÉ LINDO CARGO DE CONCIENCIA, ¿NO?

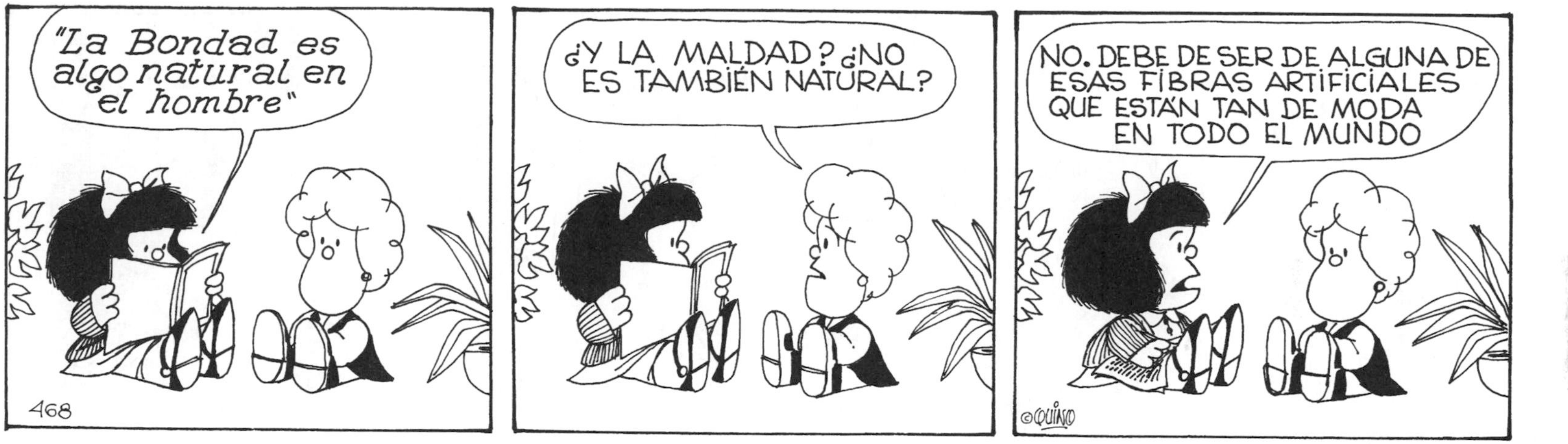
"La Bondad es algo natural en el hombre"
¿Y LA MALDAD? ¿NO ES TAMBIÉN NATURAL?
NO. DEBE DE SER DE ALGUNA DE ESAS FIBRAS ARTIFICIALES QUE ESTÁN TAN DE MODA EN TODO EL MUNDO
468
©QUINO

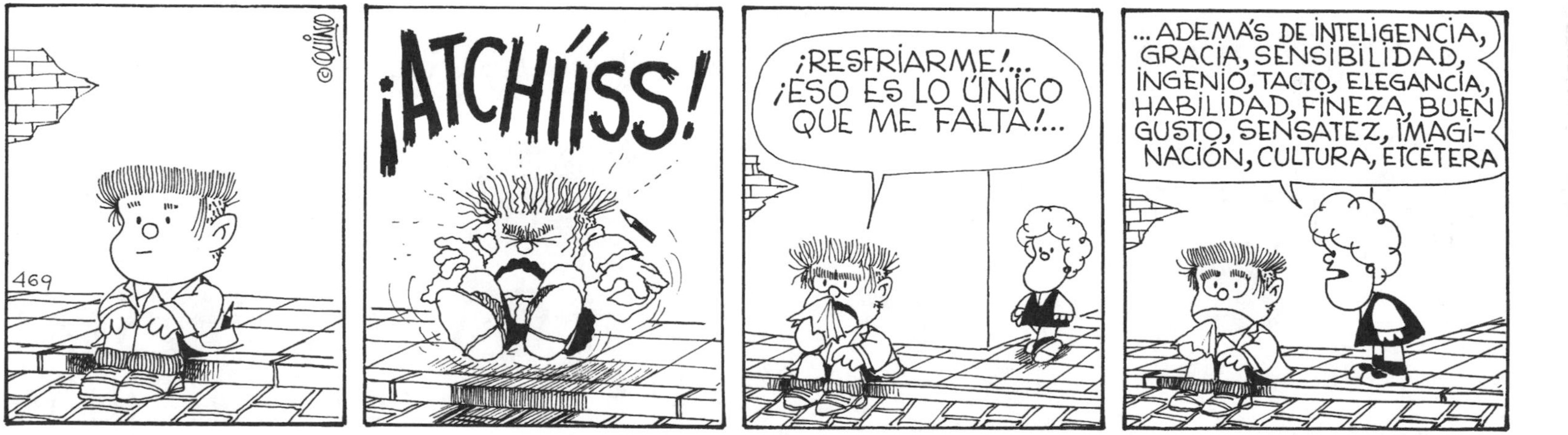
469
©QUINO
¡ATCHIÍSS!
¡RESFRIARME!... ¡ESO ES LO ÚNICO QUE ME FALTA!...
...ADEMÁS DE INTELIGENCIA, GRACIA, SENSIBILIDAD, INGENIO, TACTO, ELEGANCIA, HABILIDAD, FINEZA, BUEN GUSTO, SENSATEZ, IMAGINACIÓN, CULTURA, ETCÉTERA

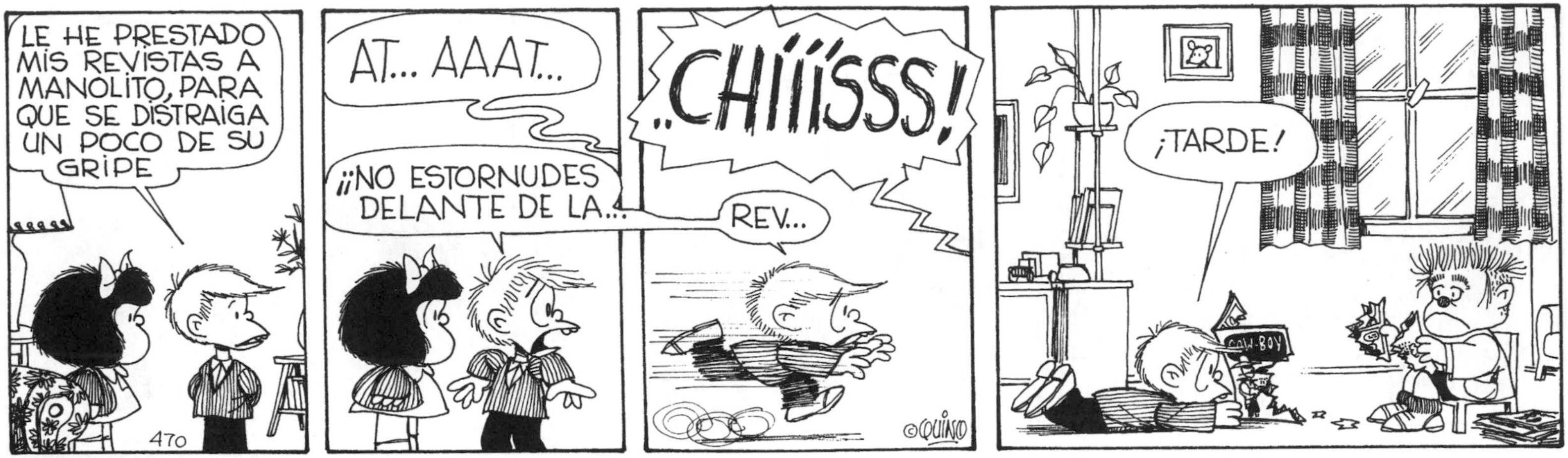
LE HE PRESTADO MIS REVISTAS A MANOLITO, PARA QUE SE DISTRAIGA UN POCO DE SU GRIPE
470
AT... AAAT...
¡¡NO ESTORNUDES DELANTE DE LA...
REV...
¡CHÍÍÍSSS!
©QUINO
¡TARDE!
COW-BOY

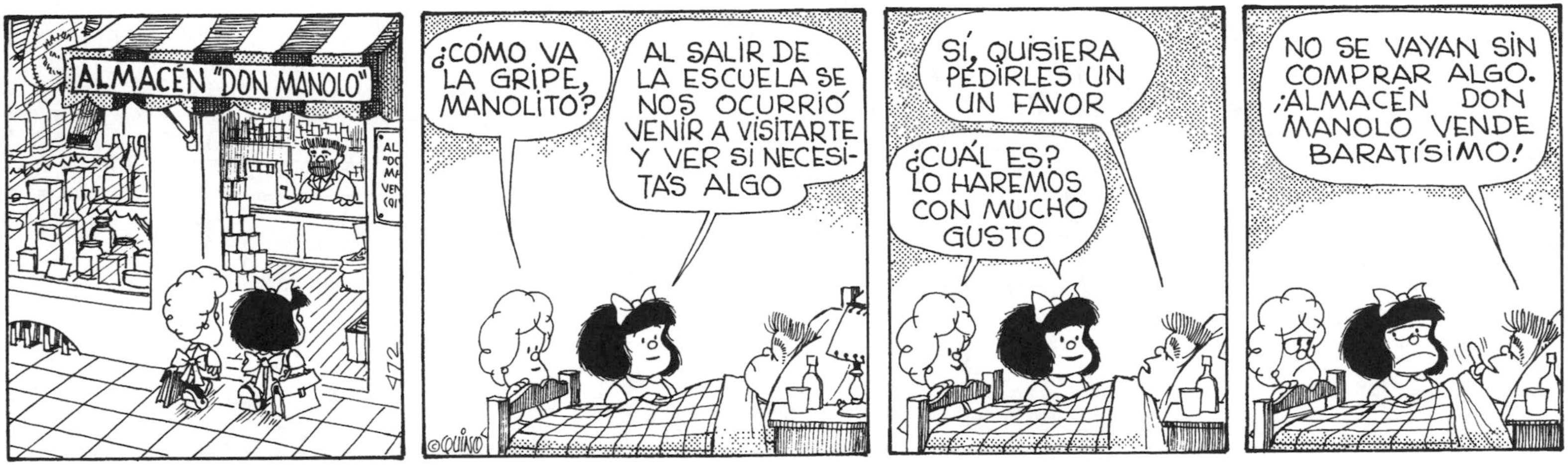
ALMACÉN "DON MANOLO"
472
¿CÓMO VA LA GRIPE, MANOLITO?
AL SALIR DE LA ESCUELA SE NOS OCURRIÓ VENIR A VISITARTE Y VER SI NECESITÁS ALGO
©QUINO
SÍ, QUISIERA PEDIRLES UN UN FAVOR
¿CUÁL ES? LO HAREMOS CON MUCHO GUSTO
NO SE VAYAN SIN COMPRAR ALGO. ¡ALMACÉN DON MANOLO VENDE BARATÍSIMO!

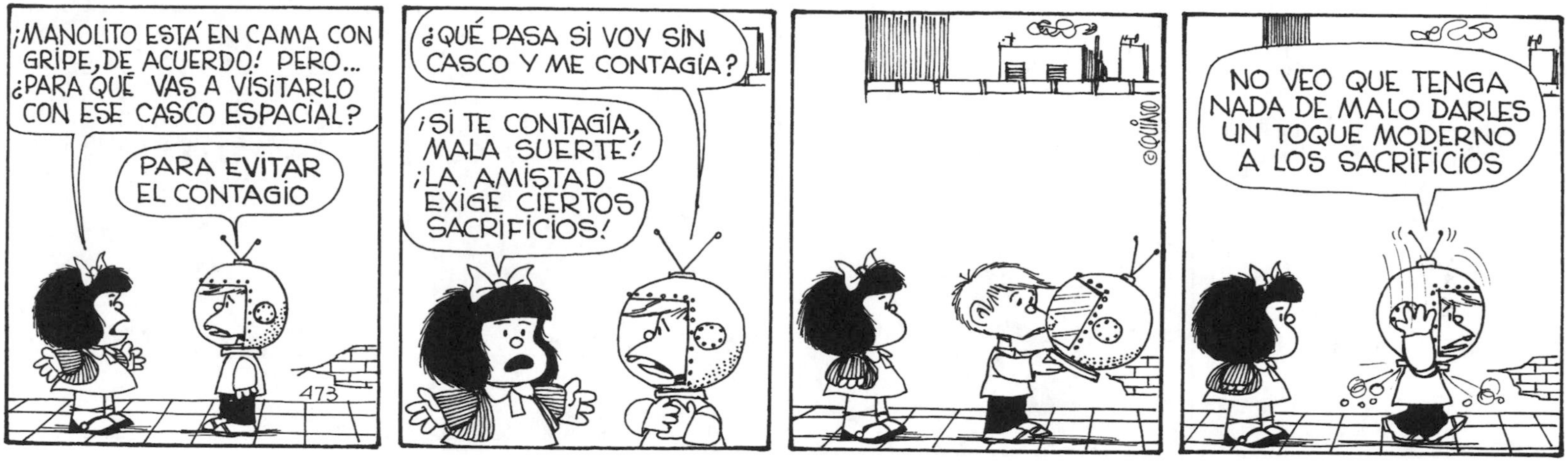
¡MANOLITO ESTÁ EN CAMA CON GRIPE, DE ACUERDO! PERO... ¿PARA QUÉ VAS A VISITARLO CON ESE CASCO ESPACIAL?
PARA EVITAR EL CONTAGIO
473
¿QUÉ PASA SI VOY SIN CASCO Y ME CONTAGIA?
¡SI TE CONTAGIA, MALA SUERTE! ¡LA AMISTAD EXIGE CIERTOS SACRIFICIOS!
©QUINO
NO VEO QUE TENGA NADA DE MALO DARLES UN TOQUE MODERNO A LOS SACRIFICIOS

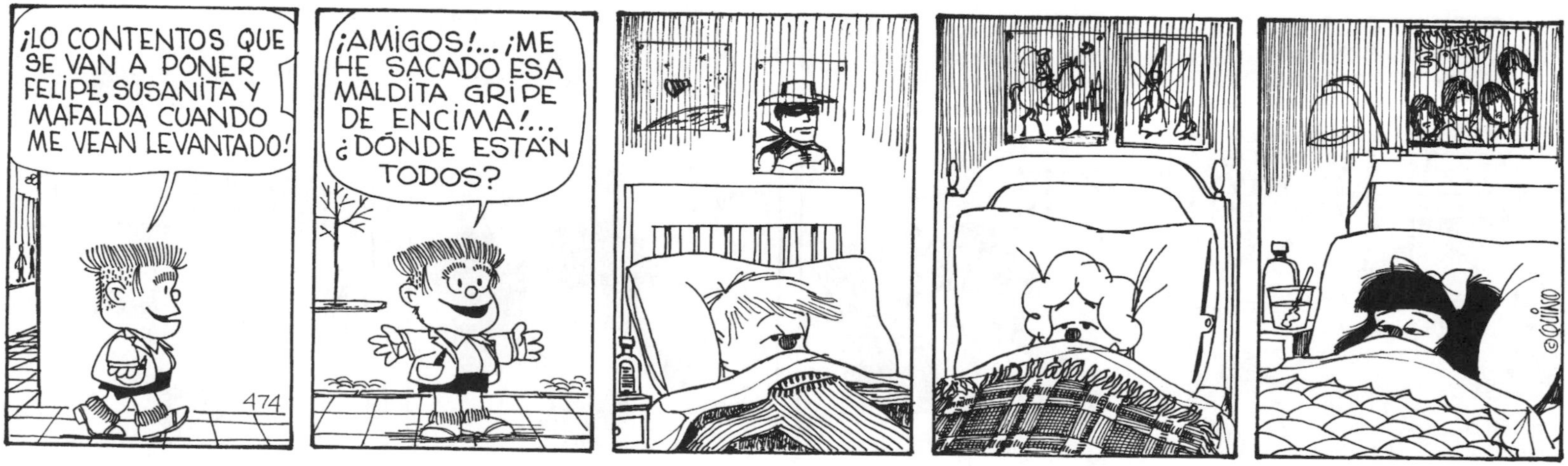
¡LO CONTENTOS QUE SE VAN A PONER FELIPE, SUSANITA Y MAFALDA CUANDO ME VEAN LEVANTADO!
474
¡AMIGOS!... ¡ME HE SACADO ESA MALDITA GRIPE DE ENCIMA!... ¿DÓNDE ESTÁN TODOS?
©QUINO

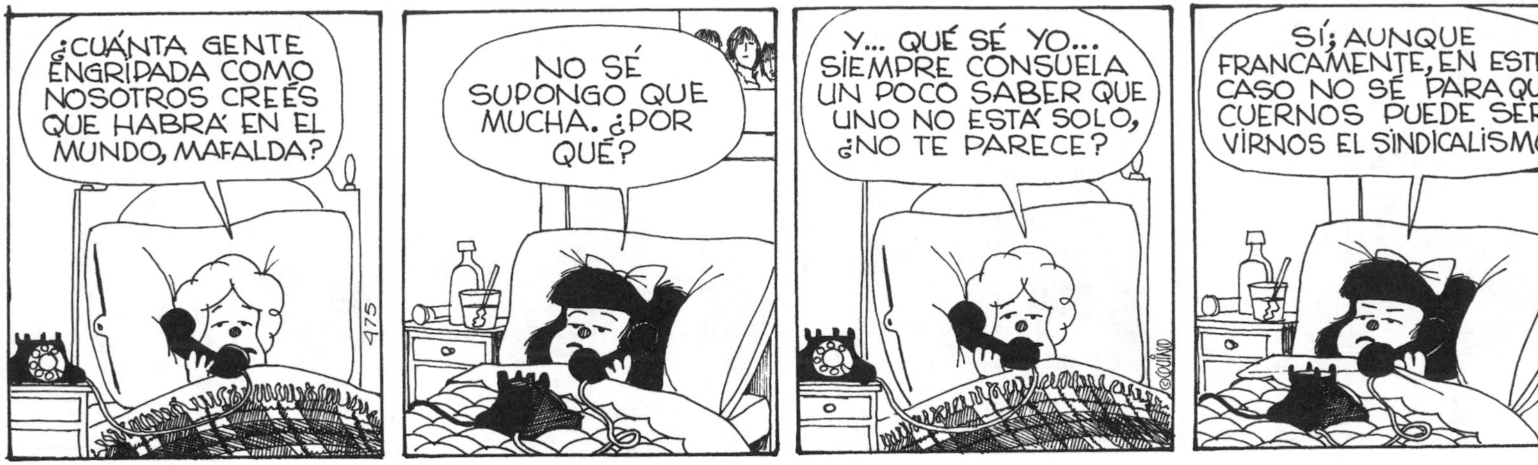
¿CUÁNTA GENTE ENGRIPADA COMO NOSOTROS CREÉS QUE HABRÁ EN EL MUNDO, MAFALDA?
NO SÉ SUPONGO QUE MUCHA. ¿POR QUÉ?
Y... QUÉ SÉ YO... SIEMPRE CONSUELA UN POCO SABER QUE UNO NO ESTÁ SOLO, ¿NO TE PARECE?
SÍ; AUNQUE FRANCAMENTE, EN ESTE CASO NO SÉ PARA QUÉ CUERNOS PUEDE SERVIRNOS EL SINDICALISMO

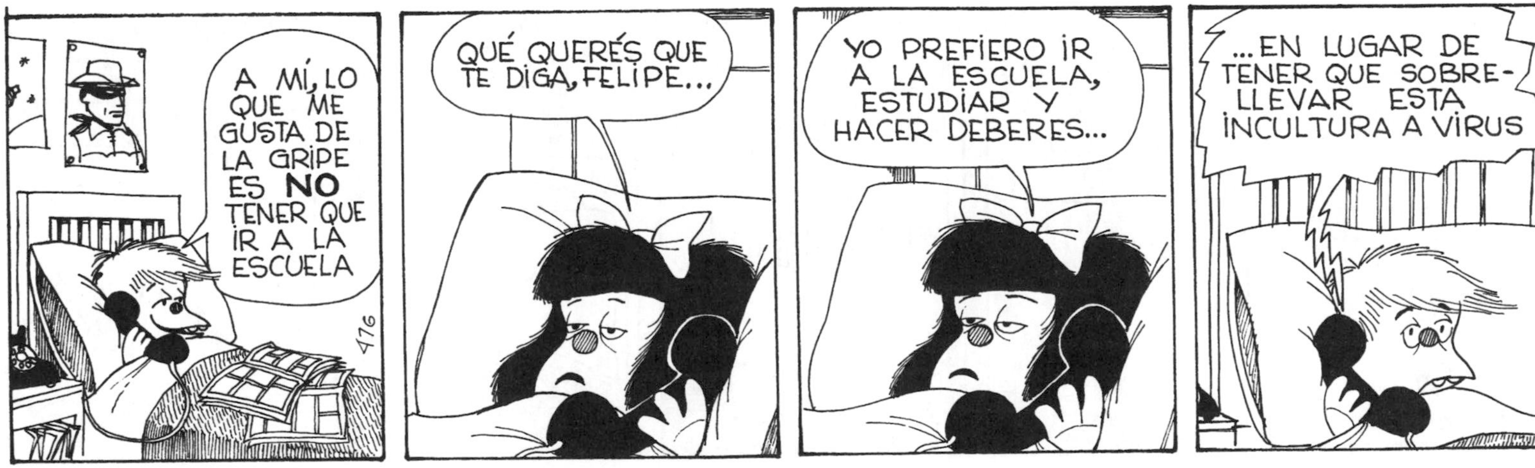
A MÍ, LO QUE ME GUSTA DE LA GRIPE ES **NO** TENER QUE IR A LA ESCUELA
QUÉ QUERÉS QUE TE DIGA, FELIPE...
YO PREFIERO IR A LA ESCUELA, ESTUDIAR Y HACER DEBERES...
...EN LUGAR DE TENER QUE SOBRELLEVAR ESTA INCULTURA A VIRUS

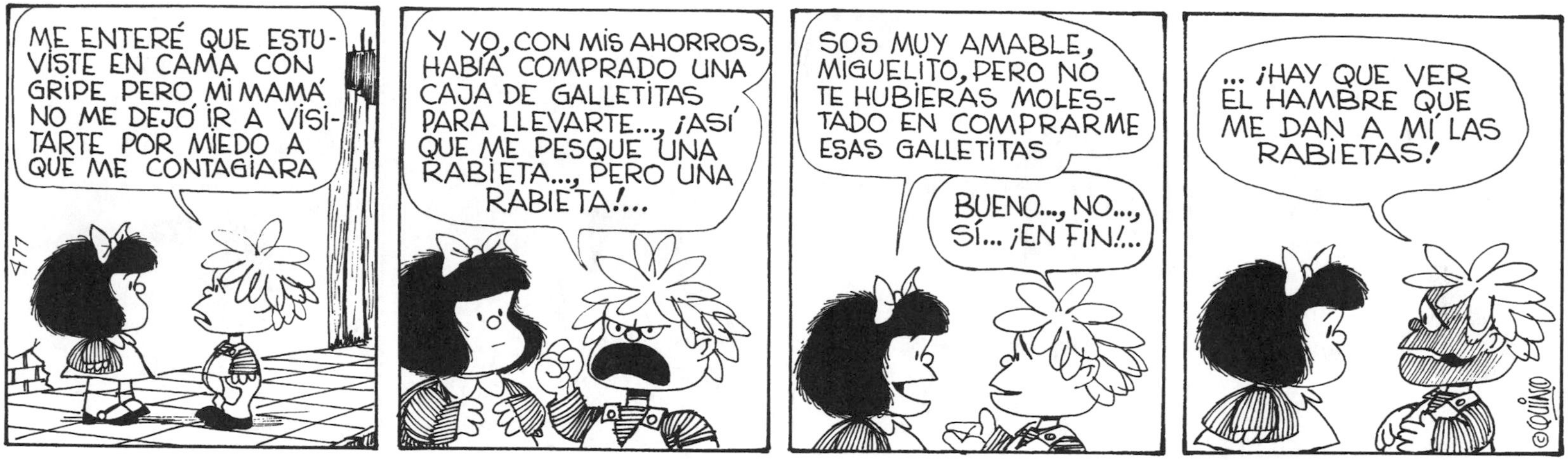
477
ME ENTERÉ QUE ESTUVISTE EN CAMA CON GRIPE PERO MI MAMÁ NO ME DEJÓ IR A VISITARTE POR MIEDO A QUE ME CONTAGIARA
Y YO, CON MIS AHORROS, HABÍA COMPRADO UNA CAJA DE GALLETITAS PARA LLEVARTE..., ¡ASÍ QUE ME PESQUÉ UNA RABIETA..., PERO UNA RABIETA!...
SOS MUY AMABLE, MIGUELITO, PERO NO TE HUBIERAS MOLESTADO EN COMPRARME ESAS GALLETITAS
BUENO..., NO..., SÍ... ¡EN FIN!...
... ¡HAY QUE VER EL HAMBRE QUE ME DAN A MÍ LAS RABIETAS!
©QUINO

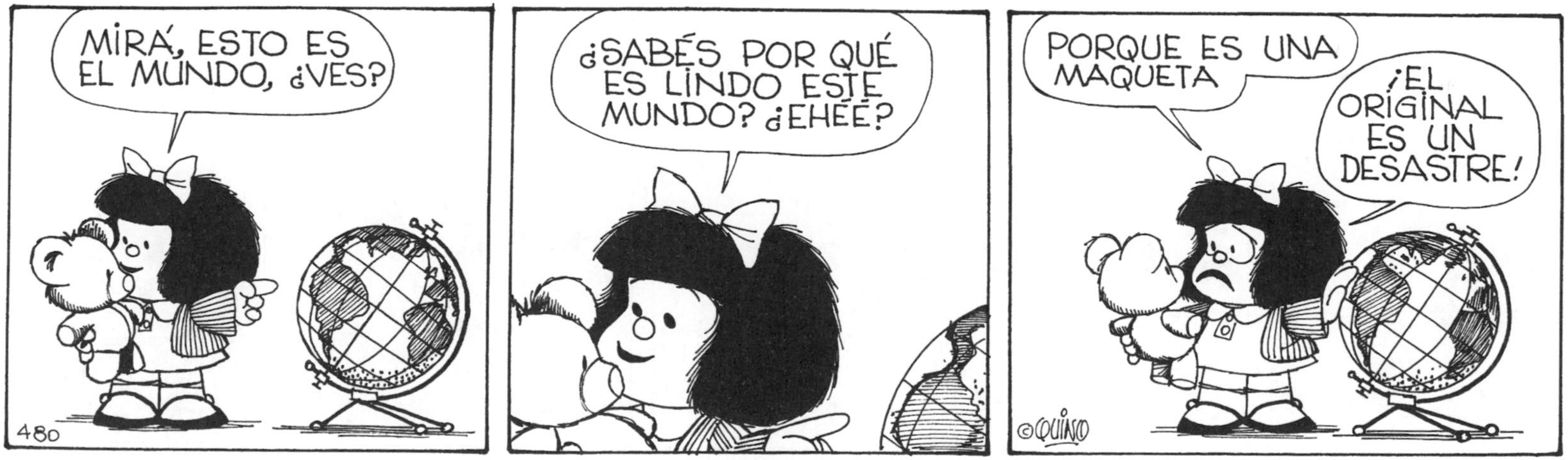
MIRÁ, ESTO ES EL MUNDO, ¿VES?
480
¿SABÉS POR QUÉ ES LINDO ESTE MUNDO? ¿EHÉÉ?
PORQUE ES UNA MAQUETA
¡EL ORIGINAL ES UN DESASTRE!
©QUINO

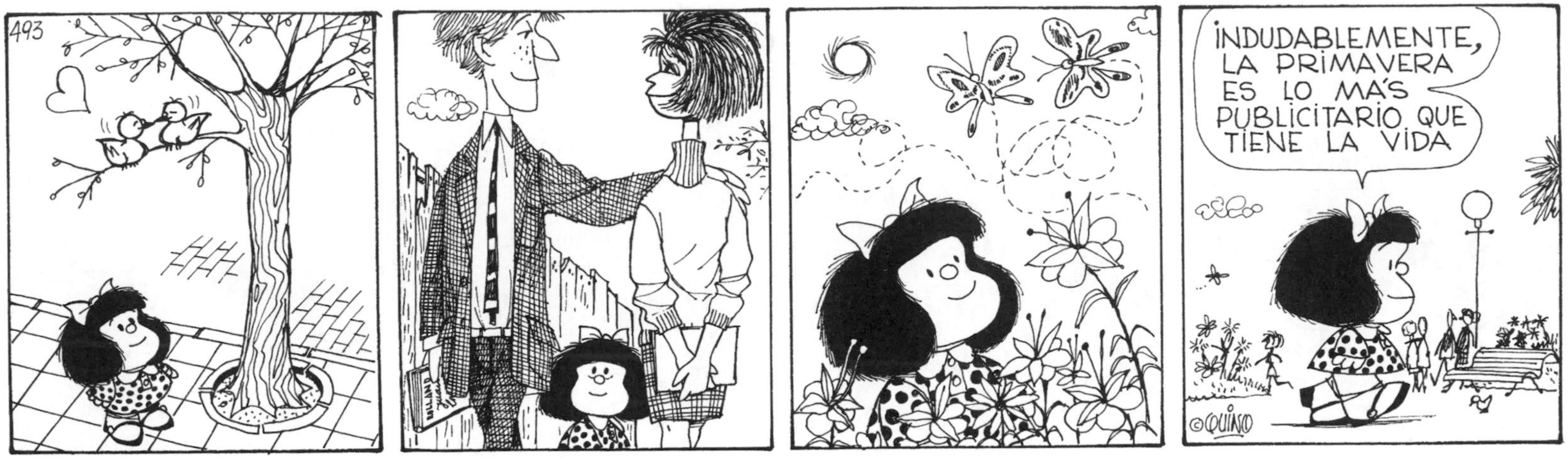
493
INDUDABLEMENTE, LA PRIMAVERA ES LO MÁS PUBLICITARIO QUE TIENE LA VIDA
©QUINO

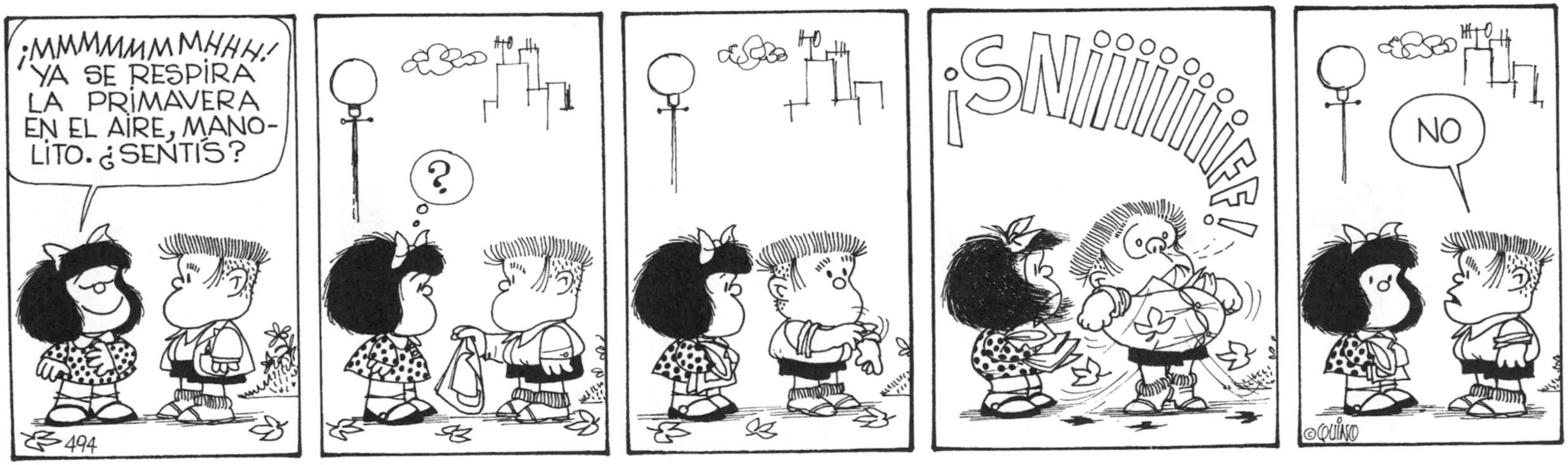
¡MMMMMMMHHH! YA SE RESPIRA LA PRIMAVERA EN EL AIRE, MANOLITO. ¿SENTÍS?
494
?
¡SNIIIIIIIIFF!
NO
©QUINO

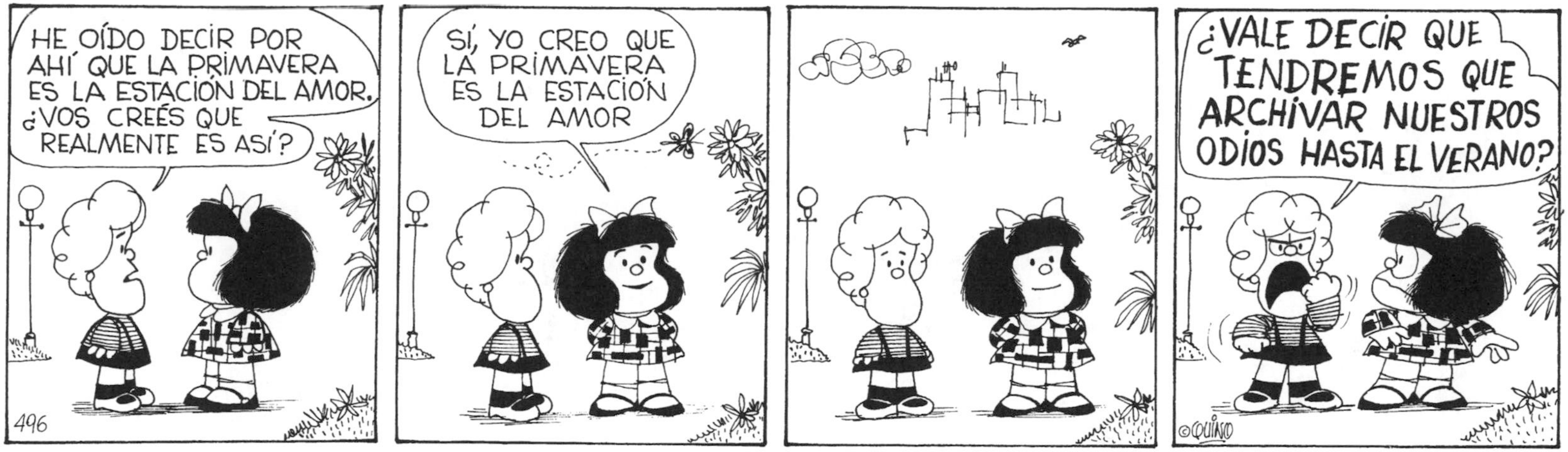
HE OÍDO DECIR POR AHÍ QUE LA PRIMAVERA ES LA ESTACIÓN DEL AMOR. ¿VOS CREÉS QUE REALMENTE ES ASÍ?
SÍ, YO CREO QUE LA PRIMAVERA ES LA ESTACIÓN DEL AMOR
¿VALE DECIR QUE TENDREMOS QUE ARCHIVAR NUESTROS ODIOS HASTA EL VERANO?

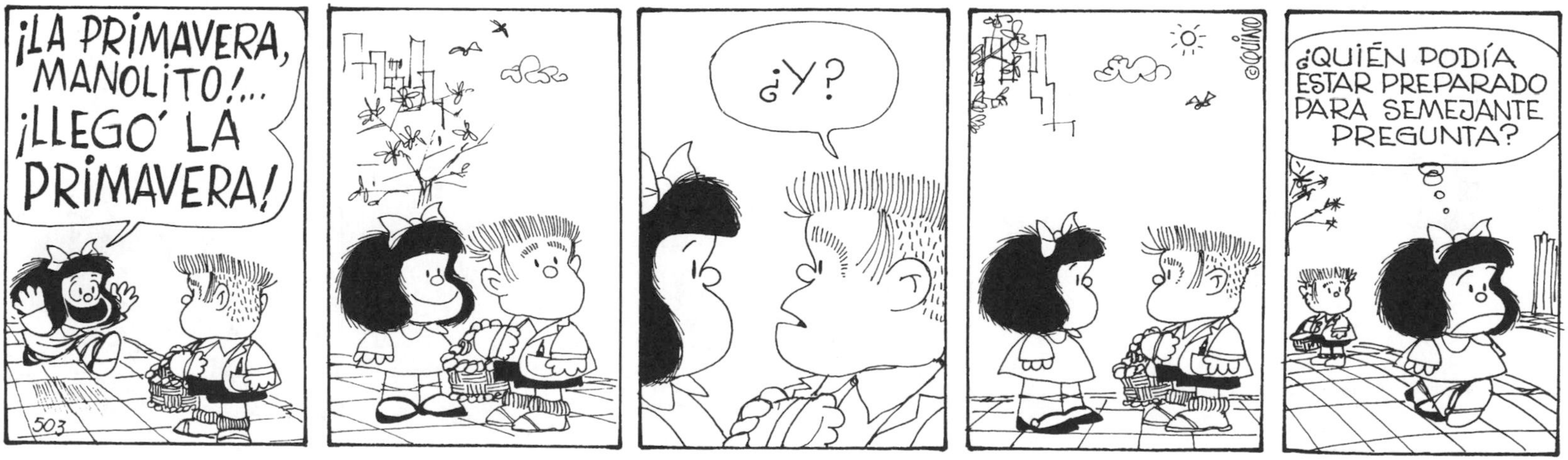
¡LA PRIMAVERA, MANOLITO!... ¡LLEGÓ LA PRIMAVERA!
¿Y?
¿QUIÉN PODÍA ESTAR PREPARADO PARA SEMEJANTE PREGUNTA?

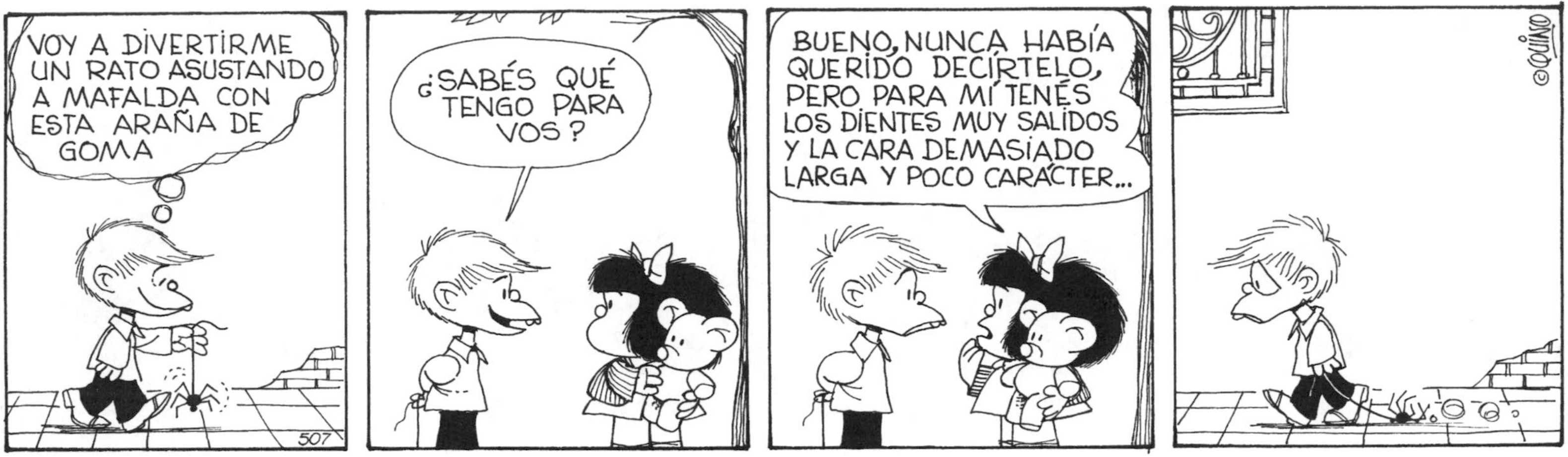
VOY A DIVERTIRME UN RATO ASUSTANDO A MAFALDA CON ESTA ARAÑA DE GOMA
507
¿SABÉS QUÉ TENGO PARA VOS?
BUENO, NUNCA HABÍA QUERIDO DECÍRTELO, PERO PARA MÍ TENÉS LOS DIENTES MUY SALIDOS Y LA CARA DEMASIADO LARGA Y POCO CARÁCTER...
© QUINO

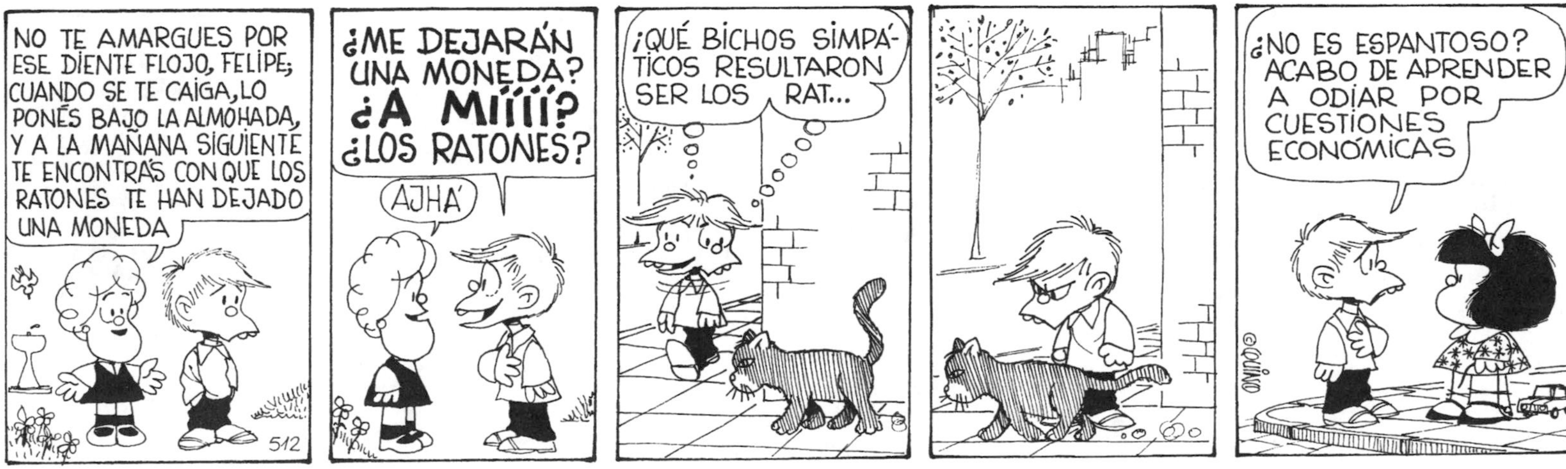
NO TE AMARGUES POR ESE DIENTE FLOJO, FELIPE; CUANDO SE TE CAIGA, LO PONÉS BAJO LA ALMOHADA, Y A LA MAÑANA SIGUIENTE TE ENCONTRÁS CON QUE LOS RATONES TE HAN DEJADO UNA MONEDA
512
¿ME DEJARÁN UNA MONEDA? ¿A MÍÍÍÍ? ¿LOS RATONES?
AJHÁ
¡QUÉ BICHOS SIMPÁTICOS RESULTARON SER LOS RAT...
¿NO ES ESPANTOSO? ACABO DE APRENDER A ODIAR POR CUESTIONES ECONÓMICAS
© QUINO

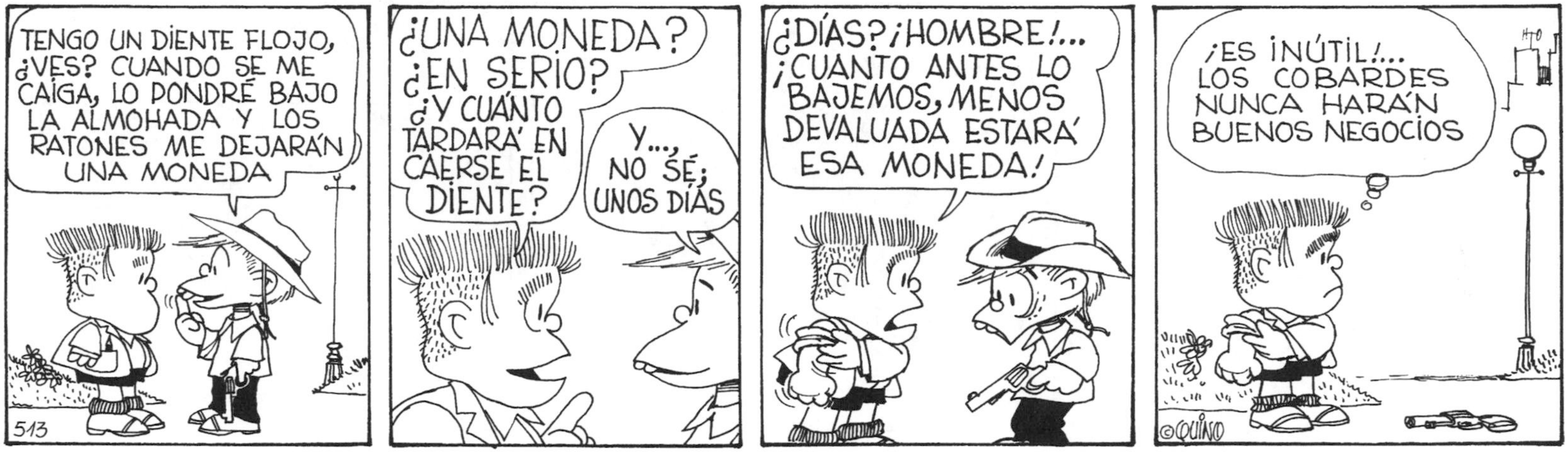
TENGO UN DIENTE FLOJO, ¿VES? CUANDO SE ME CAIGA, LO PONDRÉ BAJO LA ALMOHADA Y LOS RATONES ME DEJARÁN UNA MONEDA
513
¿UNA MONEDA? ¿EN SERIO? ¿Y CUÁNTO TARDARÁ EN CAERSE EL DIENTE?
Y..., NO SÉ; UNOS DÍAS
¿DÍAS? ¡HOMBRE!... ¡CUANTO ANTES LO BAJEMOS, MENOS DEVALUADA ESTARÁ ESA MONEDA!
¡ES INÚTIL!... LOS COBARDES NUNCA HARÁN BUENOS NEGOCIOS
©QUINO

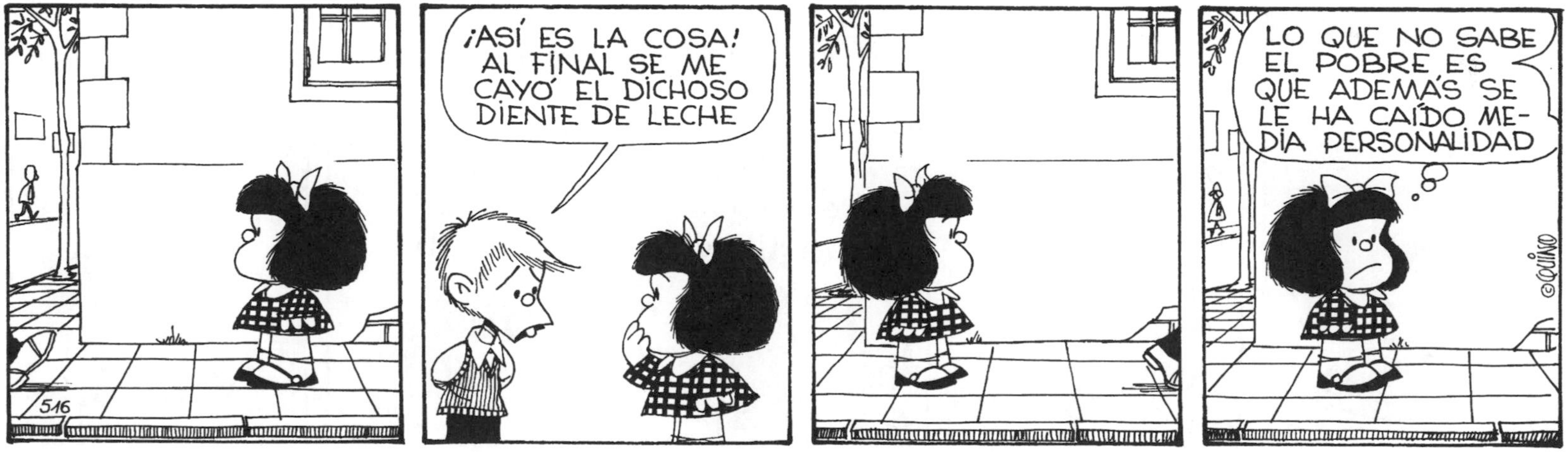
516
¡ASÍ ES LA COSA! AL FINAL SE ME CAYÓ EL DICHOSO DIENTE DE LECHE
LO QUE NO SABE EL POBRE ES QUE ADEMÁS SE LE HA CAÍDO MEDIA PERSONALIDAD
©QUINO

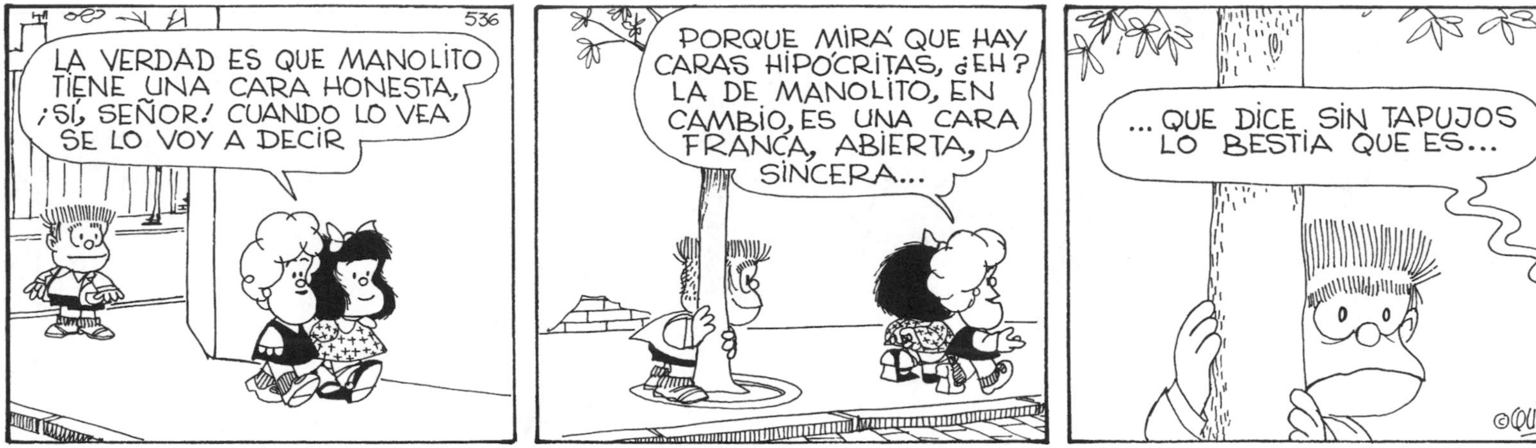
536
LA VERDAD ES QUE MANOLITO TIENE UNA CARA HONESTA, ¡SÍ, SEÑOR! CUANDO LO VEA SE LO VOY A DECIR
PORQUE MIRÁ QUE HAY CARAS HIPÓCRITAS, ¿EH? LA DE MANOLITO, EN CAMBIO, ES UNA CARA FRANCA, ABIERTA, SINCERA...
... QUE DICE SIN TAPUJOS LO BESTIA QUE ES...
©QUINO

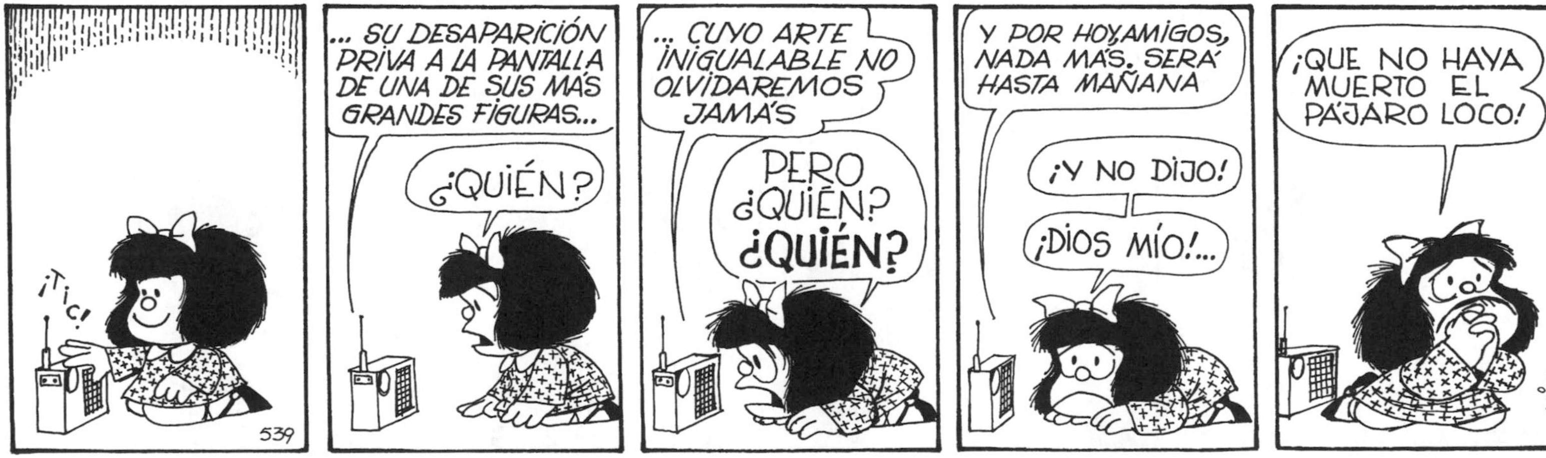
¡TIC!
539
... SU DESAPARICIÓN PRIVA A LA PANTALLA DE UNA DE SUS MÁS GRANDES FIGURAS...
¿QUIÉN?
... CUYO ARTE INIGUALABLE NO OLVIDAREMOS JAMÁS
PERO ¿QUIÉN? ¿QUIÉN?
Y POR HOY, AMIGOS, NADA MÁS. SERÁ HASTA MAÑANA
¡Y NO DIJO!
¡DIOS MÍO!...
¡QUE NO HAYA MUERTO EL PÁJARO LOCO!
©QUINO

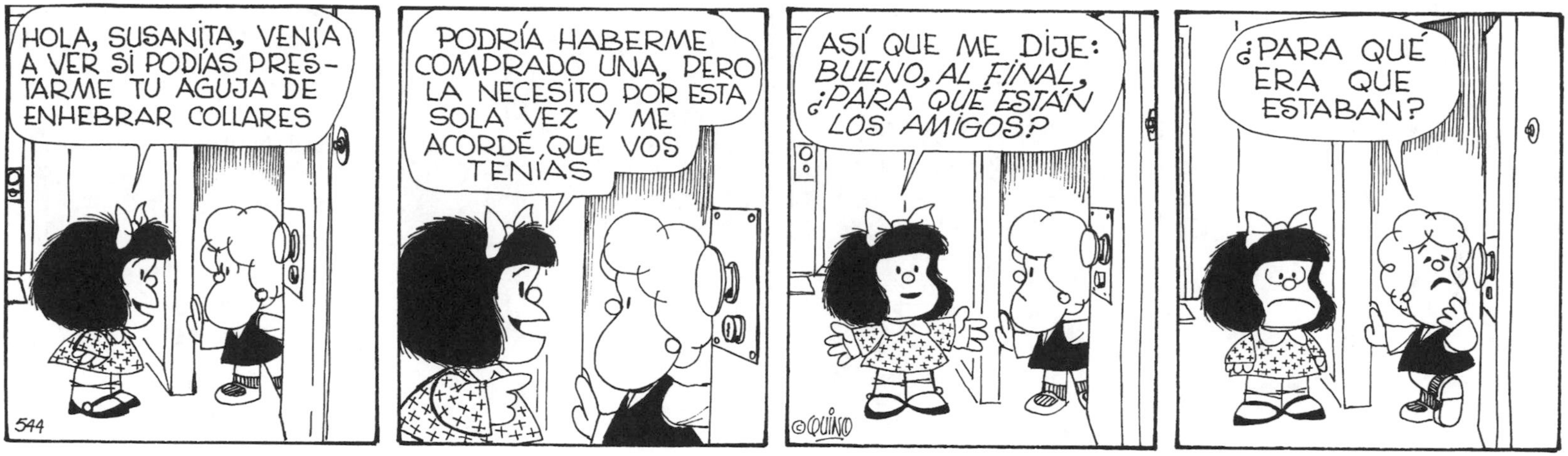
HOLA, SUSANITA, VENÍA A VER SI PODÍAS PRESTARME TU AGUJA DE ENHEBRAR COLLARES
544
PODRÍA HABERME COMPRADO UNA, PERO LA NECESITO POR ESTA SOLA VEZ Y ME ACORDÉ QUE VOS TENÍAS
ASÍ QUE ME DIJE: *BUENO, AL FINAL, ¿PARA QUÉ ESTÁN LOS AMIGOS?*
©QUINO
¿PARA QUÉ ERA QUE ESTABAN?

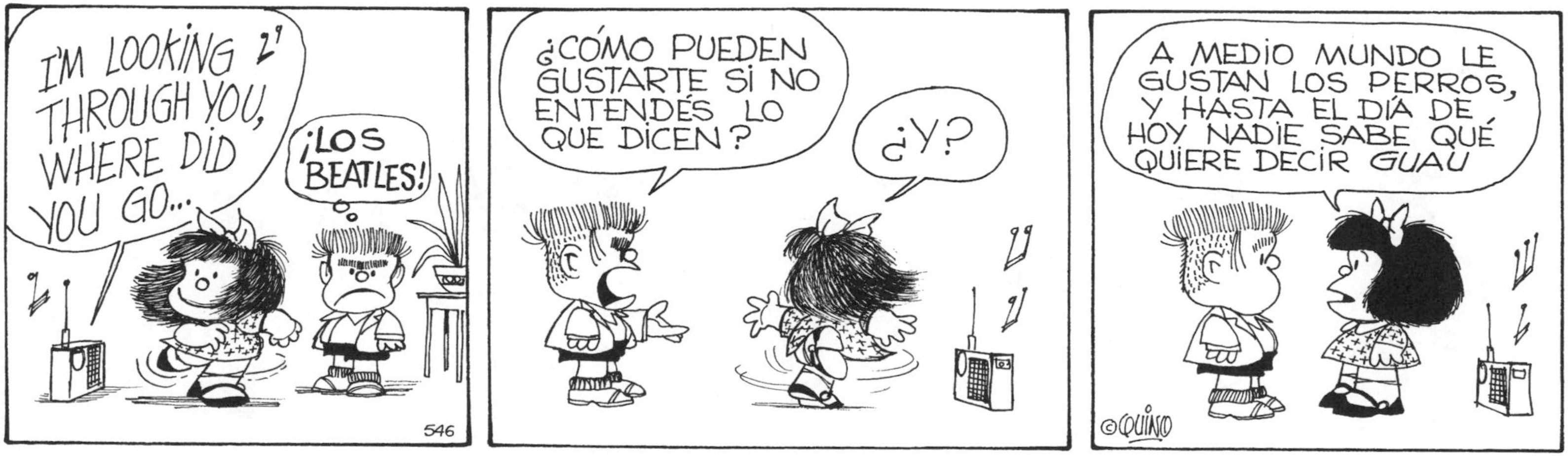
I'M LOOKING THROUGH YOU, WHERE DID YOU GO...
¡LOS BEATLES!
546
¿CÓMO PUEDEN GUSTARTE SI NO ENTENDÉS LO QUE DICEN?
¿Y?
A MEDIO MUNDO LE GUSTAN LOS PERROS, Y HASTA EL DÍA DE HOY NADIE SABE QUÉ QUIERE DECIR *GUAU*
©QUINO

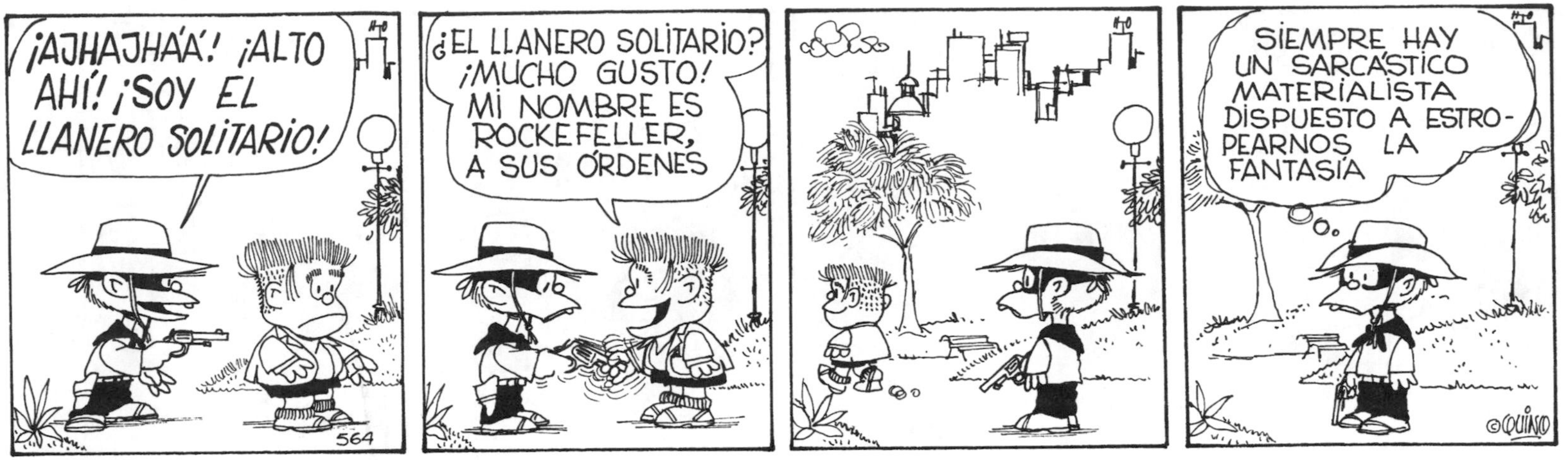
¡AJHAJHAÁ! ¡ALTO AHÍ! ¡SOY EL LLANERO SOLITARIO!
564
¿EL LLANERO SOLITARIO? ¡MUCHO GUSTO! MI NOMBRE ES ROCKEFELLER, A SUS ÓRDENES
SIEMPRE HAY UN SARCÁSTICO MATERIALISTA DISPUESTO A ESTROPEARNOS LA FANTASÍA
©QUINO

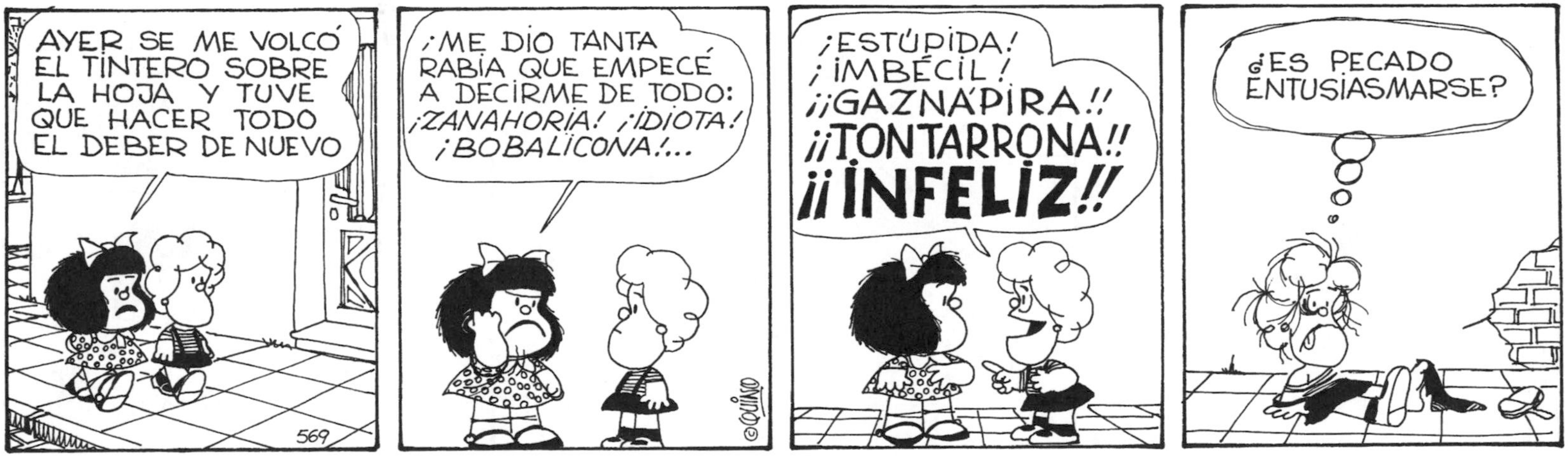
AYER SE ME VOLCÓ EL TINTERO SOBRE LA HOJA Y TUVE QUE HACER TODO EL DEBER DE NUEVO
569
¡ME DIO TANTA RABIA QUE EMPECÉ A DECIRME DE TODO: ¡ZANAHORIA! ¡IDIOTA! ¡BOBALICONA!...
©QUINO
¡ESTÚPIDA! ¡IMBÉCIL! ¡¡GAZNÁPIRA!! ¡¡TONTARRONA!! ¡¡INFELIZ!!
¿ES PECADO ENTUSIASMARSE?

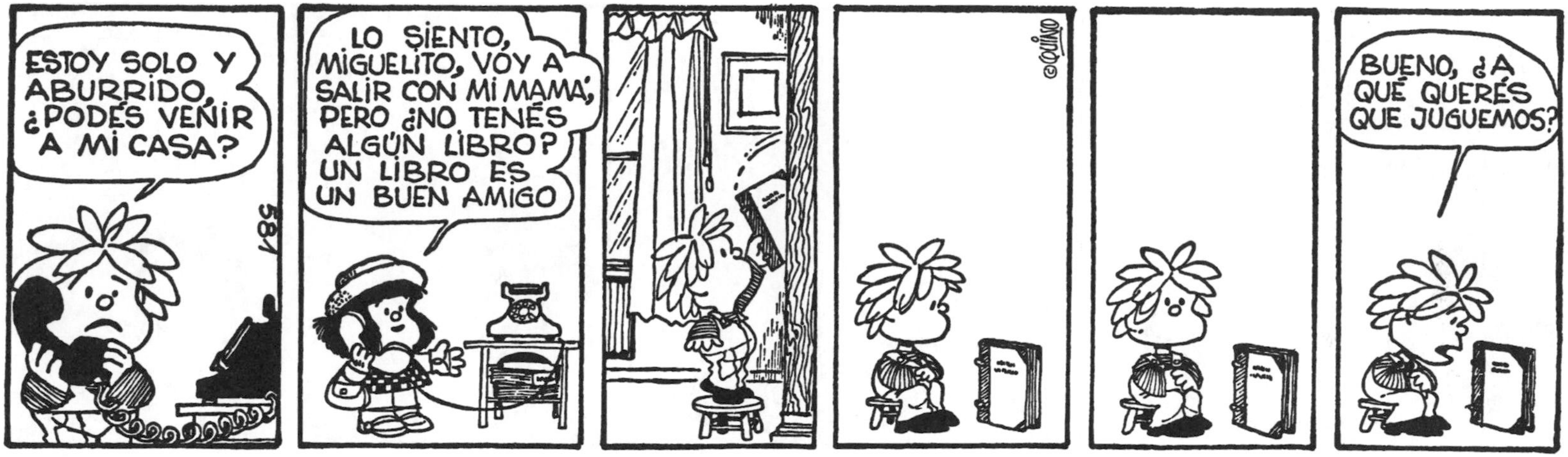
ESTOY SOLO Y ABURRIDO, ¿PODÉS VENIR A MI CASA?
LO SIENTO, MIGUELITO, VOY A SALIR CON MI MAMÁ, PERO ¿NO TENÉS ALGÚN LIBRO? UN LIBRO ES UN BUEN AMIGO
©QUINO
BUENO, ¿A QUÉ QUERÉS QUE JUGUEMOS?

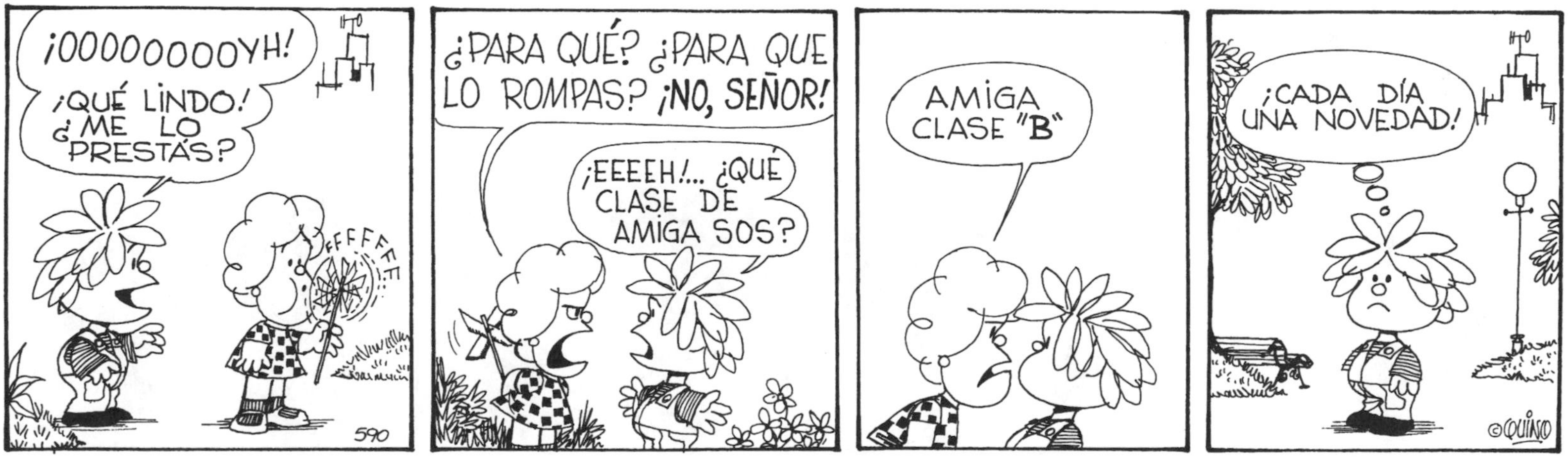
¡OOOOOOOOYH!
¡QUÉ LINDO! ¿ME LO PRESTÁS?
590
¿PARA QUÉ? ¿PARA QUE LO ROMPAS? ¡NO, SEÑOR!
¡EEEEH!... ¿QUÉ CLASE DE AMIGA SOS?
AMIGA CLASE "B"
¡CADA DÍA UNA NOVEDAD!
©QUINO

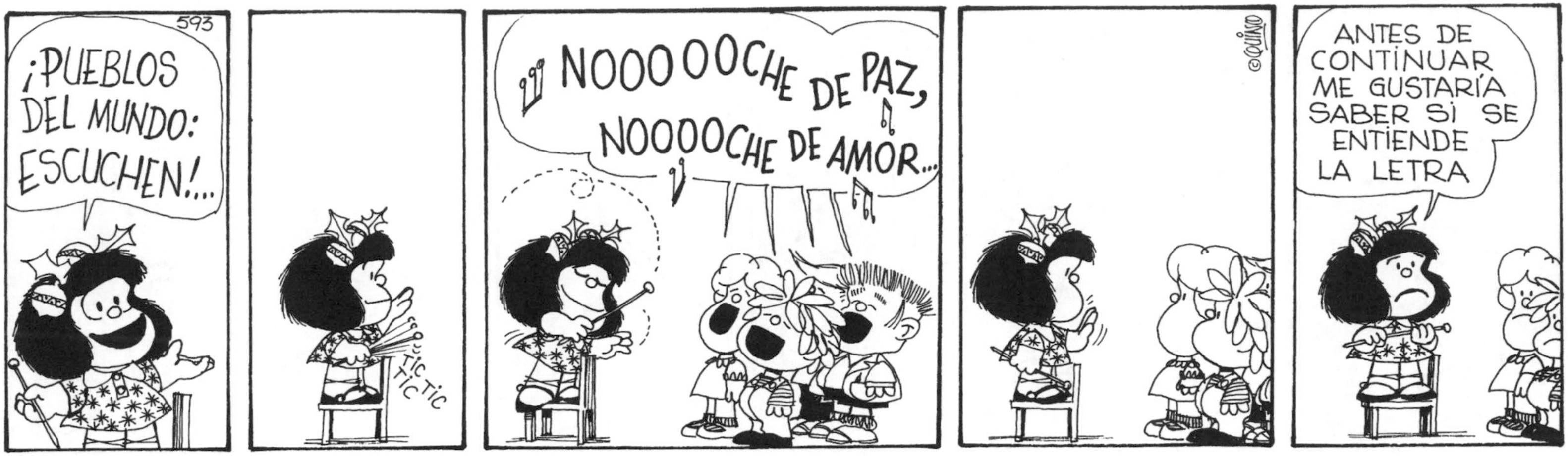
593
¡PUEBLOS DEL MUNDO: ESCUCHEN!...
TIC TIC TIC
NOOOOOCHE DE PAZ, NOOOOCHE DE AMOR...
©QUINO
ANTES DE CONTINUAR ME GUSTARÍA SABER SI SE ENTIENDE LA LETRA

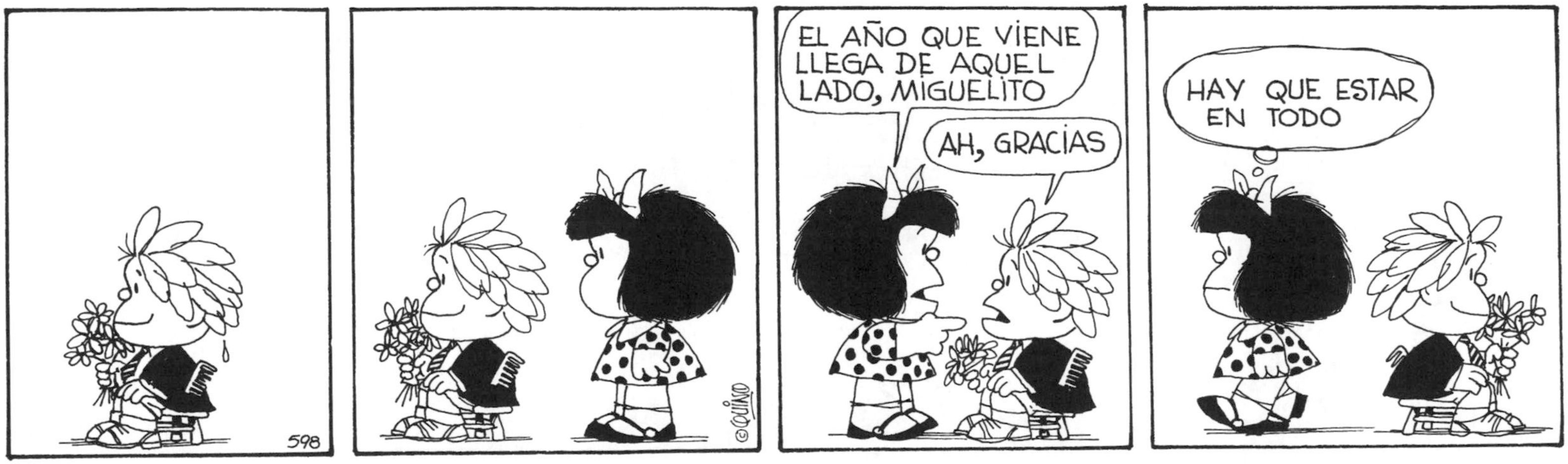
598
©QUINO
EL AÑO QUE VIENE LLEGA DE AQUEL LADO, MIGUELITO
AH, GRACIAS
HAY QUE ESTAR EN TODO

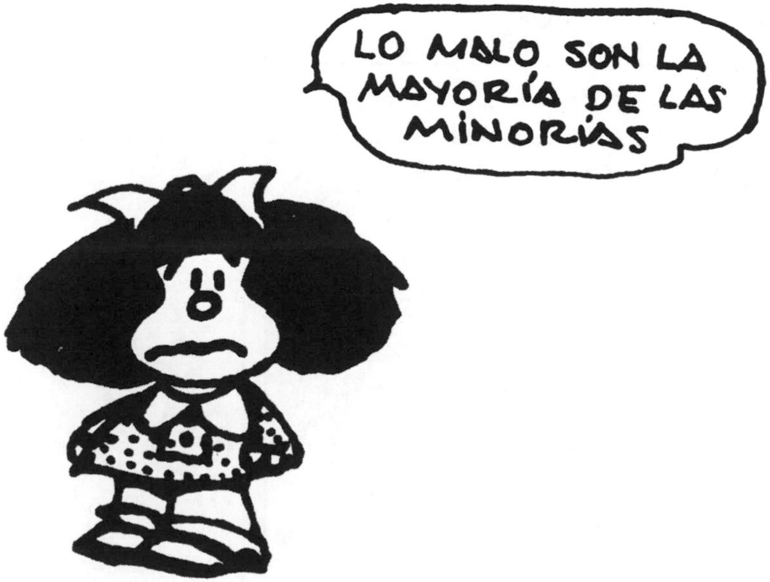
LO MALO SON LA MAYORÍA DE LAS MINORÍAS

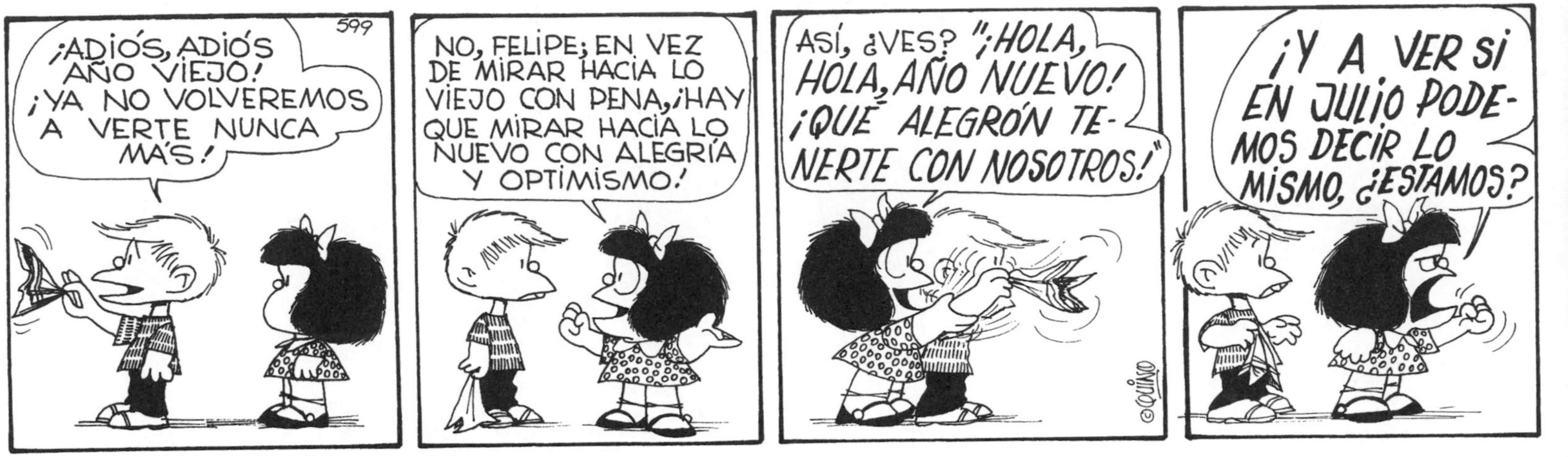
599
¡ADIÓS, ADIÓS AÑO VIEJO! ¡YA NO VOLVEREMOS A VERTE NUNCA MÁS!
NO, FELIPE; EN VEZ DE MIRAR HACIA LO VIEJO CON PENA, ¡HAY QUE MIRAR HACIA LO NUEVO CON ALEGRÍA Y OPTIMISMO!
ASÍ, ¿VES? "¡HOLA, HOLA, AÑO NUEVO! ¡QUÉ ALEGRÓN TENERTE CON NOSOTROS!"
©QUINO
¡Y A VER SI EN JULIO PODEMOS DECIR LO MISMO, ¿ESTAMOS?

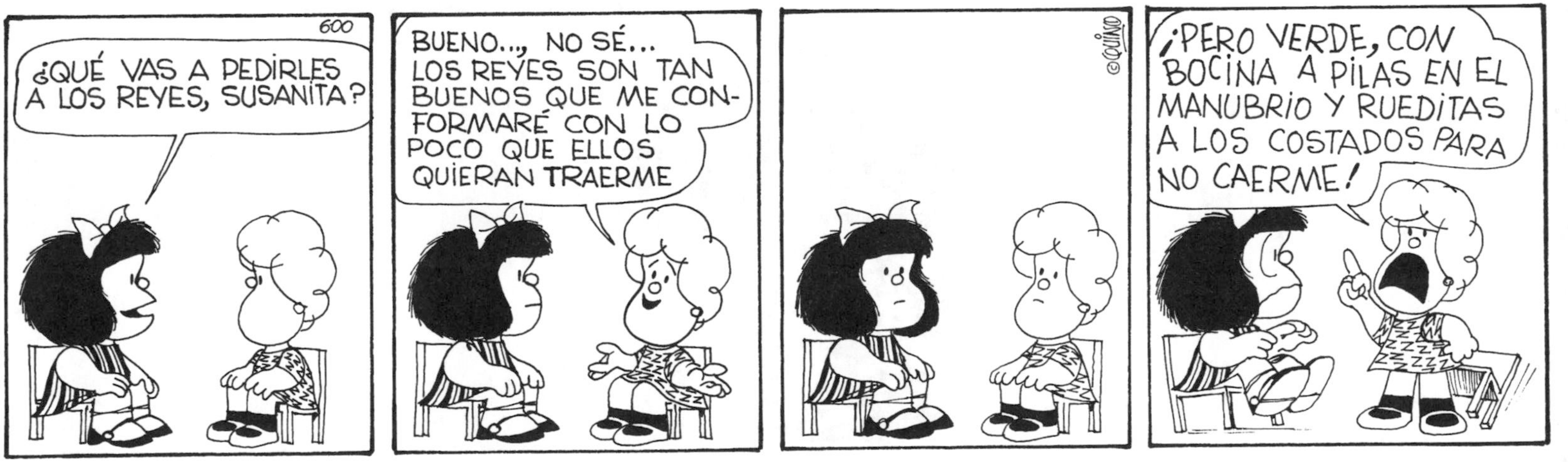
600
¿QUÉ VAS A PEDIRLES A LOS REYES, SUSANITA?
BUENO..., NO SÉ... LOS REYES SON TAN BUENOS QUE ME CONFORMARÉ CON LO POCO QUE ELLOS QUIERAN TRAERME
©QUINO
¡PERO VERDE, CON BOCINA A PILAS EN EL MANUBRIO Y RUEDITAS A LOS COSTADOS PARA NO CAERME!

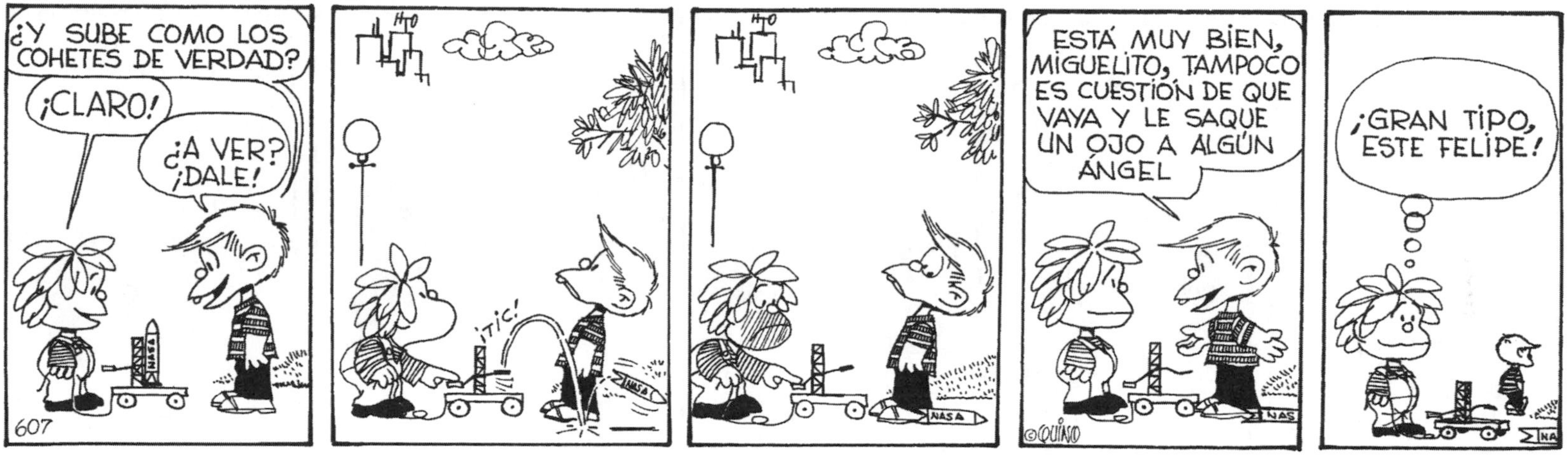
¿Y SUBE COMO LOS COHETES DE VERDAD?
¡CLARO!
¿A VER? ¡DALE!
607
¡TIC!
NASA
ESTÁ MUY BIEN, MIGUELITO, TAMPOCO ES CUESTIÓN DE QUE VAYA Y LE SAQUE UN OJO A ALGÚN ÁNGEL
©QUINO
¡GRAN TIPO, ESTE FELIPE!

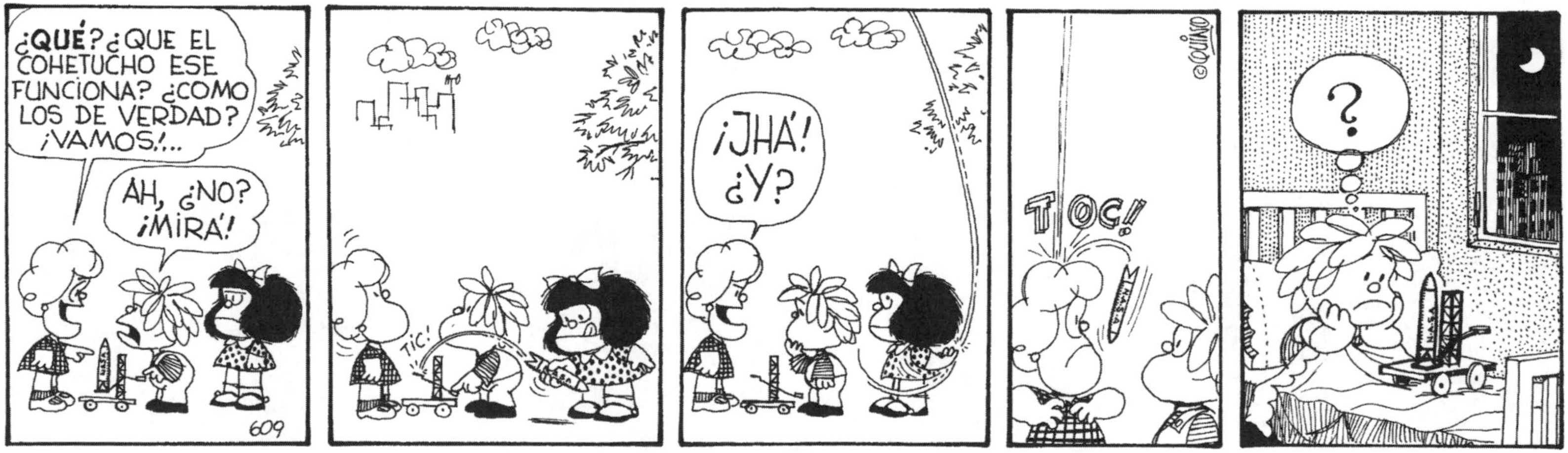
¿**QUÉ**? ¿QUE EL COHETUCHO ESE FUNCIONA? ¿COMO LOS DE VERDAD? ¡VAMOS!...
AH, ¿NO? ¡MIRÁ!
609
TIC!
¡JHÁ! ¿Y?
TOC!
©QUINO
?

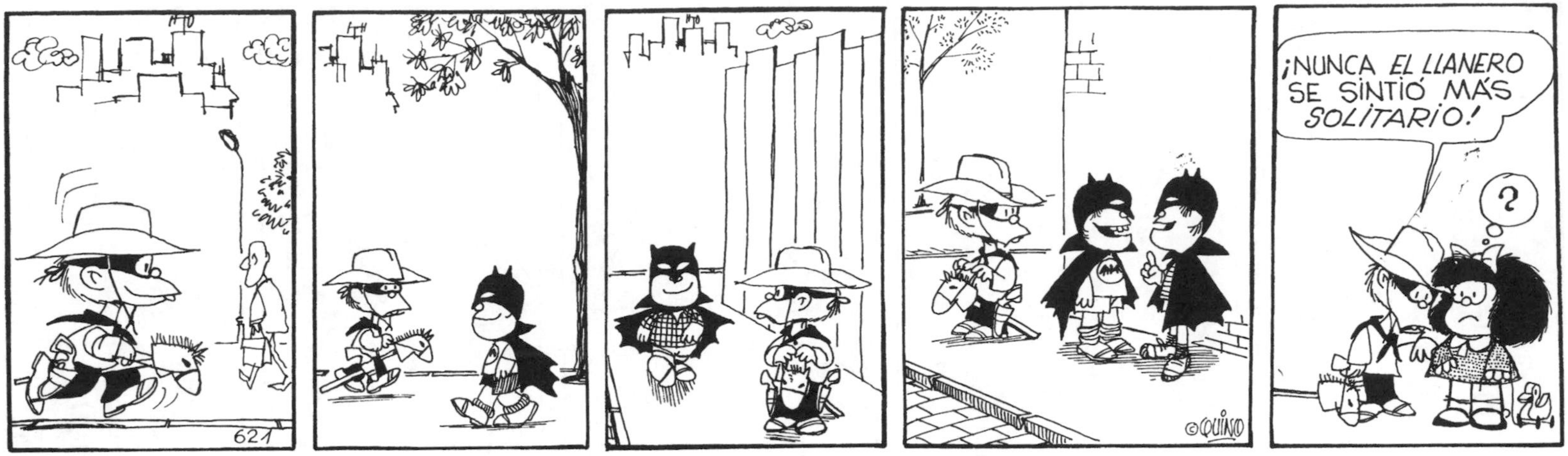
621
¡NUNCA *EL LLANERO* SE SINTIÓ MÁS *SOLITARIO*!
©QUINO

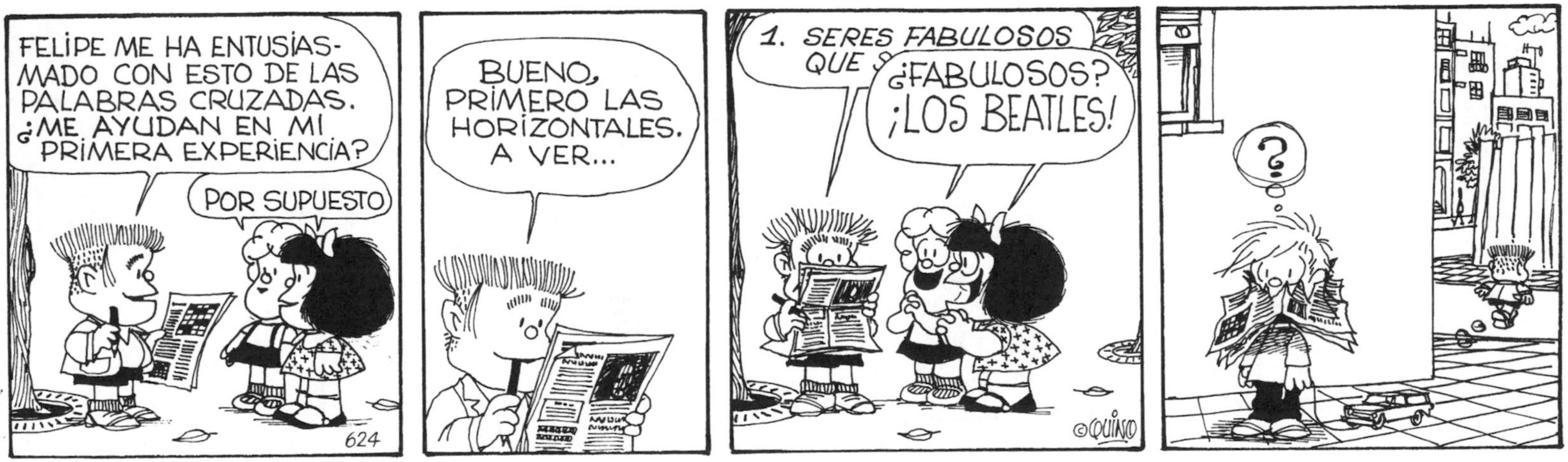
FELIPE ME HA ENTUSIASMADO CON ESTO DE LAS PALABRAS CRUZADAS. ¿ME AYUDAN EN MI PRIMERA EXPERIENCIA?
POR SUPUESTO
624
BUENO, PRIMERO LAS HORIZONTALES. A VER...
1. SERES FABULOSOS QUE S
¿FABULOSOS? ¡LOS BEATLES!
©QUINO

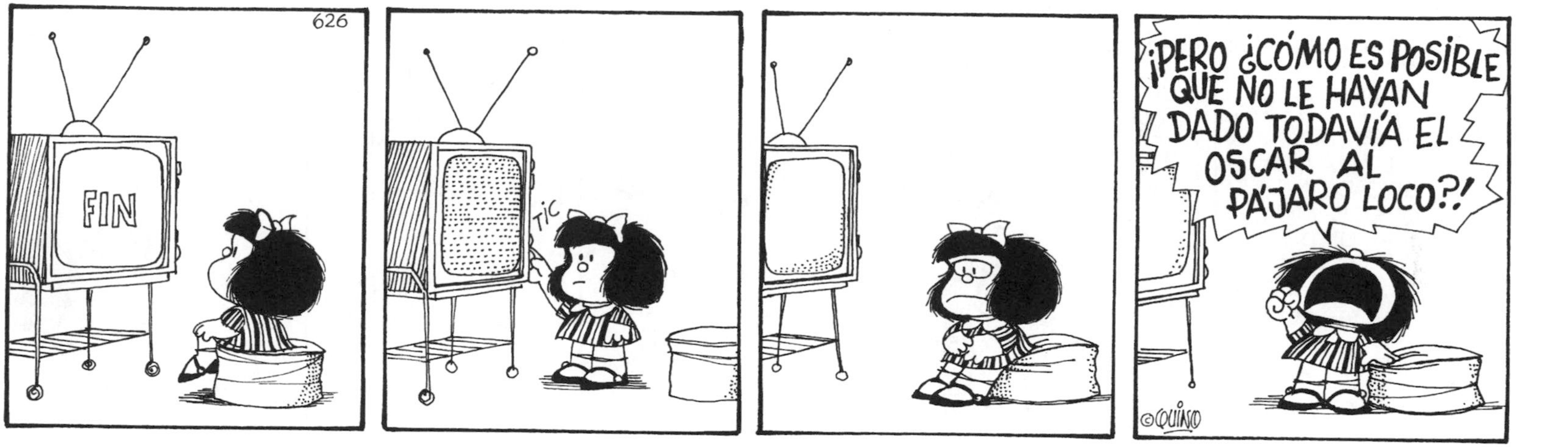
626
FIN
TIC
¡PERO ¿CÓMO ES POSIBLE QUE NO LE HAYAN DADO TODAVÍA EL OSCAR AL PÁJARO LOCO?!
©QUINO

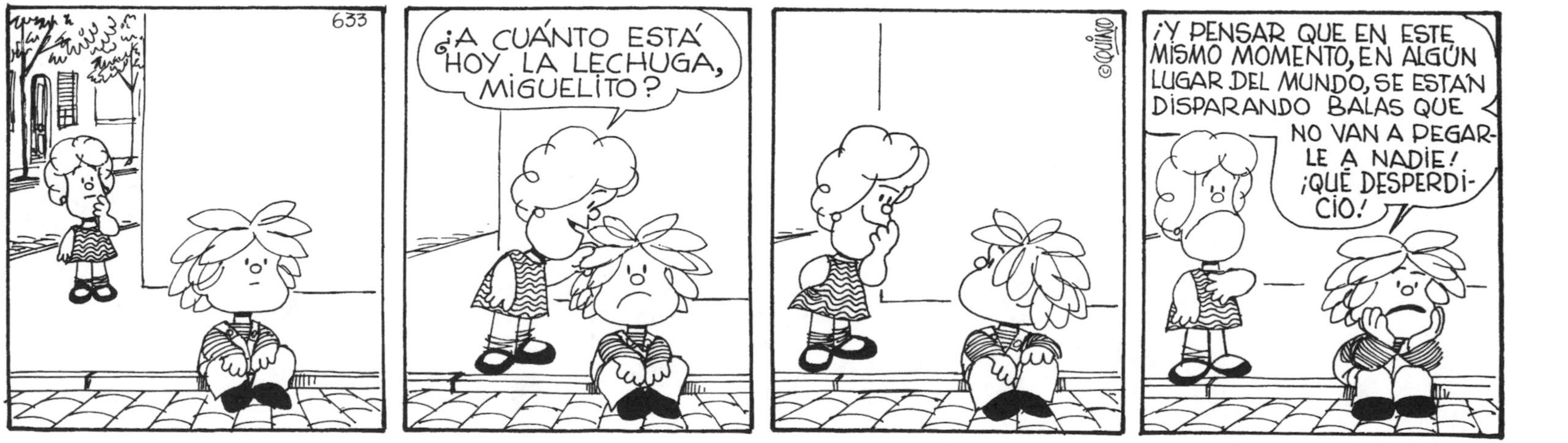
633
¿A CUÁNTO ESTÁ HOY LA LECHUGA, MIGUELITO?
©QUINO
¡Y PENSAR QUE EN ESTE MISMO MOMENTO, EN ALGÚN LUGAR DEL MUNDO, SE ESTÁN DISPARANDO BALAS QUE NO VAN A PEGAR-LE A NADIE! ¡QUÉ DESPERDI-CIO!

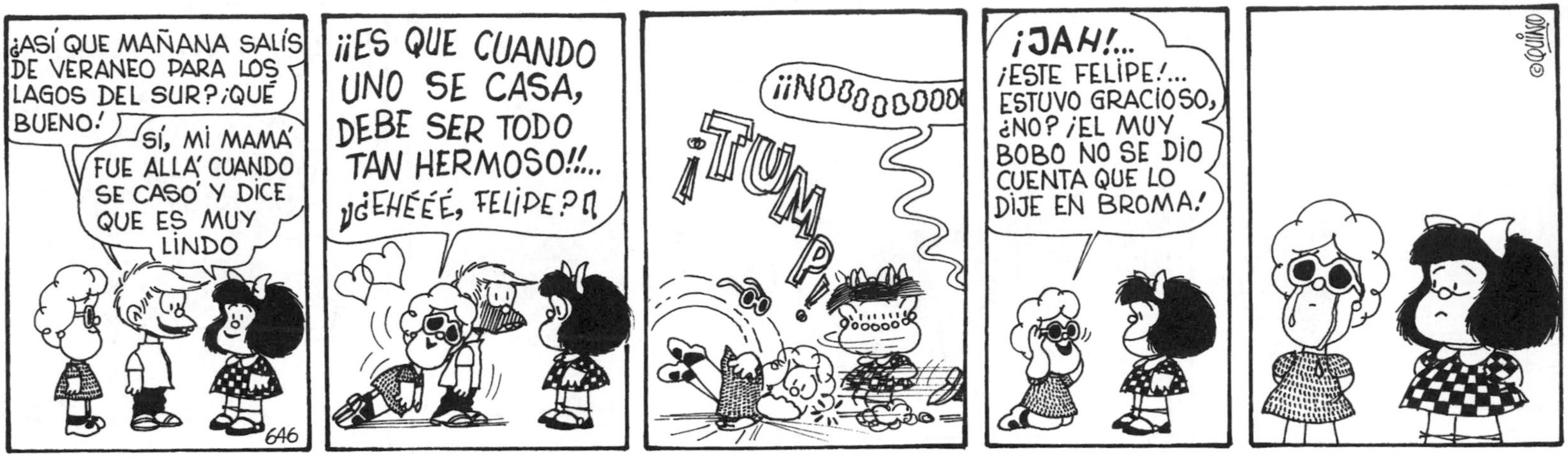
¿ASÍ QUE MAÑANA SALÍS DE VERANEO PARA LOS LAGOS DEL SUR? ¡QUÉ BUENO!
SÍ, MI MAMÁ FUE ALLÁ CUANDO SE CASÓ Y DICE QUE ES MUY LINDO
646
¡¡ES QUE CUANDO UNO SE CASA, DEBE SER TODO TAN HERMOSO!!... ♪¿EHÉÉÉ, FELIPE?♫
¡¡NOOOOOOOOO
¡TUMP!
¡JAH!... ¡ESTE FELIPE!... ESTUVO GRACIOSO, ¿NO? ¡EL MUY BOBO NO SE DIO CUENTA QUE LO DIJE EN BROMA!
© QUINO

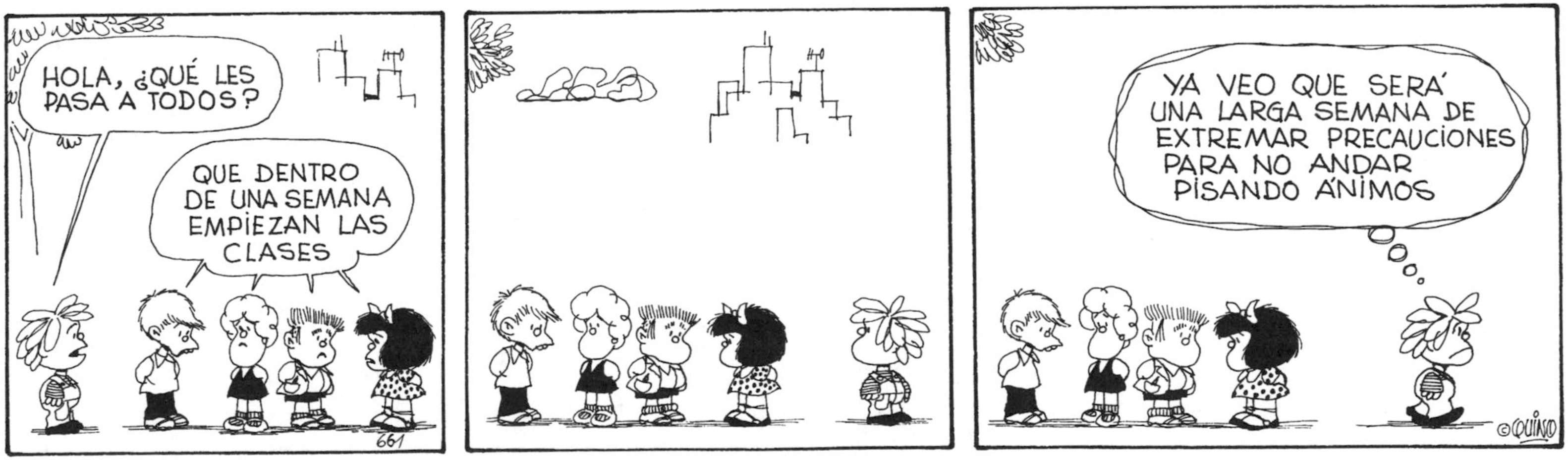
HOLA, ¿QUÉ LES PASA A TODOS?
QUE DENTRO DE UNA SEMANA EMPIEZAN LAS CLASES
661
YA VEO QUE SERÁ UNA LARGA SEMANA DE EXTREMAR PRECAUCIONES PARA NO ANDAR PISANDO ÁNIMOS
© QUINO

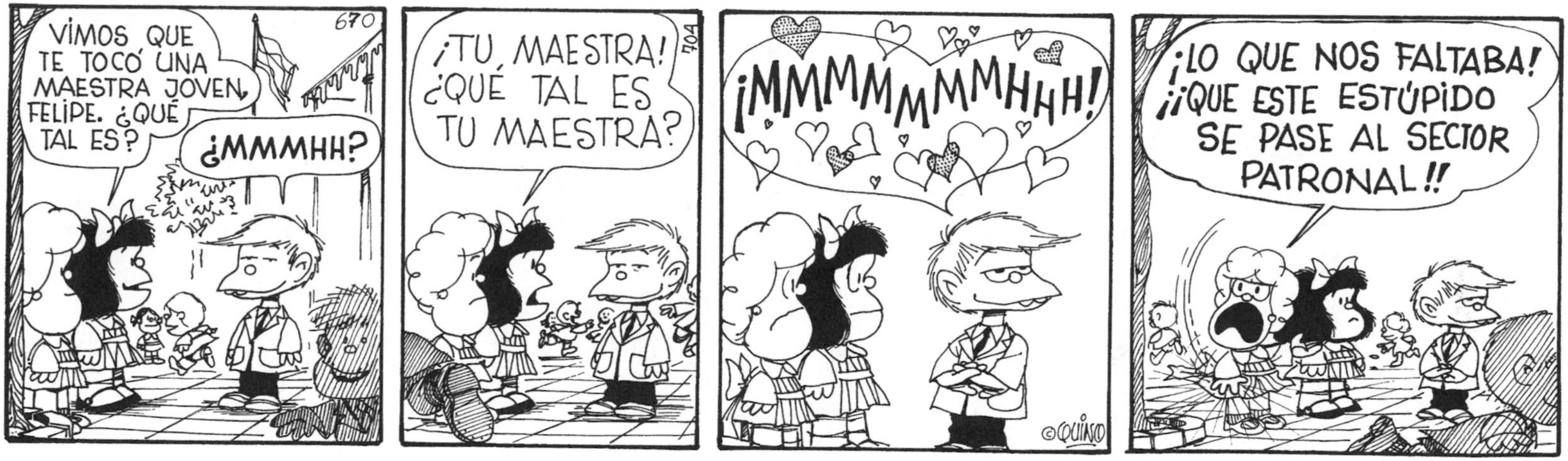
670
VIMOS QUE TE TOCÓ UNA MAESTRA JOVEN, FELIPE. ¿QUÉ TAL ES?
¿MMMHH?
¡TU MAESTRA! ¿QUÉ TAL ES TU MAESTRA?
¡MMMMMMMMHHH!
¡LO QUE NOS FALTABA! ¡¡QUE ESTE ESTÚPIDO SE PASE AL SECTOR PATRONAL!!

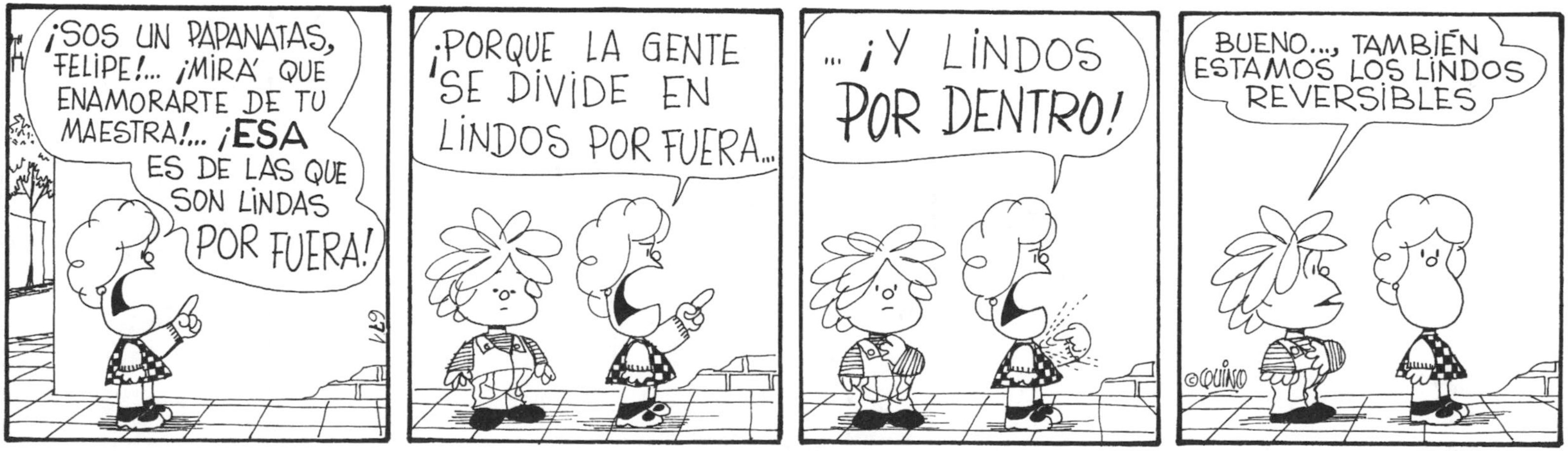
¡SOS UN PAPANATAS, FELIPE!... ¡MIRÁ QUE ENAMORARTE DE TU MAESTRA!... ¡ESA ES DE LAS QUE SON LINDAS POR FUERA!
¡PORQUE LA GENTE SE DIVIDE EN LINDOS POR FUERA...
... ¡Y LINDOS POR DENTRO!
BUENO..., TAMBIÉN ESTAMOS LOS LINDOS REVERSIBLES

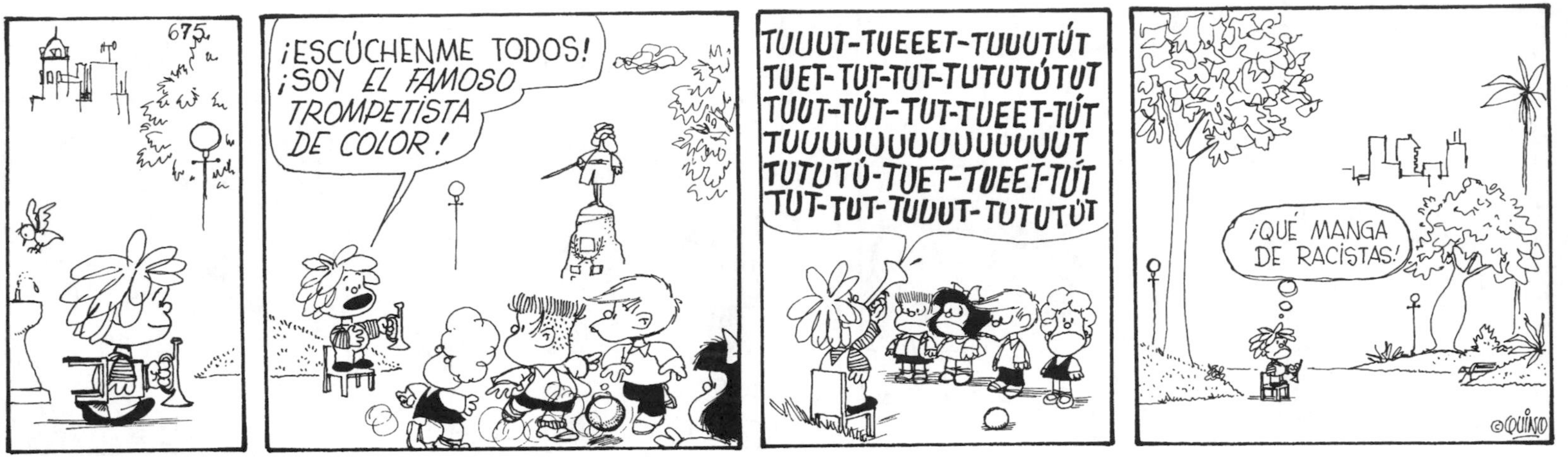
675
¡ESCÚCHENME TODOS! ¡SOY *EL FAMOSO TROMPETISTA DE COLOR*!
TUUUT-TUEEET-TUUUTÚT TUET-TUT-TUT-TUTUTÚTUT TUUT-TÚT-TUT-TUEET-TÚT TUUUUUUUUUUUUUUT TUTUTÚ-TUET-TUEET-TÚT TUT-TUT-TUDUT-TUTUTÚT
¡QUÉ MANGA DE RACISTAS!
© QUINO

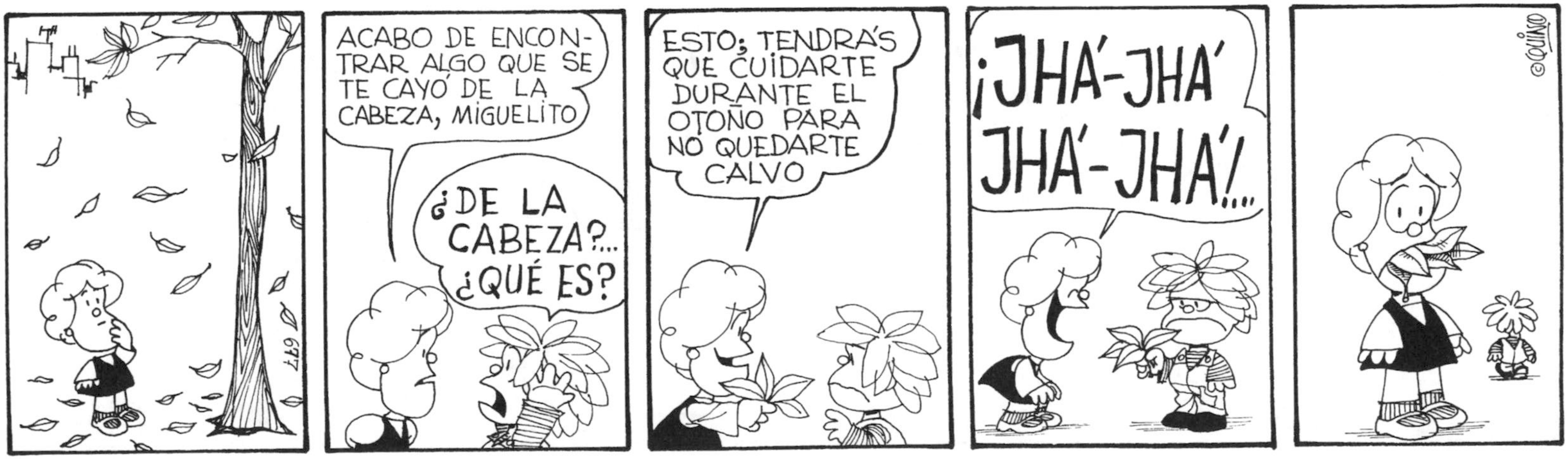
677
ACABO DE ENCONTRAR ALGO QUE SE TE CAYÓ DE LA CABEZA, MIGUELITO
¿DE LA CABEZA?... ¿QUÉ ES?
ESTO; TENDRÁS QUE CUIDARTE DURANTE EL OTOÑO PARA NO QUEDARTE CALVO
¡JHÁ-JHÁ JHÁ-JHÁ!...
© QUINO

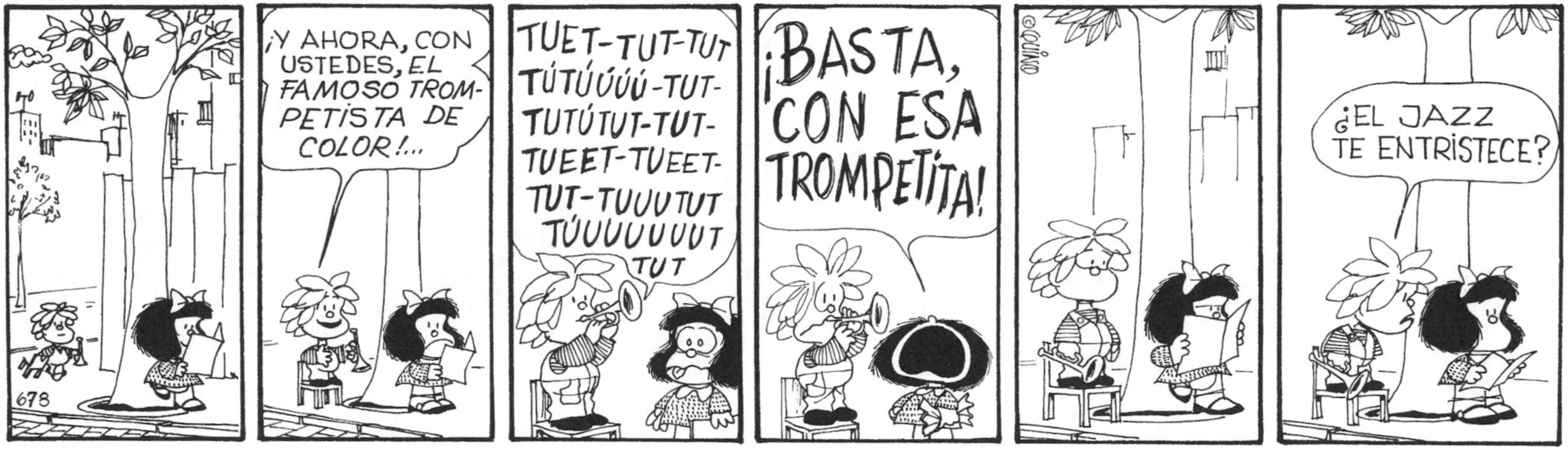
¡Y AHORA, CON USTEDES, EL FAMOSO TROMPETISTA DE COLOR!...
TUET-TUT-TUT TÚTÚÚÚÚ-TUT-TUTÚTUT-TUT-TUEET-TUEET-TUT-TUUUTUT TÚUUUUUUT TUT
¡BASTA, CON ESA TROMPETITA!
¿EL JAZZ TE ENTRISTECE?

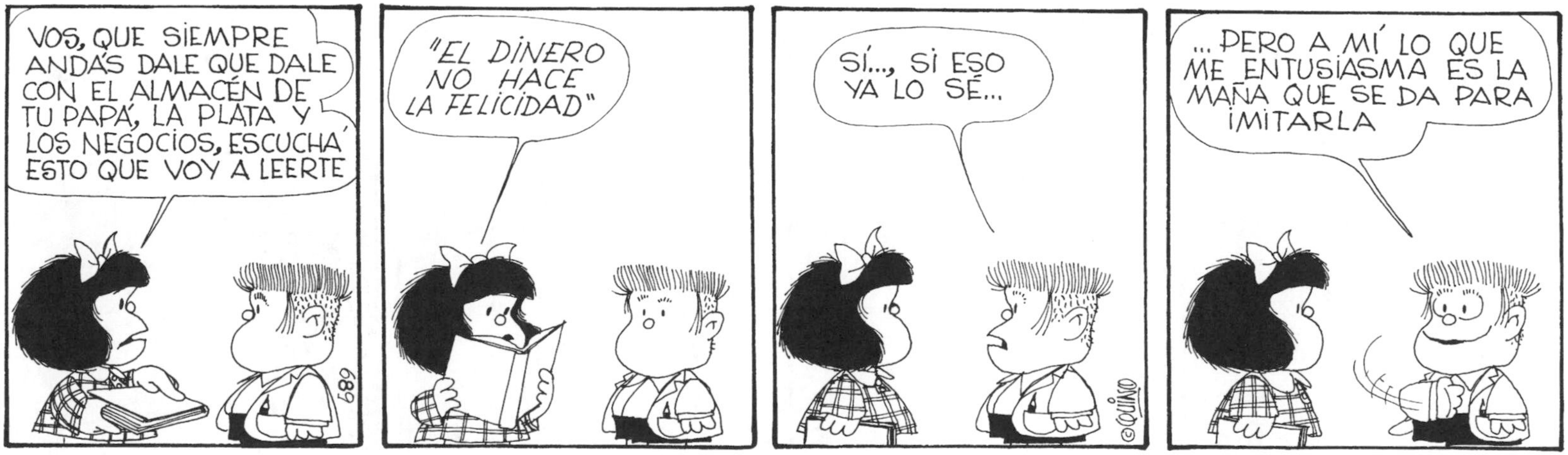
VOS, QUE SIEMPRE ANDÁS DALE QUE DALE CON EL ALMACÉN DE TU PAPÁ, LA PLATA Y LOS NEGOCIOS, ESCUCHÁ ESTO QUE VOY A LEERTE
"EL DINERO NO HACE LA FELICIDAD"
SÍ..., SI ESO YA LO SÉ...
...PERO A MÍ LO QUE ME ENTUSIASMA ES LA MAÑA QUE SE DA PARA IMITARLA

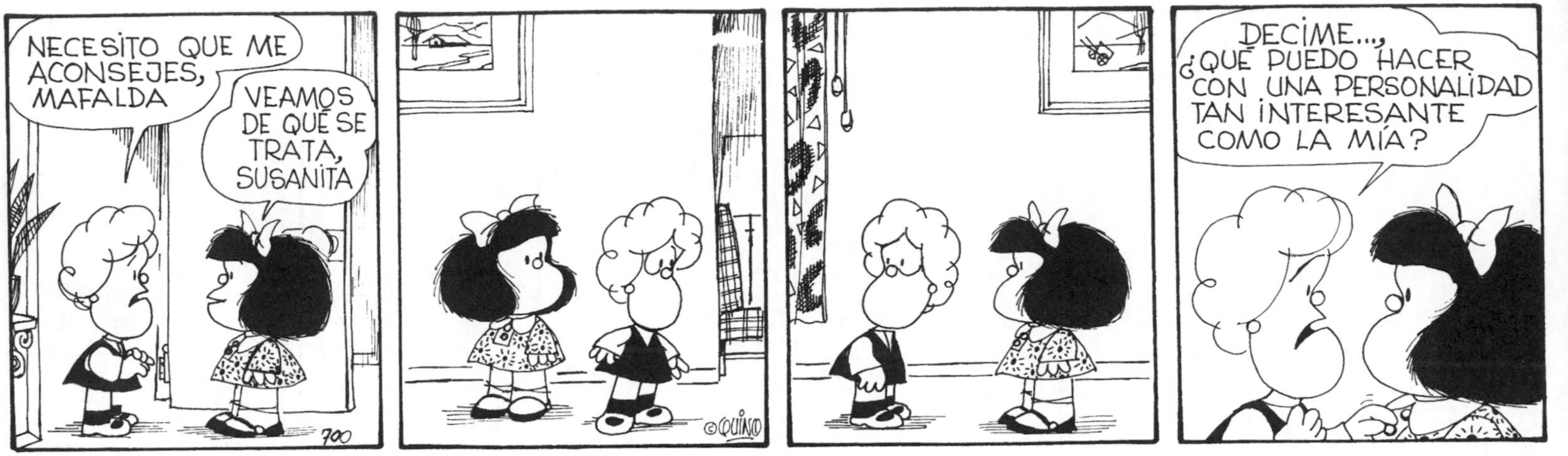
NECESITO QUE ME ACONSEJES, MAFALDA
VEAMOS DE QUÉ SE TRATA, SUSANITA
700
©QUINO
DECIME..., ¿QUÉ PUEDO HACER CON UNA PERSONALIDAD TAN INTERESANTE COMO LA MÍA?

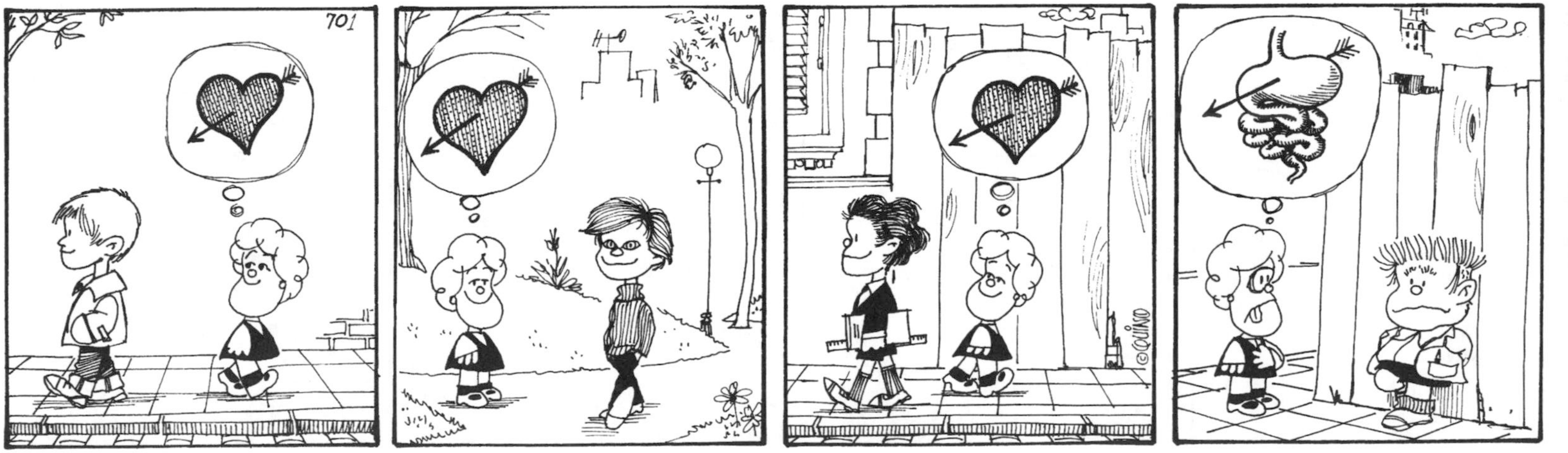
701
©QUINO

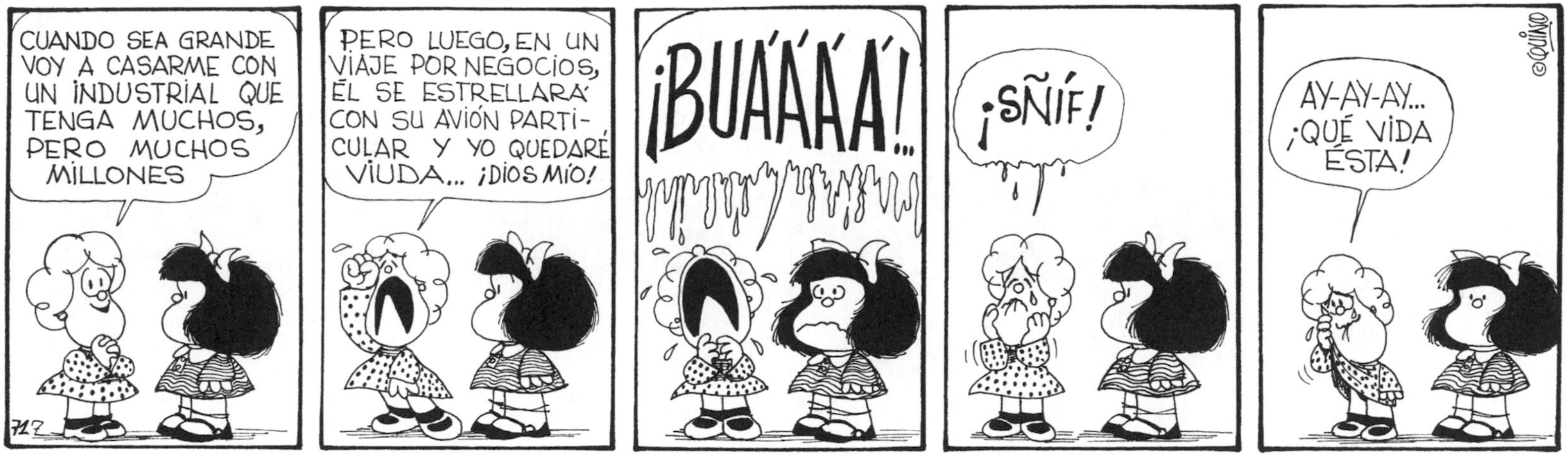
CUANDO SEA GRANDE VOY A CASARME CON UN INDUSTRIAL QUE TENGA MUCHOS, PERO MUCHOS MILLONES
717
PERO LUEGO, EN UN VIAJE POR NEGOCIOS, ÉL SE ESTRELLARÁ CON SU AVIÓN PARTICULAR Y YO QUEDARÉ VIUDA... ¡DIOS MÍO!
¡BUÁÁÁÁ!...
¡SÑIF!
AY-AY-AY... ¡QUÉ VIDA ÉSTA!
©QUINO

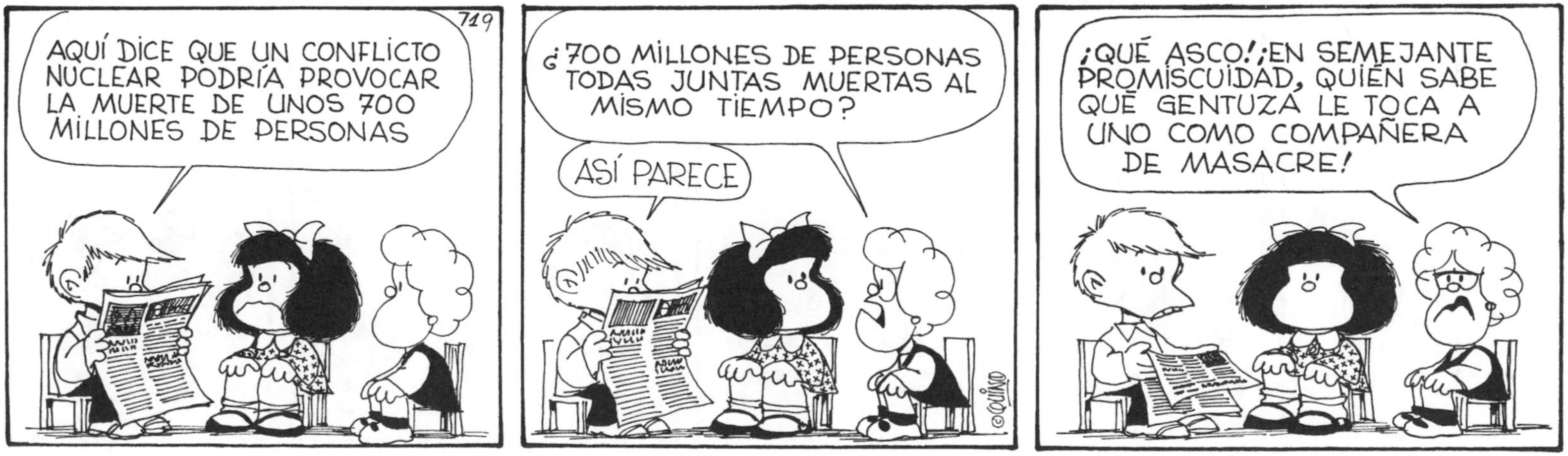
719
AQUÍ DICE QUE UN CONFLICTO NUCLEAR PODRÍA PROVOCAR LA MUERTE DE UNOS 700 MILLONES DE PERSONAS
¿700 MILLONES DE PERSONAS TODAS JUNTAS MUERTAS AL MISMO TIEMPO?
ASÍ PARECE
©QUINO
¡QUÉ ASCO! ¡EN SEMEJANTE PROMISCUIDAD, QUIÉN SABE QUÉ GENTUZA LE TOCA A UNO COMO COMPAÑERA DE MASACRE!

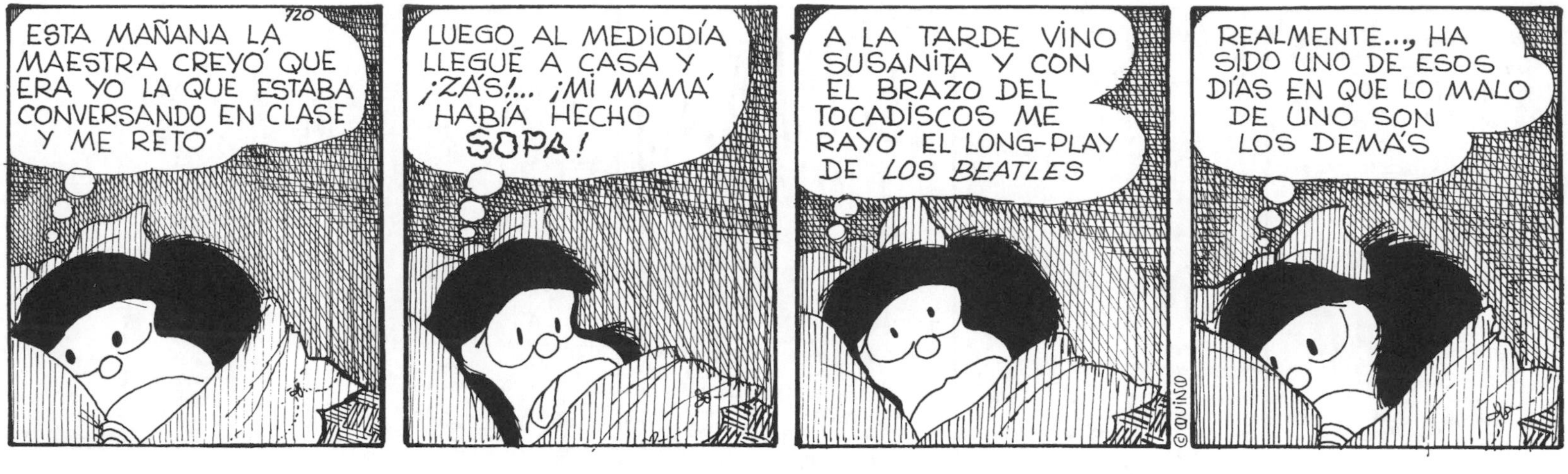
ESTA MAÑANA LA MAESTRA CREYÓ QUE ERA YO LA QUE ESTABA CONVERSANDO EN CLASE Y ME RETÓ
LUEGO AL MEDIODÍA LLEGUÉ A CASA Y ¡ZÁS!... ¡MI MAMÁ HABÍA HECHO SOPA!
A LA TARDE VINO SUSANITA Y CON EL BRAZO DEL TOCADISCOS ME RAYÓ EL LONG-PLAY DE *LOS BEATLES*
REALMENTE..., HA SIDO UNO DE ESOS DÍAS EN QUE LO MALO DE UNO SON LOS DEMÁS

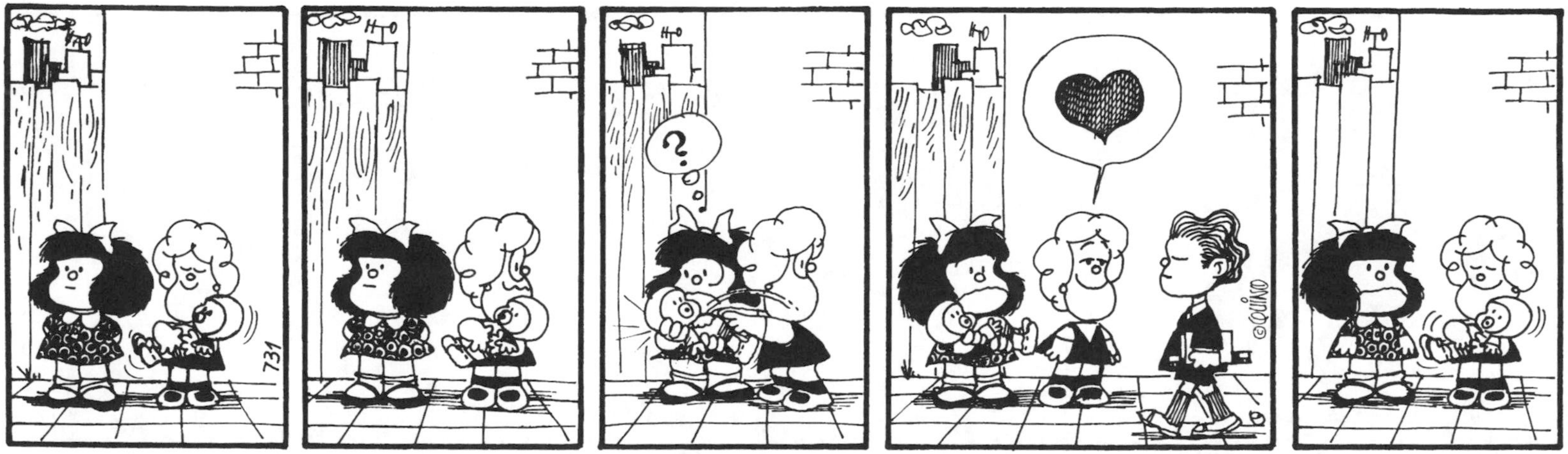
?

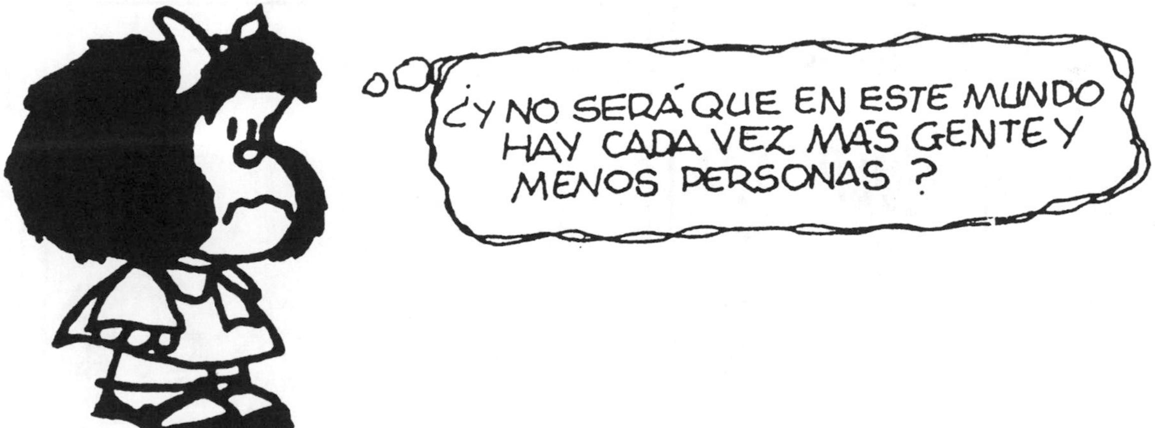
¿Y NO SERÁ QUE EN ESTE MUNDO HAY CADA VEZ MÁS GENTE Y MENOS PERSONAS ?

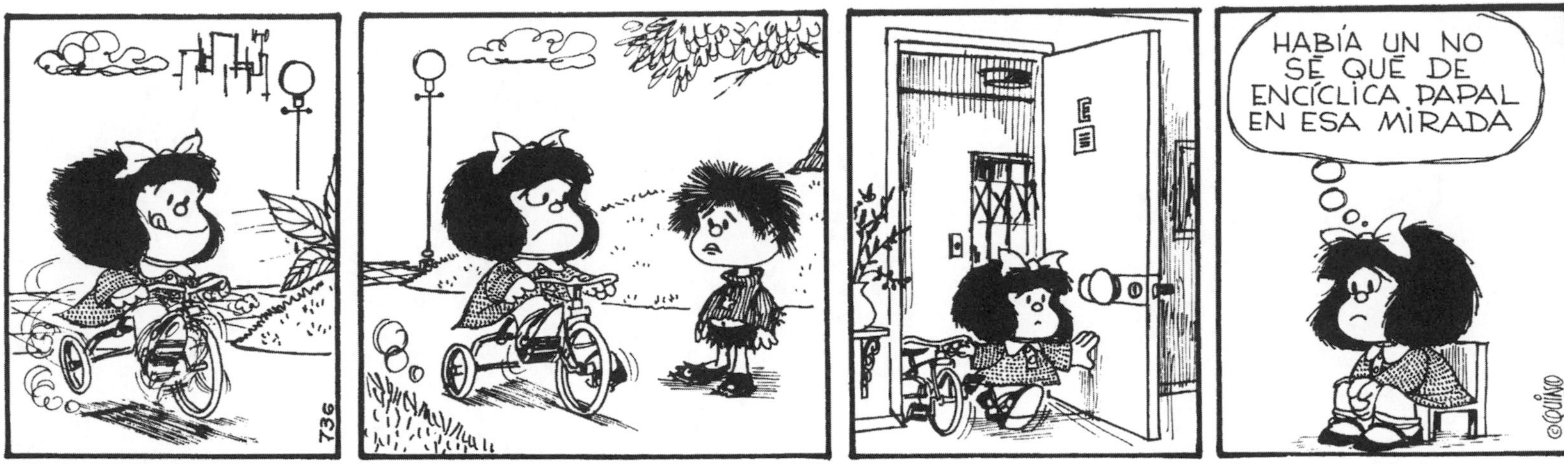
736
HABÍA UN NO SÉ QUÉ DE ENCÍCLICA PAPAL EN ESA MIRADA
©QUINO

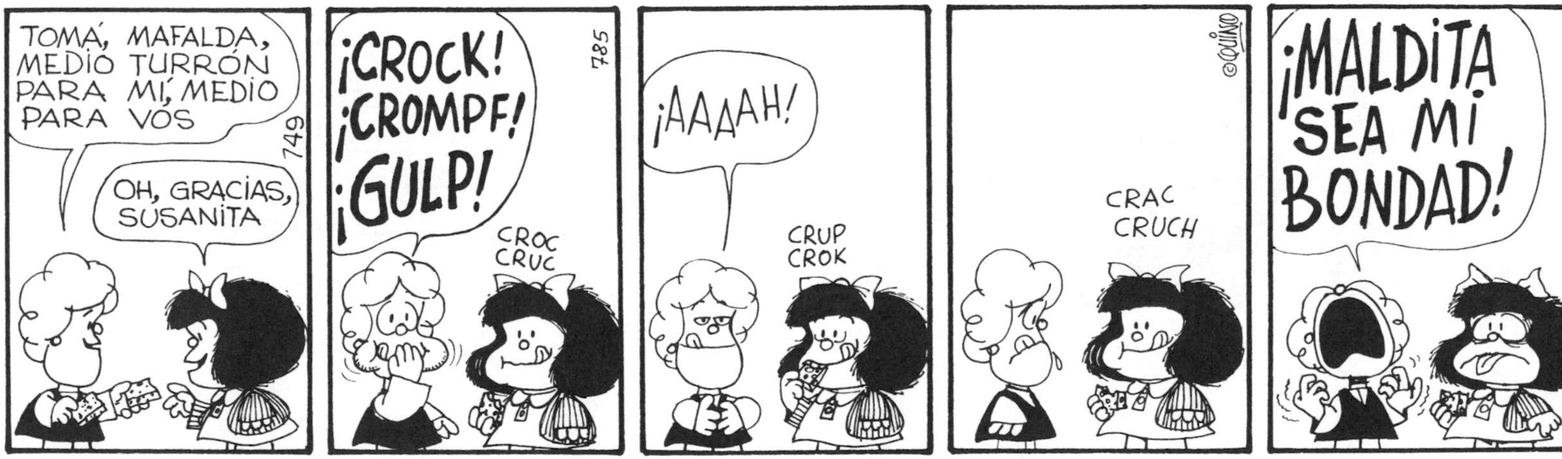
TOMÁ, MAFALDA, MEDIO TURRÓN PARA MÍ, MEDIO PARA VOS
749
OH, GRACIAS, SUSANITA
785
¡CROCK! ¡CROMPF! ¡GULP!
CROC CRUC
¡AAAAH!
CRUP CROK
©QUINO
CRAC CRUCH
¡MALDITA SEA MI BONDAD!

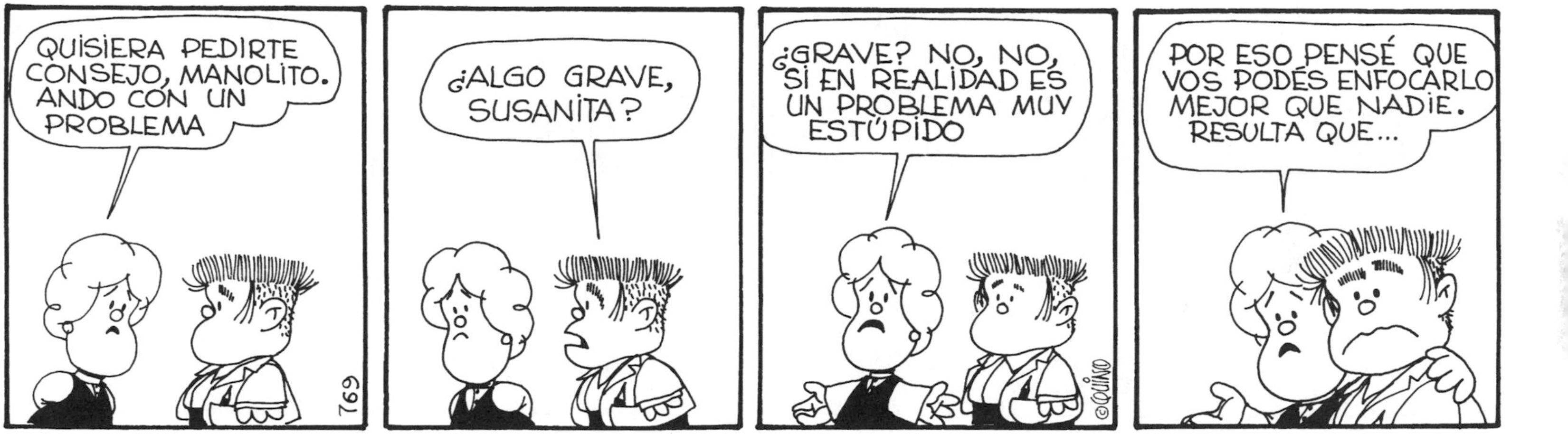
QUISIERA PEDIRTE CONSEJO, MANOLITO. ANDO CON UN PROBLEMA
769
¿ALGO GRAVE, SUSANITA?
¿GRAVE? NO, NO, SI EN REALIDAD ES UN PROBLEMA MUY ESTÚPIDO
©QUINO
POR ESO PENSÉ QUE VOS PODÉS ENFOCARLO MEJOR QUE NADIE. RESULTA QUE...

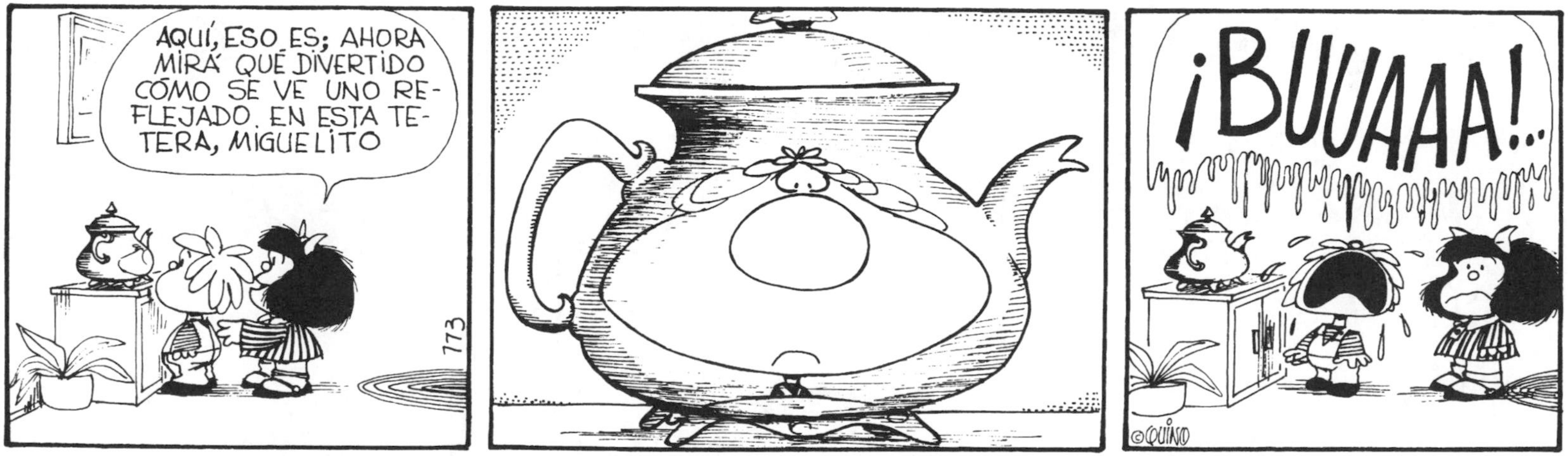
AQUÍ, ESO ES; AHORA MIRÁ QUÉ DIVERTIDO CÓMO SE VE UNO REFLEJADO EN ESTA TETERA, MIGUELITO
773
¡BUUAAA!...
©QUINO

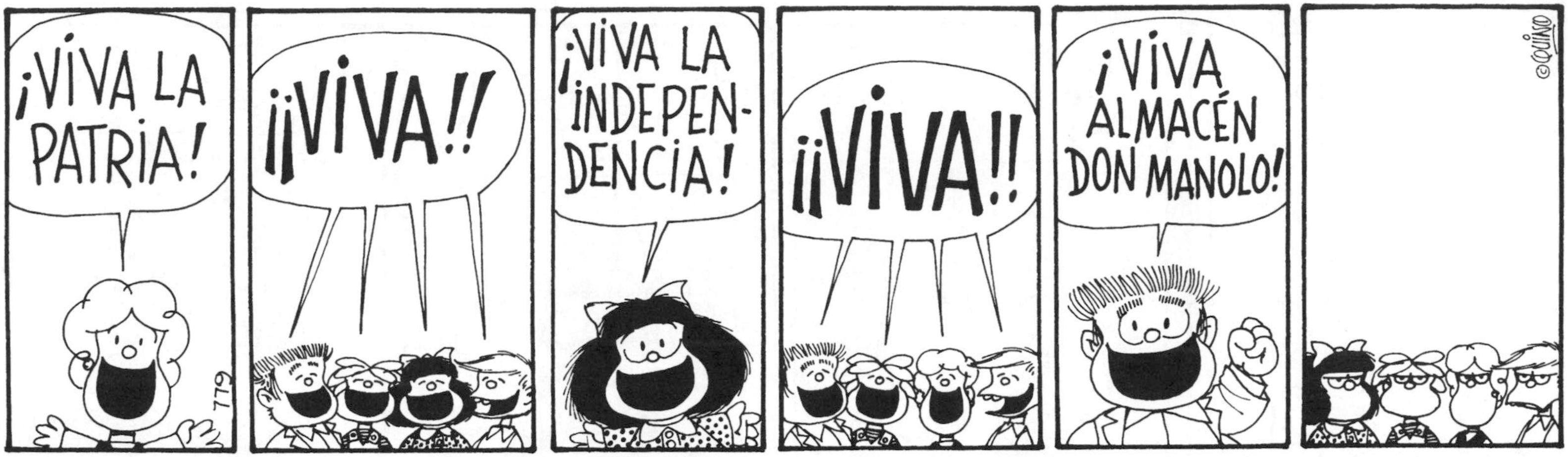
¡VIVA LA PATRIA!
779
¡¡VIVA!!
¡VIVA LA INDEPENDENCIA!
¡¡VIVA!!
¡VIVA ALMACÉN DON MANOLO!
©QUINO

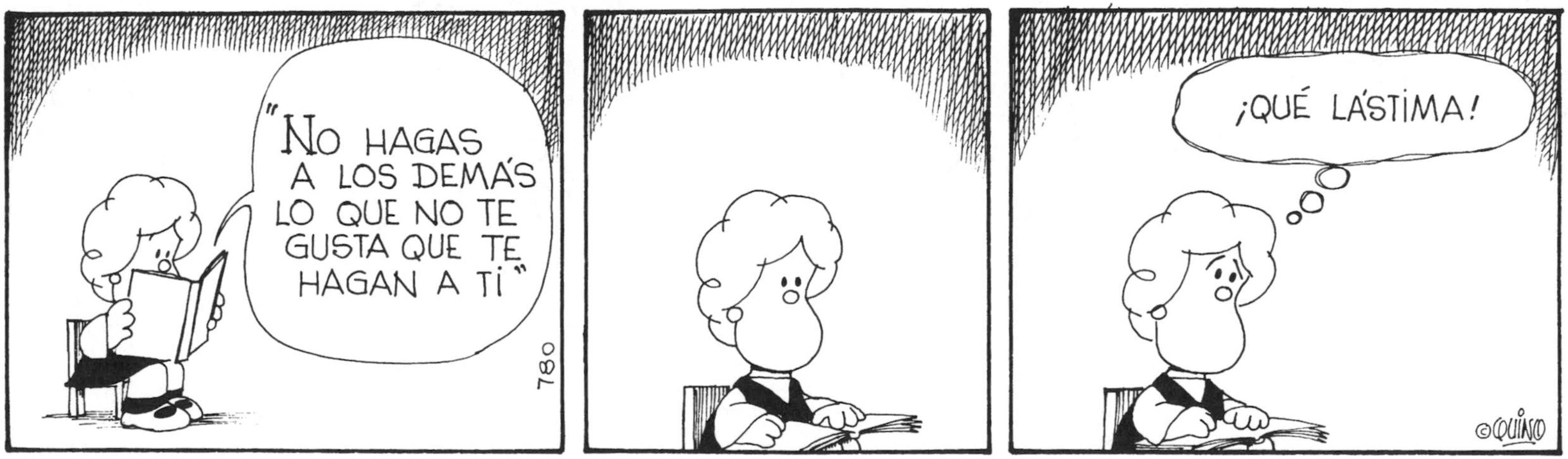
"NO HAGAS A LOS DEMÁS LO QUE NO TE GUSTA QUE TE HAGAN A TI"
780
¡QUÉ LÁSTIMA!
©QUINO

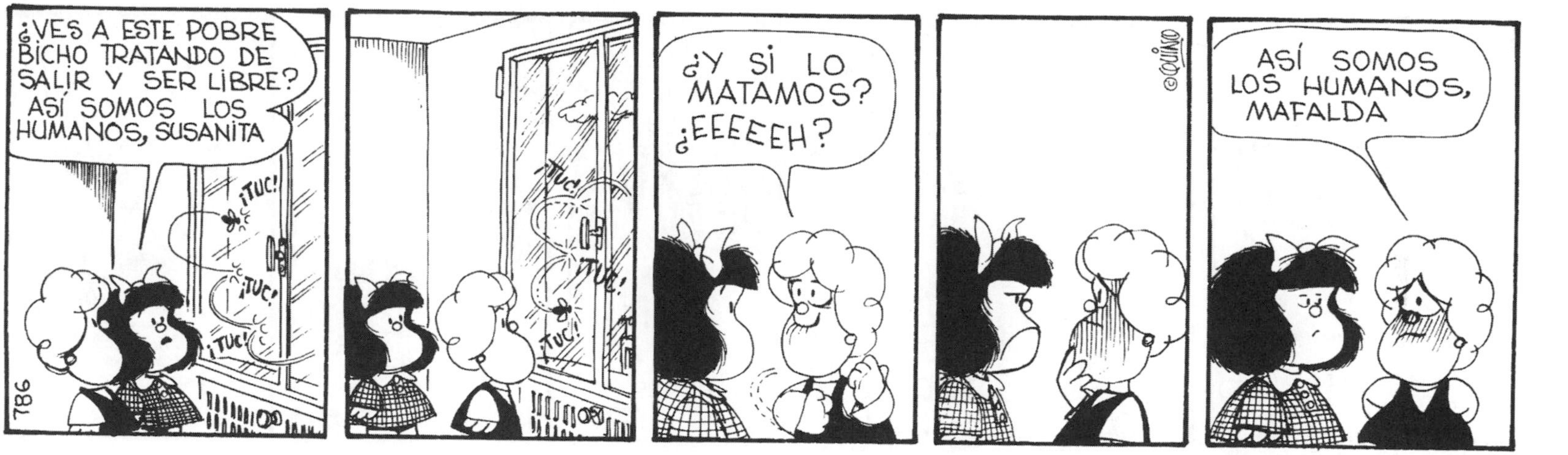
786
¿VES A ESTE POBRE BICHO TRATANDO DE SALIR Y SER LIBRE? ASÍ SOMOS LOS HUMANOS, SUSANITA
¡TUC!
¡TUC!
¡TUC!
¡TUC!
¡TUC!
¡TUC!
¿Y SI LO MATAMOS? ¿EEEEEH?
©QUINO
ASÍ SOMOS LOS HUMANOS, MAFALDA

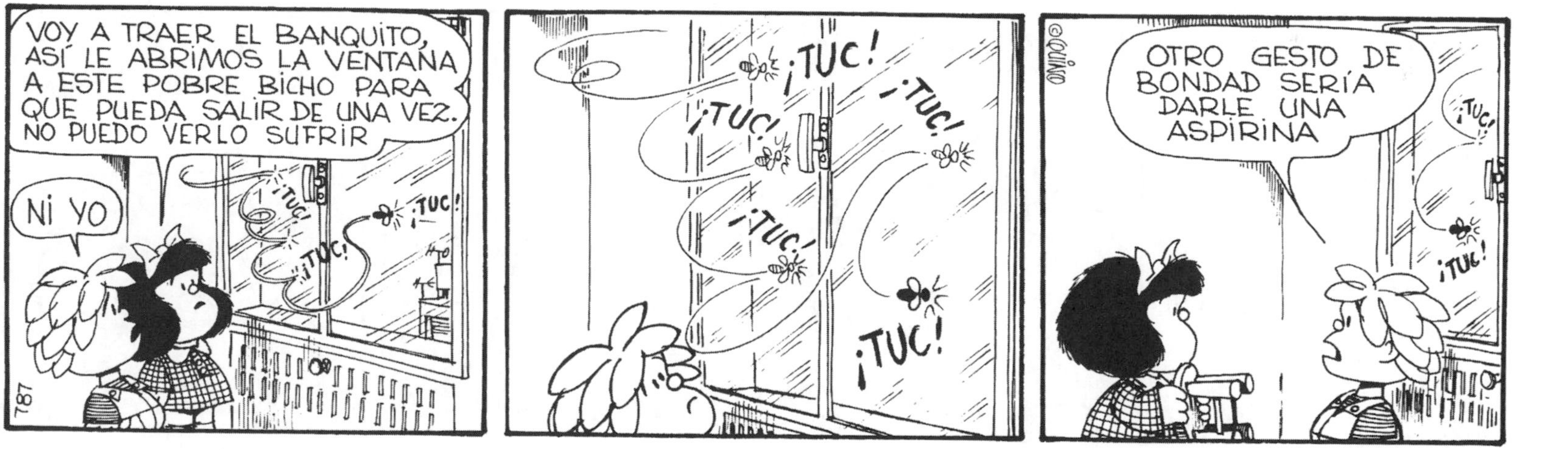
787
VOY A TRAER EL BANQUITO, ASÍ LE ABRIMOS LA VENTANA A ESTE POBRE BICHO PARA QUE PUEDA SALIR DE UNA VEZ. NO PUEDO VERLO SUFRIR
NI YO
¡TUC!
¡TUC!
¡TUC!
¡TUC!
¡TUC!
¡TUC!
¡TUC!
¡TUC!
©QUINO
OTRO GESTO DE BONDAD SERÍA DARLE UNA ASPIRINA
¡TUC!
¡TUC!

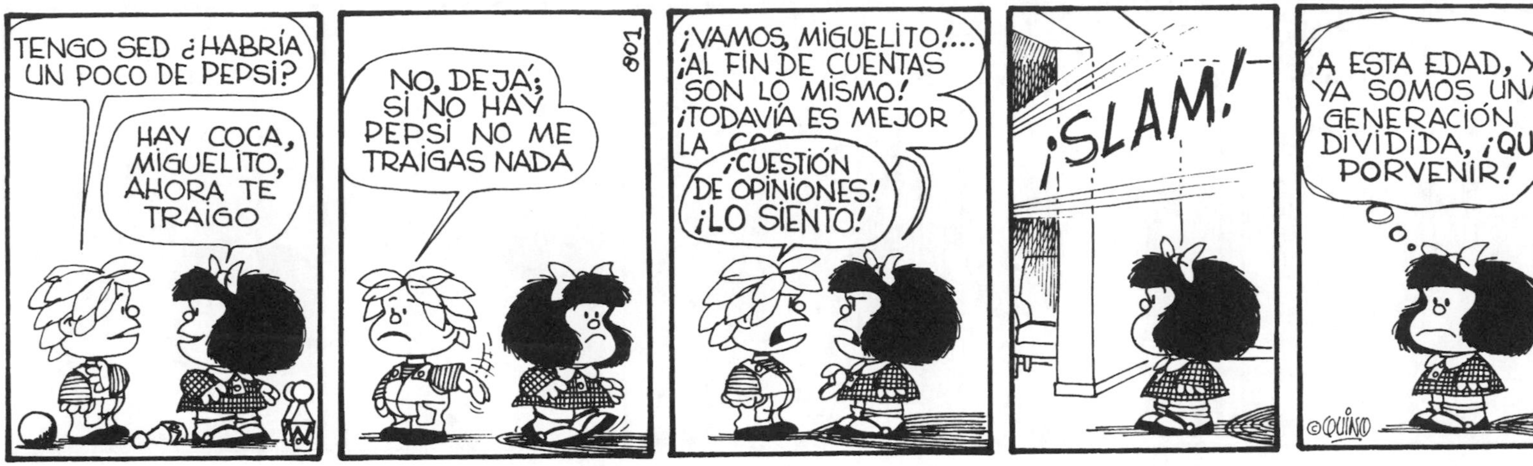
TENGO SED ¿HABRÍA UN POCO DE PEPSI?
HAY COCA, MIGUELITO, AHORA TE TRAIGO
801
NO, DEJÁ; SI NO HAY PEPSI NO ME TRAIGAS NADA
¡VAMOS, MIGUELITO!... ¡AL FIN DE CUENTAS SON LO MISMO! ¡TODAVÍA ES MEJOR LA
¡CUESTIÓN DE OPINIONES! ¡LO SIENTO!
¡SLAM!
A ESTA EDAD, Y YA SOMOS UNA GENERACIÓN DIVIDIDA, ¡QUÉ PORVENIR!
©QUINO

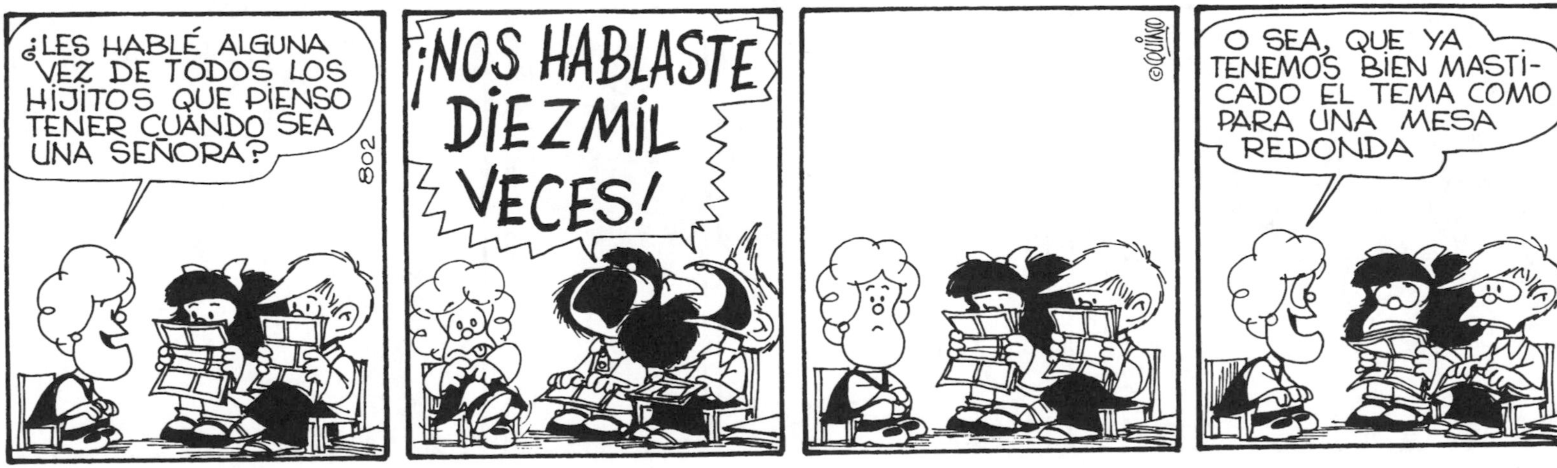
¿LES HABLÉ ALGUNA VEZ DE TODOS LOS HIJITOS QUE PIENSO TENER CUANDO SEA UNA SEÑORA?
802
¡NOS HABLASTE DIEZMIL VECES!
©QUINO
O SEA, QUE YA TENEMOS BIEN MASTICADO EL TEMA COMO PARA UNA MESA REDONDA

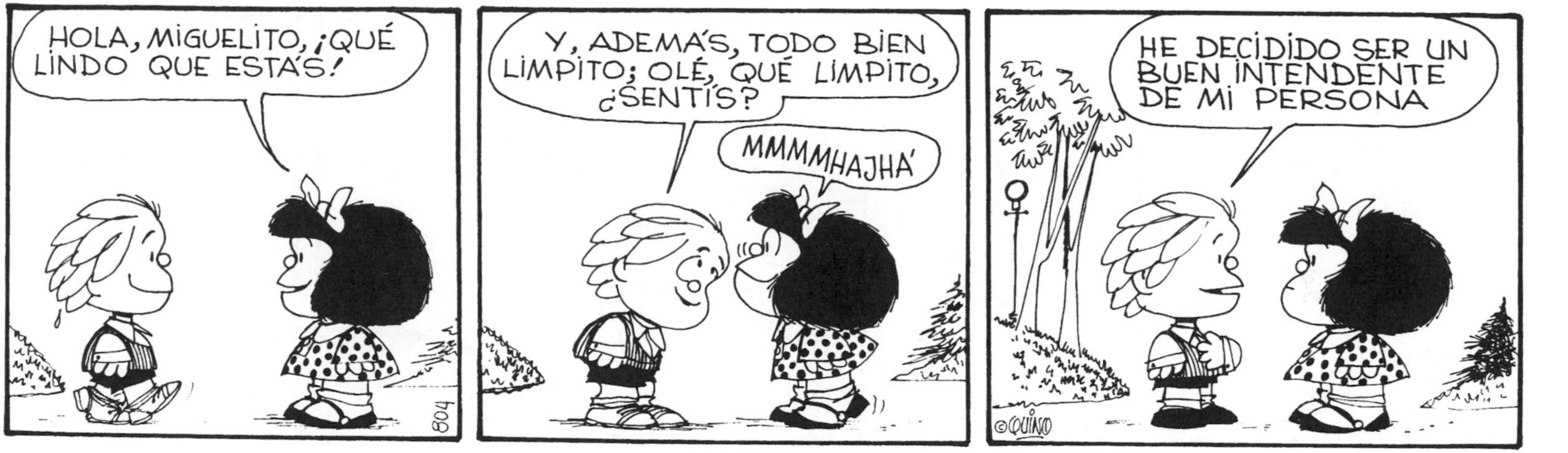
HOLA, MIGUELITO, ¡QUÉ LINDO QUE ESTÁS!
Y, ADEMÁS, TODO BIEN LIMPITO; OLÉ, QUÉ LIMPITO, ¿SENTÍS?
MMMMHAJHÁ
HE DECIDIDO SER UN BUEN INTENDENTE DE MI PERSONA
804
©QUINO

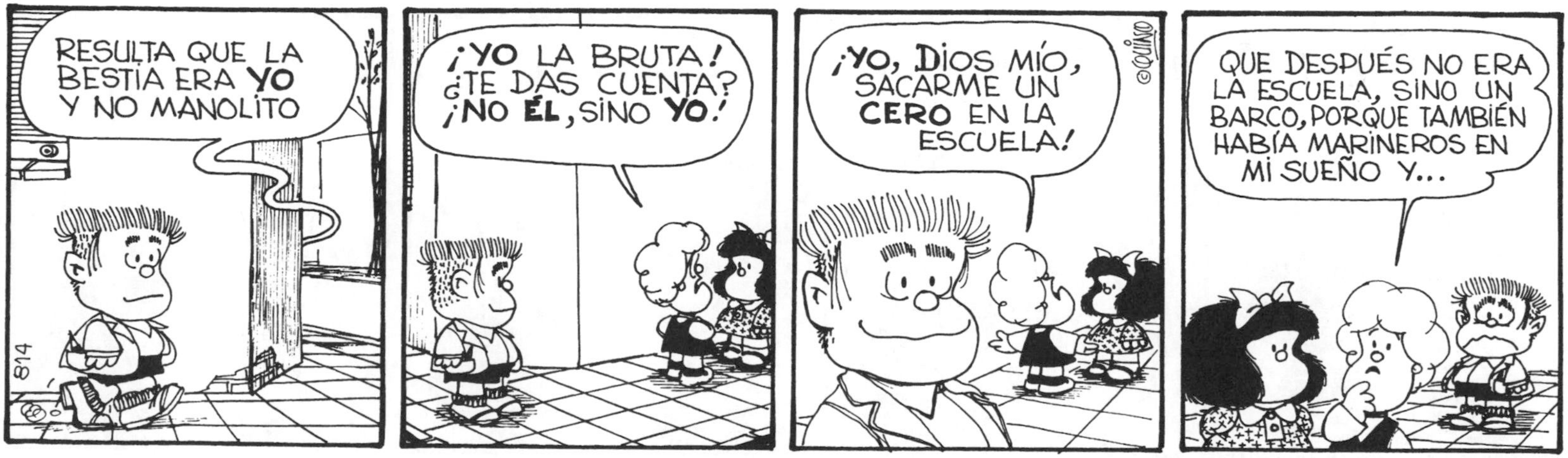
RESULTA QUE LA BESTIA ERA YO Y NO MANOLITO
¡YO LA BRUTA! ¿TE DAS CUENTA? ¡NO ÉL, SINO YO!
¡YO, DIOS MÍO, SACARME UN CERO EN LA ESCUELA!
QUE DESPUÉS NO ERA LA ESCUELA, SINO UN BARCO, PORQUE TAMBIÉN HABÍA MARINEROS EN MI SUEÑO Y...
814
©QUINO

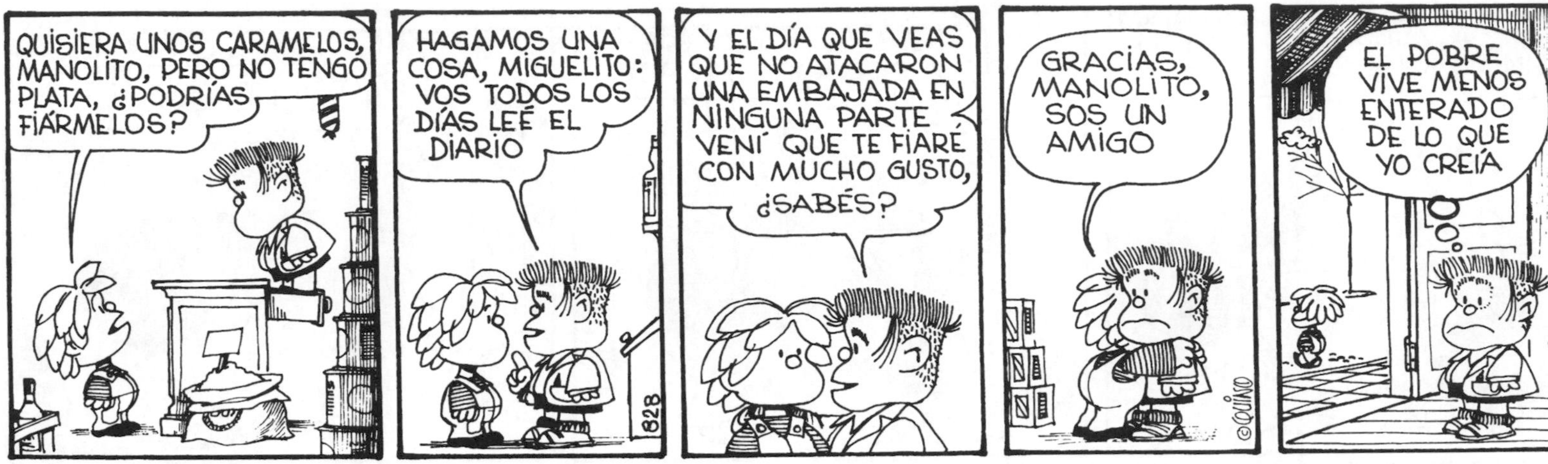
QUISIERA UNOS CARAMELOS, MANOLITO, PERO NO TENGO PLATA, ¿PODRÍAS FIÁRMELOS?
HAGAMOS UNA COSA, MIGUELITO: VOS TODOS LOS DÍAS LEÉ EL DIARIO
828
Y EL DÍA QUE VEAS QUE NO ATACARON UNA EMBAJADA EN NINGUNA PARTE VENÍ QUE TE FIARÉ CON MUCHO GUSTO, ¿SABÉS?
GRACIAS, MANOLITO, SOS UN AMIGO
©QUINO
EL POBRE VIVE MENOS ENTERADO DE LO QUE YO CREÍA

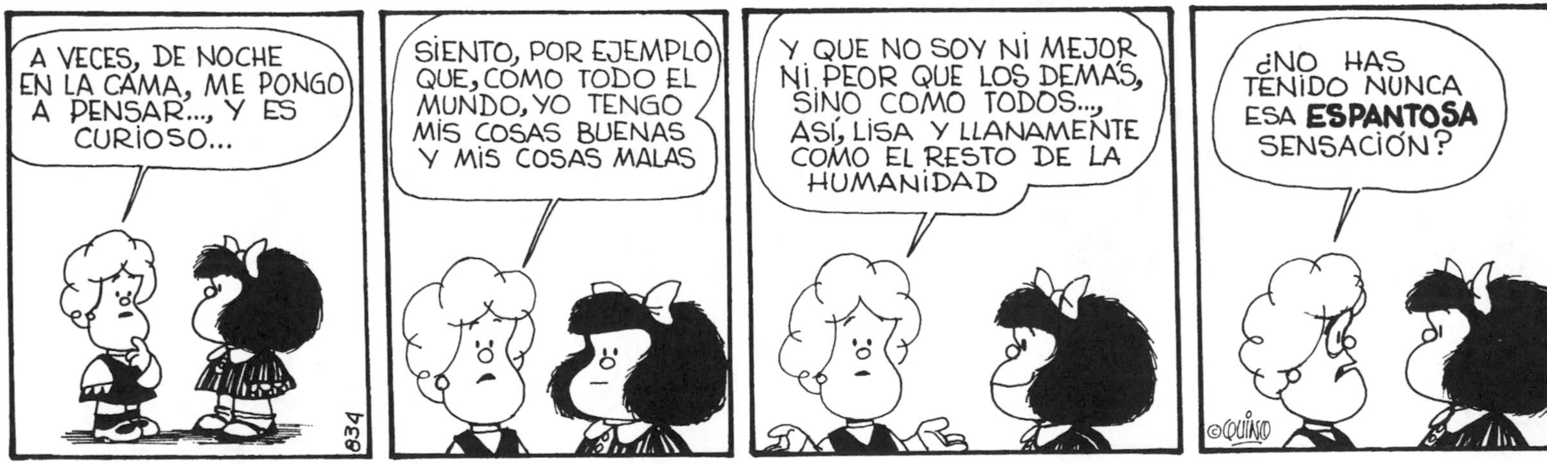
A VECES, DE NOCHE EN LA CAMA, ME PONGO A PENSAR..., Y ES CURIOSO...
834
SIENTO, POR EJEMPLO QUE, COMO TODO EL MUNDO, YO TENGO MIS COSAS BUENAS Y MIS COSAS MALAS
Y QUE NO SOY NI MEJOR NI PEOR QUE LOS DEMÁS, SINO COMO TODOS..., ASÍ, LISA Y LLANAMENTE COMO EL RESTO DE LA HUMANIDAD
¿NO HAS TENIDO NUNCA ESA ESPANTOSA SENSACIÓN?
©QUINO

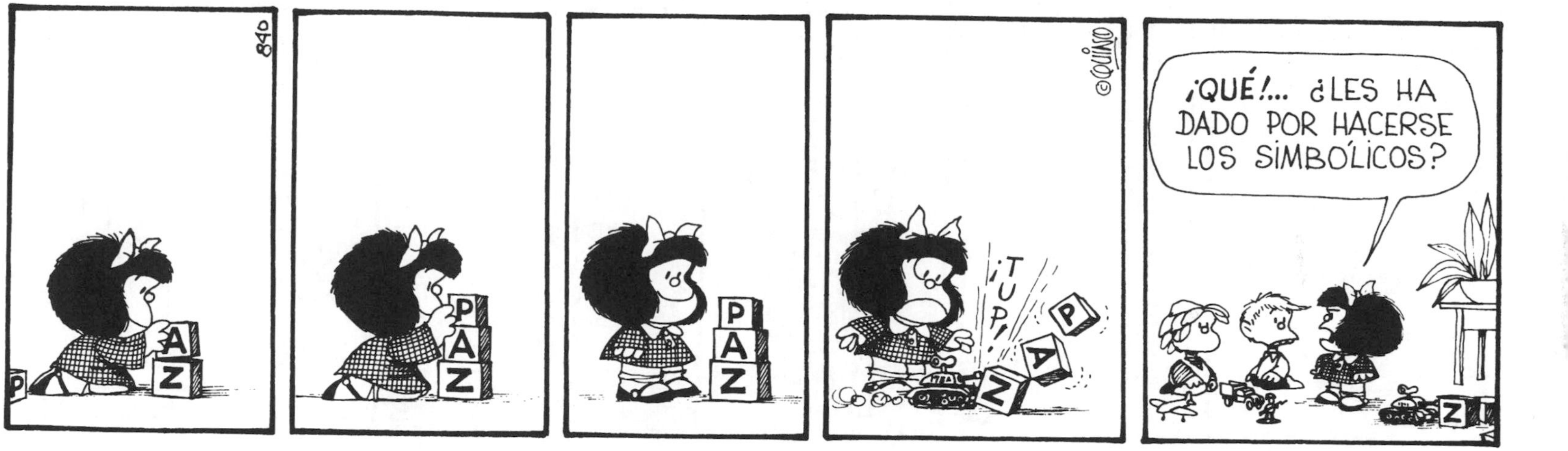
840
P
A
Z
P
A
Z
P
A
Z
©QUINO
¡TUP!
P
A
Z
¡QUÉ!... ¿LES HA DADO POR HACERSE LOS SIMBÓLICOS?
Z

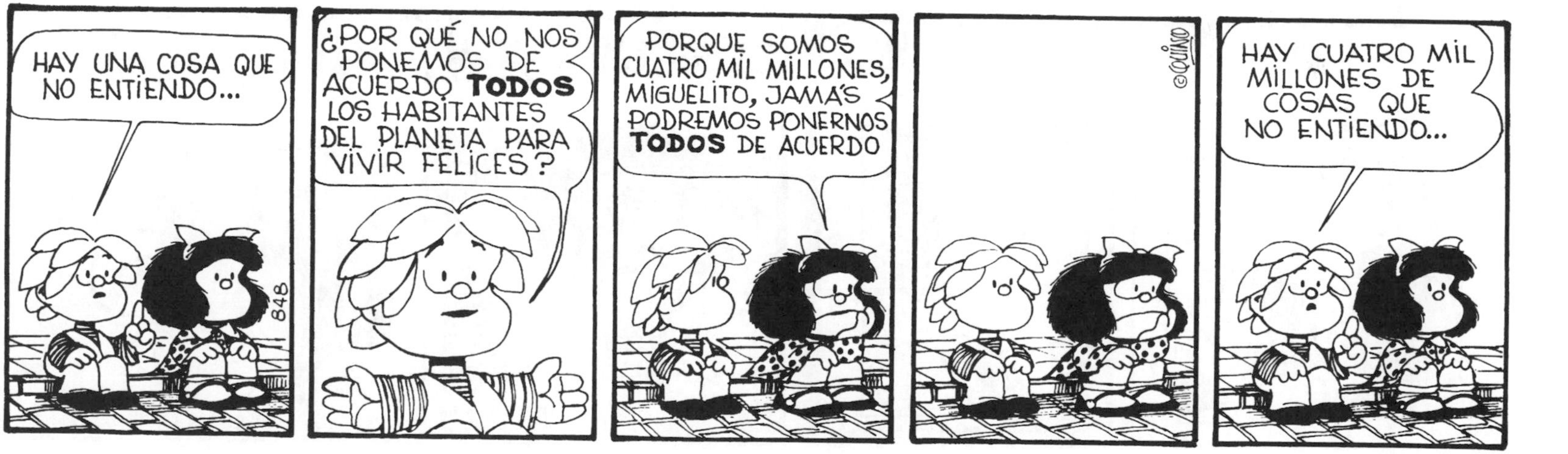
HAY UNA COSA QUE NO ENTIENDO...
848
¿POR QUÉ NO NOS PONEMOS DE ACUERDO **TODOS** LOS HABITANTES DEL PLANETA PARA VIVIR FELICES?
PORQUE SOMOS CUATRO MIL MILLONES, MIGUELITO, JAMÁS PODREMOS PONERNOS **TODOS** DE ACUERDO
©QUINO
HAY CUATRO MIL MILLONES DE COSAS QUE NO ENTIENDO...

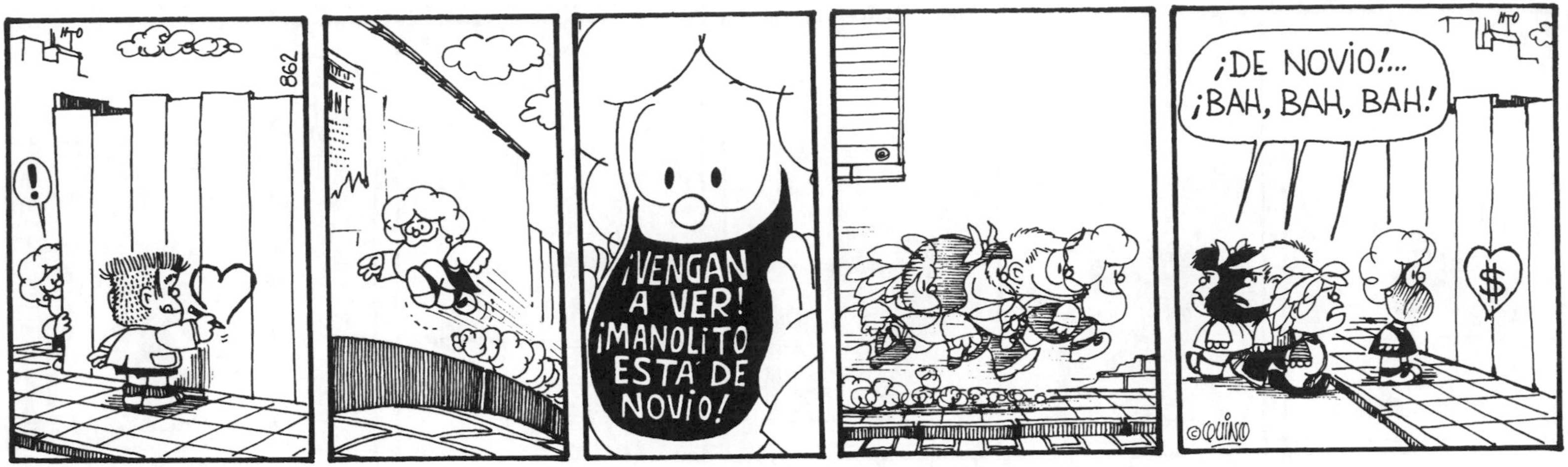
862
!
¡VENGAN A VER! ¡MANOLITO ESTÁ DE NOVIO!
¡DE NOVIO!... ¡BAH, BAH, BAH!
©QUINO

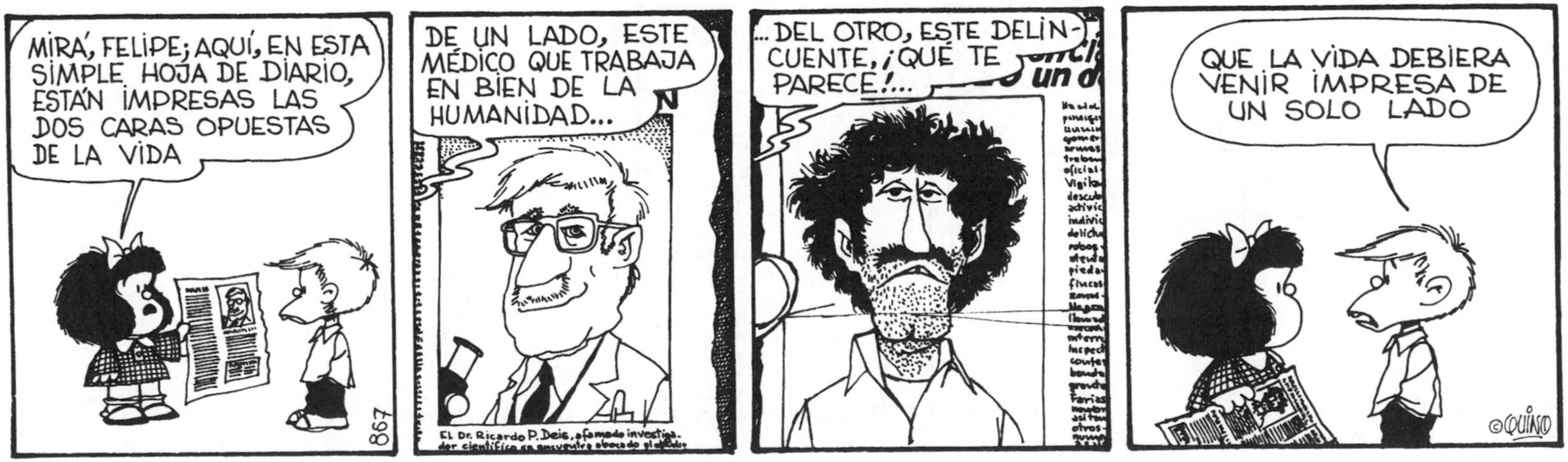
MIRÁ, FELIPE; AQUÍ, EN ESTA SIMPLE HOJA DE DIARIO, ESTÁN IMPRESAS LAS DOS CARAS OPUESTAS DE LA VIDA
867
DE UN LADO, ESTE MÉDICO QUE TRABAJA EN BIEN DE LA HUMANIDAD...
El Dr. Ricardo P. Deis, afamado investiga-
...DEL OTRO, ESTE DELINCUENTE, ¡QUÉ TE PARECE!...
QUE LA VIDA DEBIERA VENIR IMPRESA DE UN SOLO LADO
©QUINO

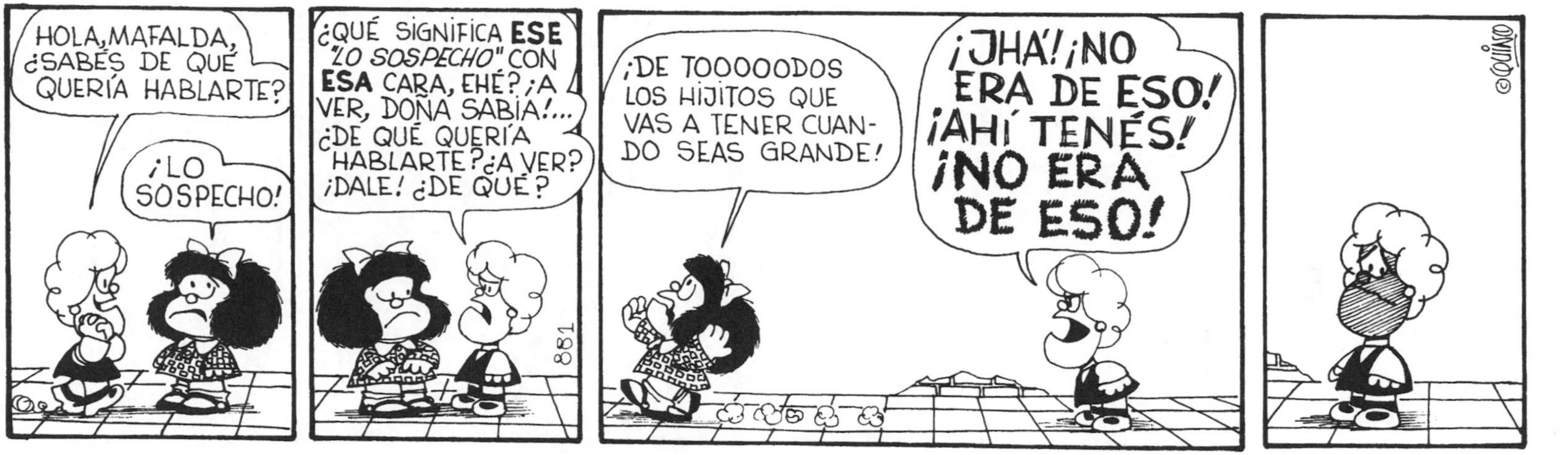
HOLA, MAFALDA, ¿SABÉS DE QUÉ QUERÍA HABLARTE?
¡LO SOSPECHO!
¿QUÉ SIGNIFICA ESE "LO SOSPECHO" CON ESA CARA, EHÉ? ¡A VER, DOÑA SABIA!... ¿DE QUÉ QUERÍA HABLARTE? ¿A VER? ¡DALE! ¿DE QUÉ?
881
¡DE TOOOOODOS LOS HIJITOS QUE VAS A TENER CUANDO SEAS GRANDE!
¡JHA! ¡NO ERA DE ESO! ¡AHÍ TENÉS! ¡NO ERA DE ESO!
©QUINO

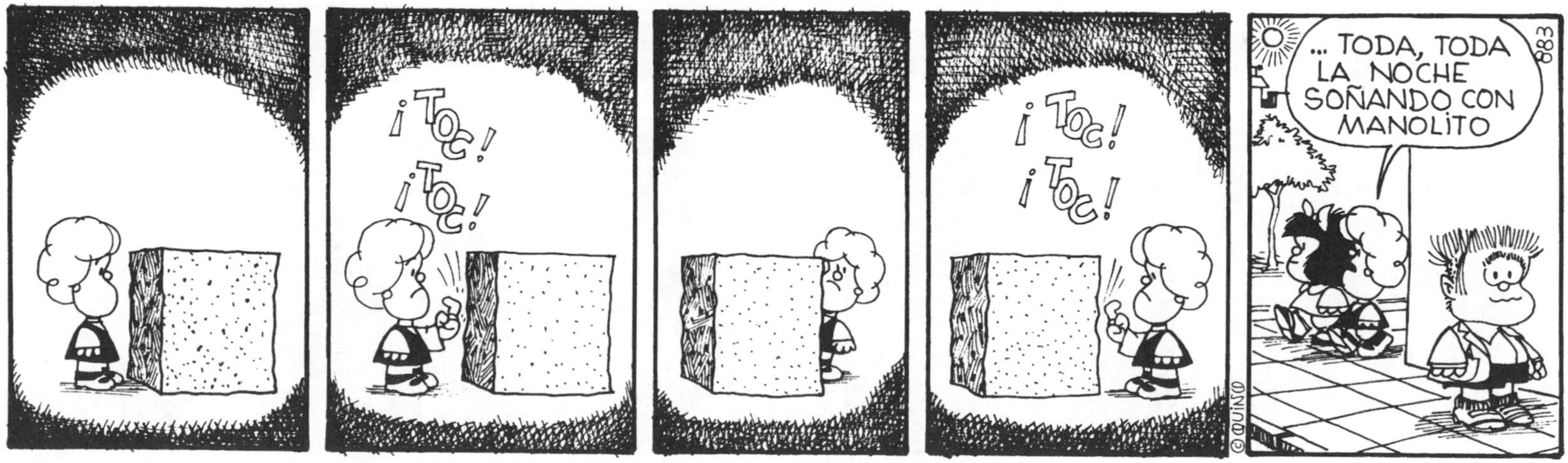
¡TOC! ¡TOC!
¡TOC! ¡TOC!
©QUINO
... TODA, TODA LA NOCHE SOÑANDO CON MANOLITO
883

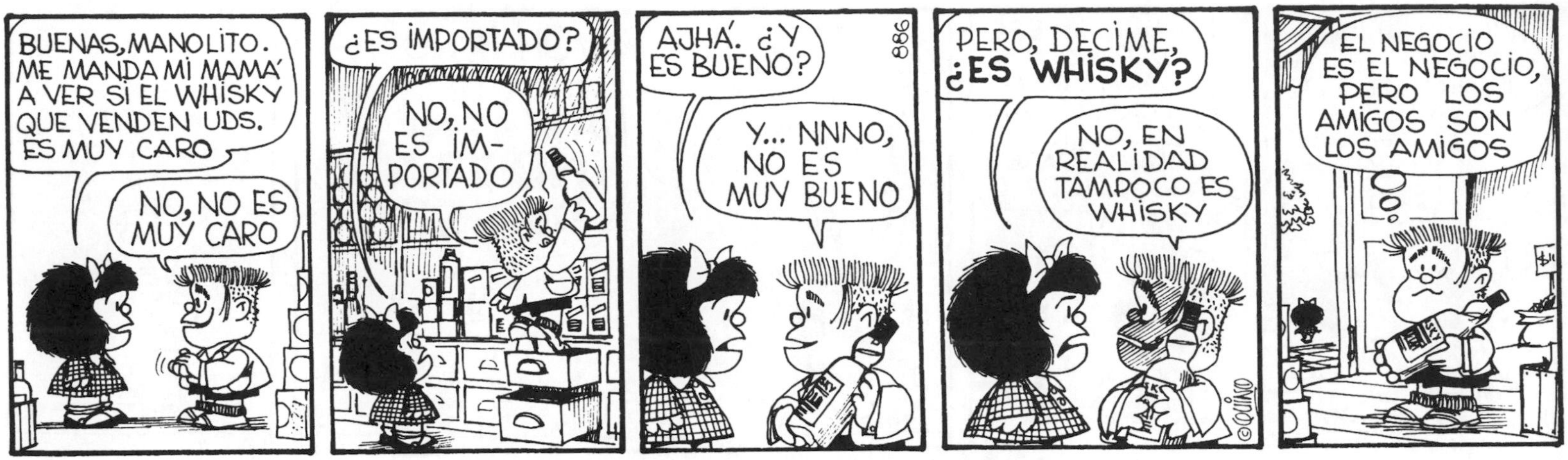
BUENAS, MANOLITO. ME MANDA MI MAMÁ A VER SI EL WHISKY QUE VENDEN UDS. ES MUY CARO
NO, NO ES MUY CARO
¿ES IMPORTADO?
NO, NO ES IM-PORTADO
AJHÁ. ¿Y ES BUENO?
Y... NNNO, NO ES MUY BUENO
PERO, DECIME, **¿ES WHISKY?**
NO, EN REALIDAD TAMPOCO ES WHISKY
EL NEGOCIO ES EL NEGOCIO, PERO LOS AMIGOS SON LOS AMIGOS

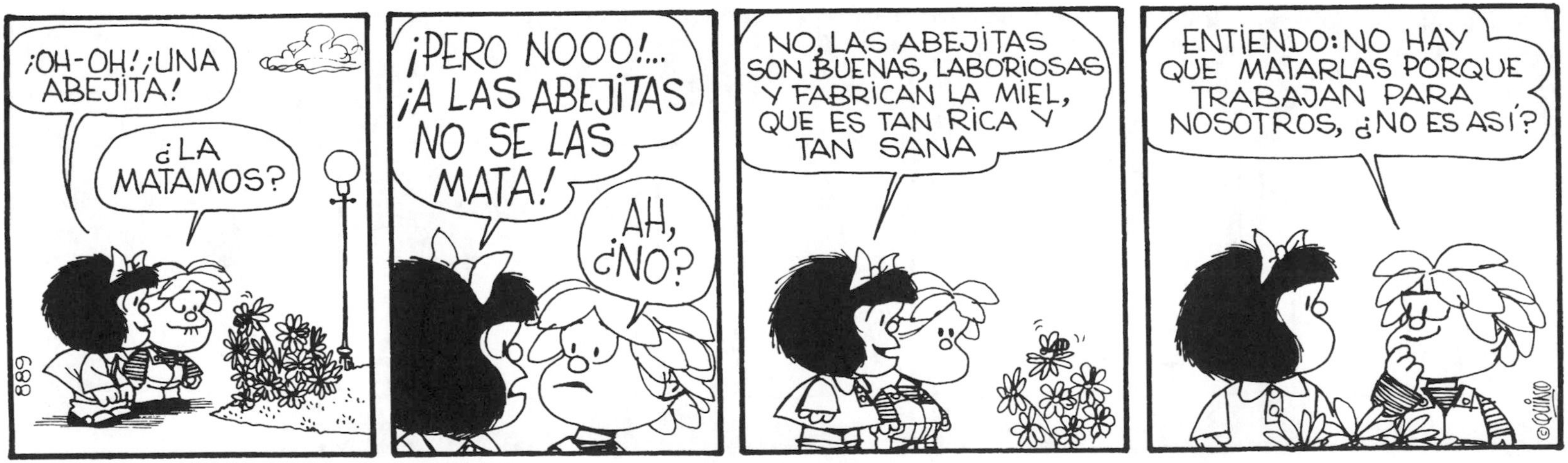
¡OH-OH! ¡UNA ABEJITA!
¿LA MATAMOS?
¡PERO NOOO!... ¡A LAS ABEJITAS NO SE LAS MATA!
AH, ¿NO?
NO, LAS ABEJITAS SON BUENAS, LABORIOSAS Y FABRICAN LA MIEL, QUE ES TAN RICA Y TAN SANA
ENTIENDO: NO HAY QUE MATARLAS PORQUE TRABAJAN PARA NOSOTROS, ¿NO ES ASÍ?

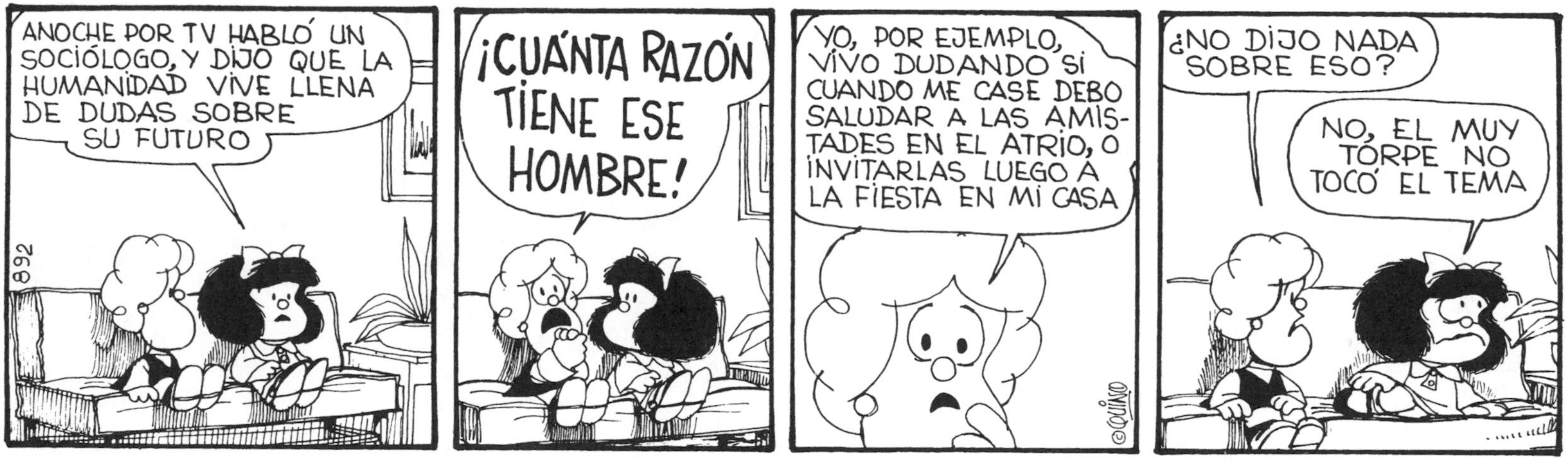
ANOCHE POR TV HABLÓ UN SOCIÓLOGO, Y DIJO QUE LA HUMANIDAD VIVE LLENA DE DUDAS SOBRE SU FUTURO
892
¡CUÁNTA RAZÓN TIENE ESE HOMBRE!
YO, POR EJEMPLO, VIVO DUDANDO SI CUANDO ME CASE DEBO SALUDAR A LAS AMISTADES EN EL ATRIO, O INVITARLAS LUEGO A LA FIESTA EN MI CASA
©QUINO
¿NO DIJO NADA SOBRE ESO?
NO, EL MUY TORPE NO TOCÓ EL TEMA

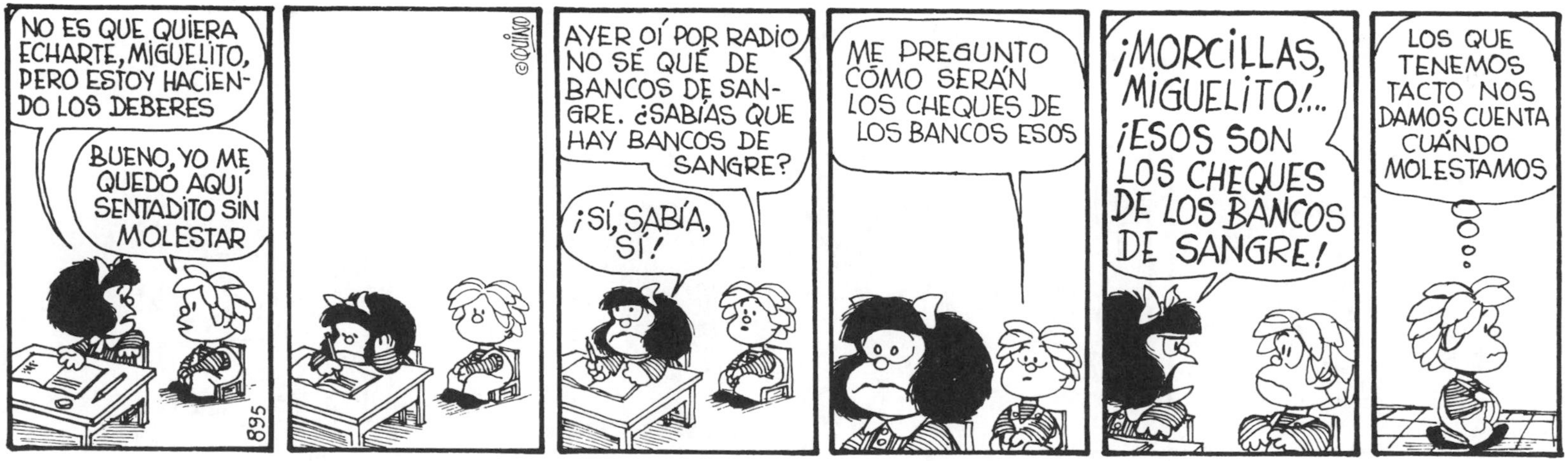
NO ES QUE QUIERA ECHARTE, MIGUELITO, PERO ESTOY HACIENDO LOS DEBERES
BUENO, YO ME QUEDO AQUÍ SENTADITO SIN MOLESTAR
895
©QUINO
AYER OÍ POR RADIO NO SÉ QUÉ DE BANCOS DE SANGRE. ¿SABÍAS QUE HAY BANCOS DE SANGRE?
¡SÍ, SABÍA, SÍ!
ME PREGUNTO CÓMO SERÁN LOS CHEQUES DE LOS BANCOS ESOS
¡MORCILLAS, MIGUELITO!... ¡ESOS SON LOS CHEQUES DE LOS BANCOS DE SANGRE!
LOS QUE TENEMOS TACTO NOS DAMOS CUENTA CUÁNDO MOLESTAMOS

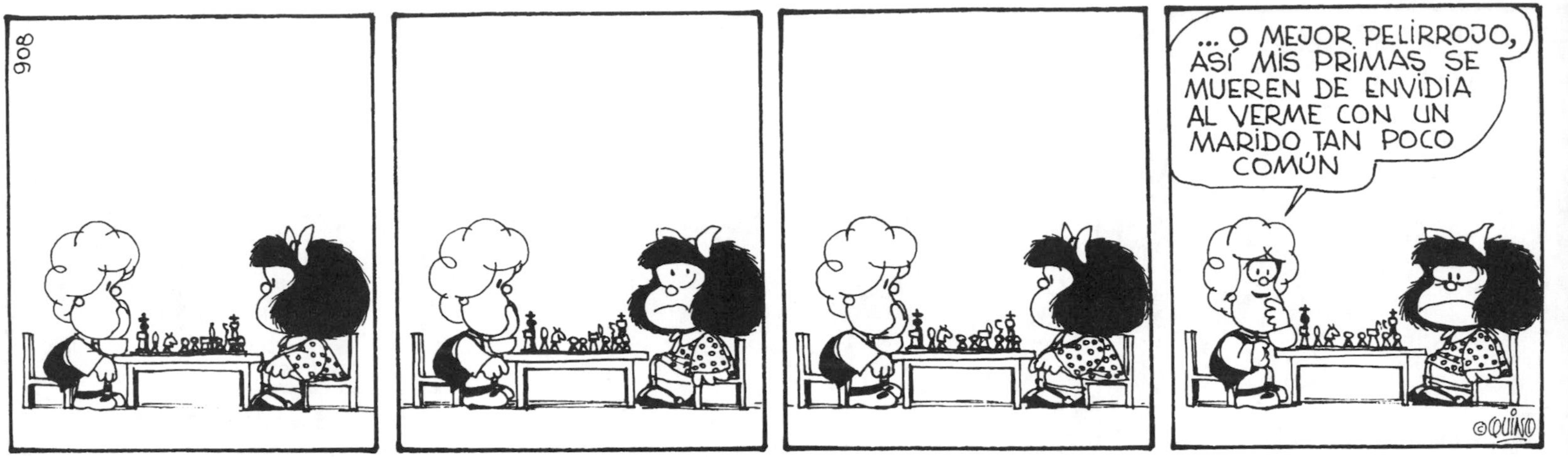
908
... O MEJOR PELIRROJO, ASÍ MIS PRIMAS SE MUEREN DE ENVIDIA AL VERME CON UN MARIDO TAN POCO COMÚN
©QUINO

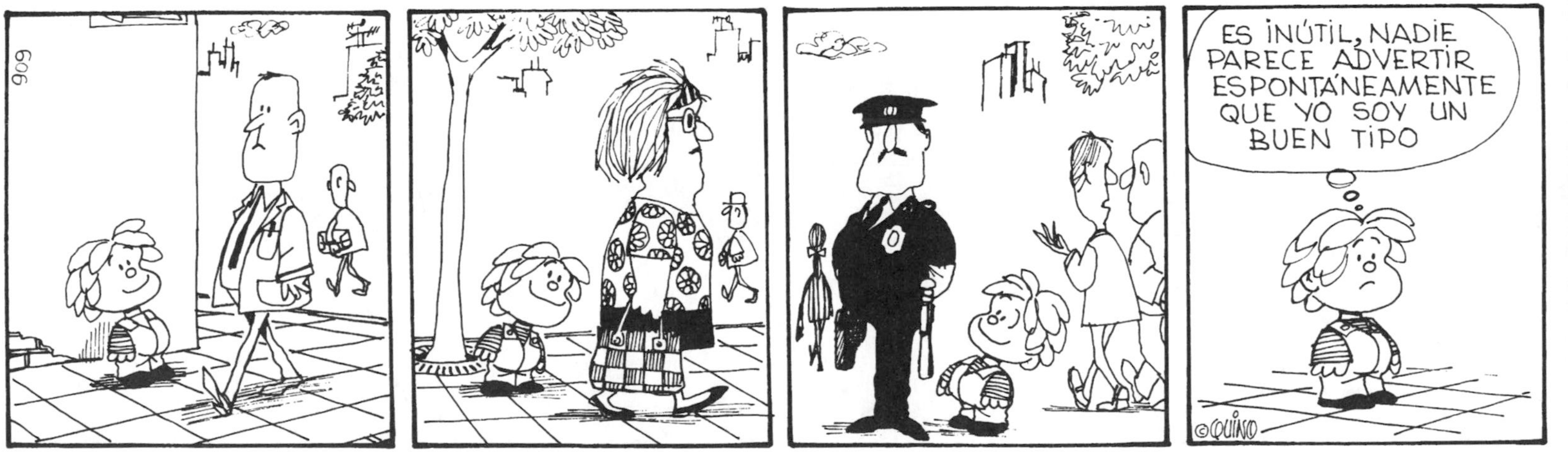
909
ES INÚTIL, NADIE PARECE ADVERTIR ESPONTÁNEAMENTE QUE YO SOY UN BUEN TIPO
©QUINO

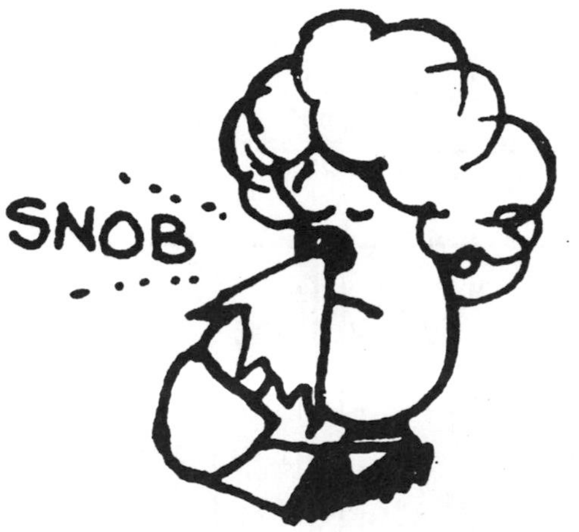
SNOB

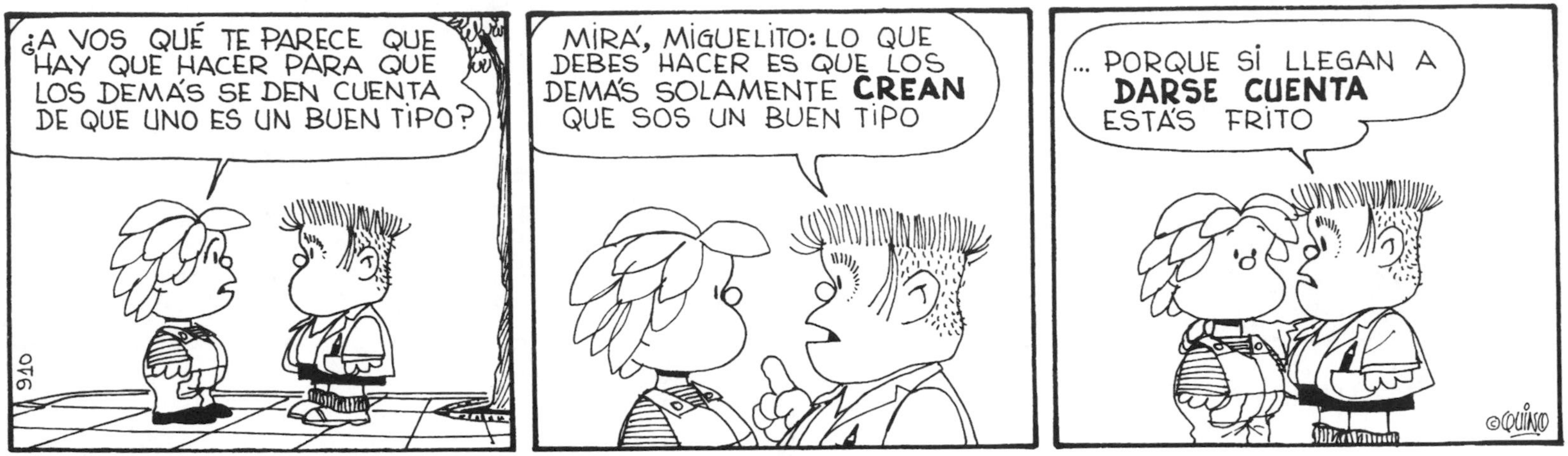
¿A VOS QUÉ TE PARECE QUE HAY QUE HACER PARA QUE LOS DEMÁS SE DEN CUENTA DE QUE UNO ES UN BUEN TIPO?
MIRÁ, MIGUELITO: LO QUE DEBES HACER ES QUE LOS DEMÁS SOLAMENTE **CREAN** QUE SOS UN BUEN TIPO
... PORQUE SI LLEGAN A **DARSE CUENTA** ESTÁS FRITO
©QUINO

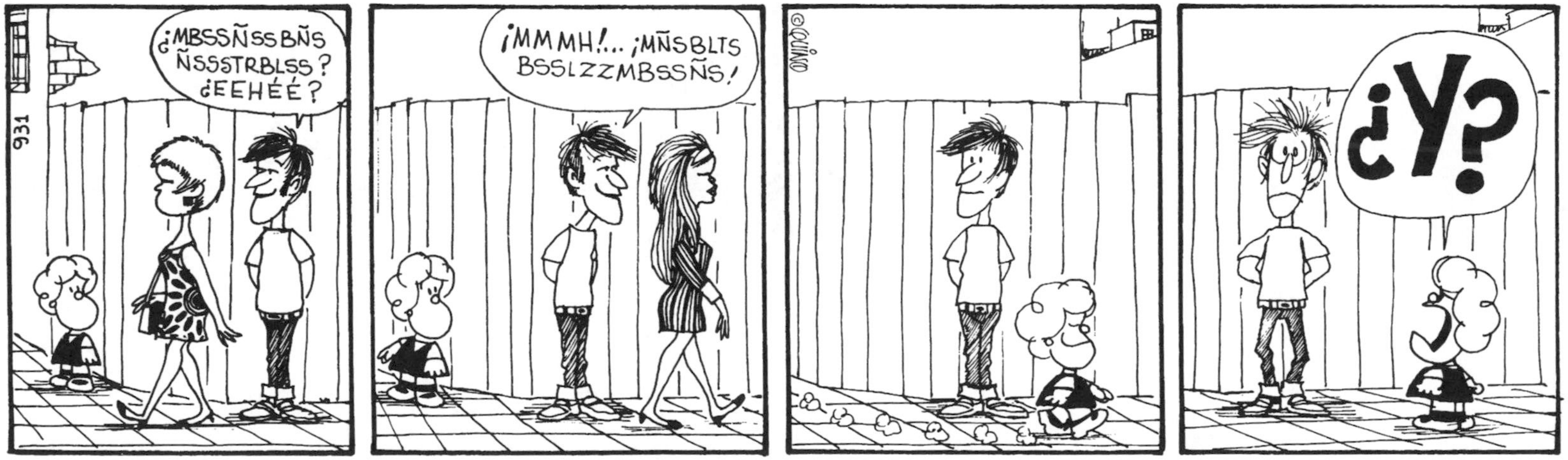
¿MBSSÑSSBÑS ÑSSSTRBLSS? ¿EEHÉÉ?
¡MMMH!... ¡MÑSBLTS BSSLZZMBSSÑS!
©QUINO
¿Y?

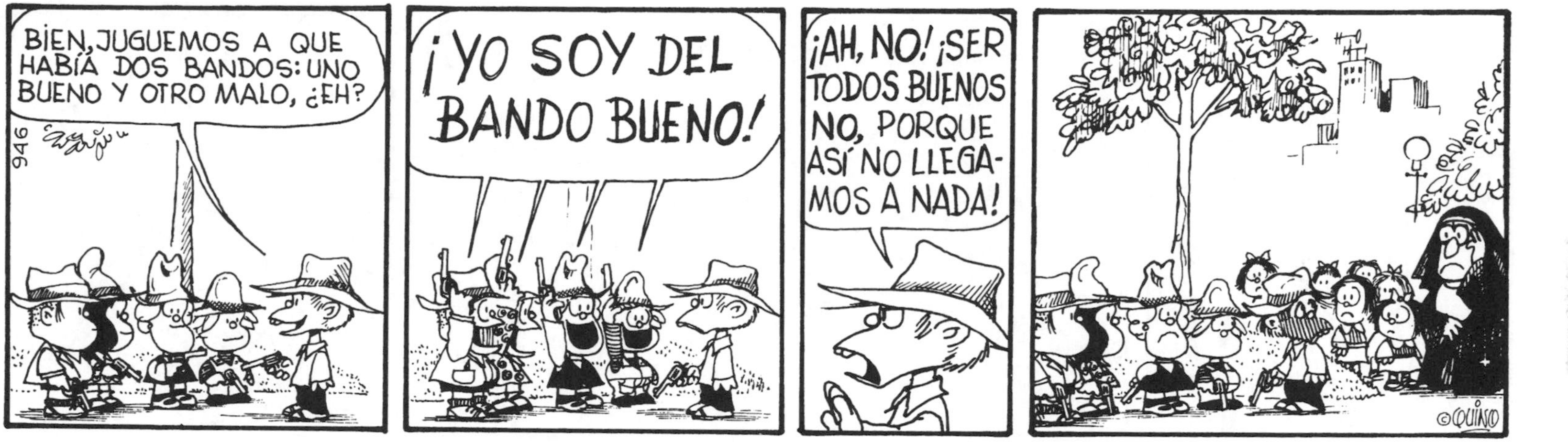
BIEN, JUGUEMOS A QUE HABÍA DOS BANDOS: UNO BUENO Y OTRO MALO, ¿EH?
946
¡YO SOY DEL BANDO BUENO!
¡AH, NO! ¡SER TODOS BUENOS NO, PORQUE ASÍ NO LLEGAMOS A NADA!
©QUINO

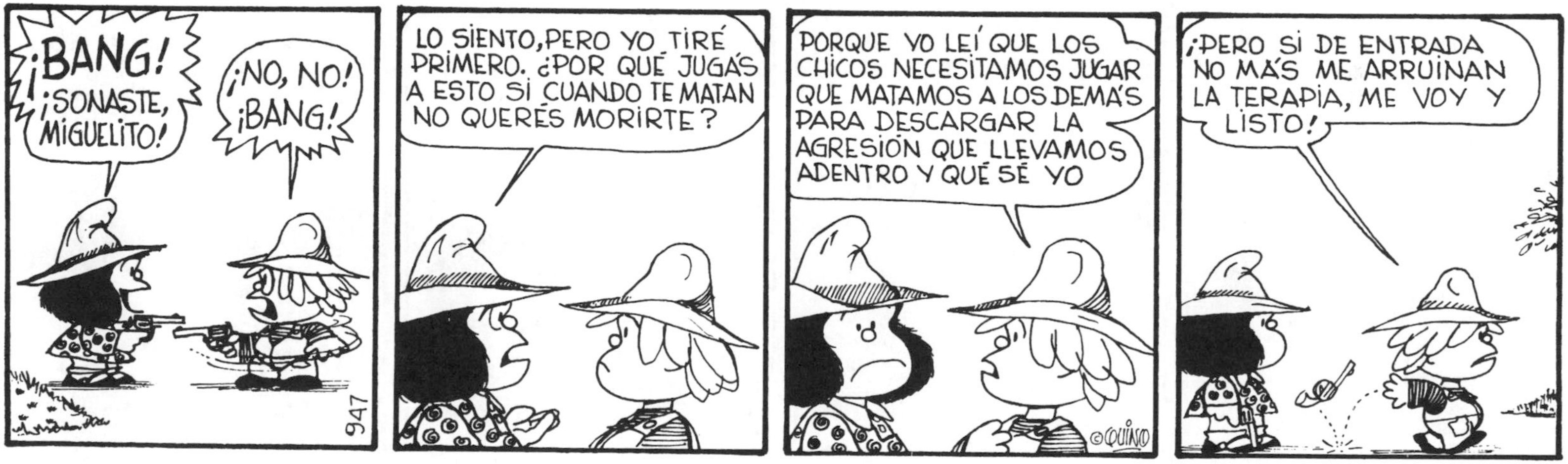
¡BANG! ¡SONASTE, MIGUELITO!
¡NO, NO! ¡BANG!
947
LO SIENTO, PERO YO TIRÉ PRIMERO. ¿POR QUÉ JUGÁS A ESTO SI CUANDO TE MATAN NO QUERÉS MORIRTE?
PORQUE YO LEÍ QUE LOS CHICOS NECESITAMOS JUGAR QUE MATAMOS A LOS DEMÁS PARA DESCARGAR LA AGRESIÓN QUE LLEVAMOS ADENTRO Y QUÉ SÉ YO
©QUINO
¡PERO SI DE ENTRADA NO MÁS ME ARRUINAN LA TERAPIA, ME VOY Y LISTO!

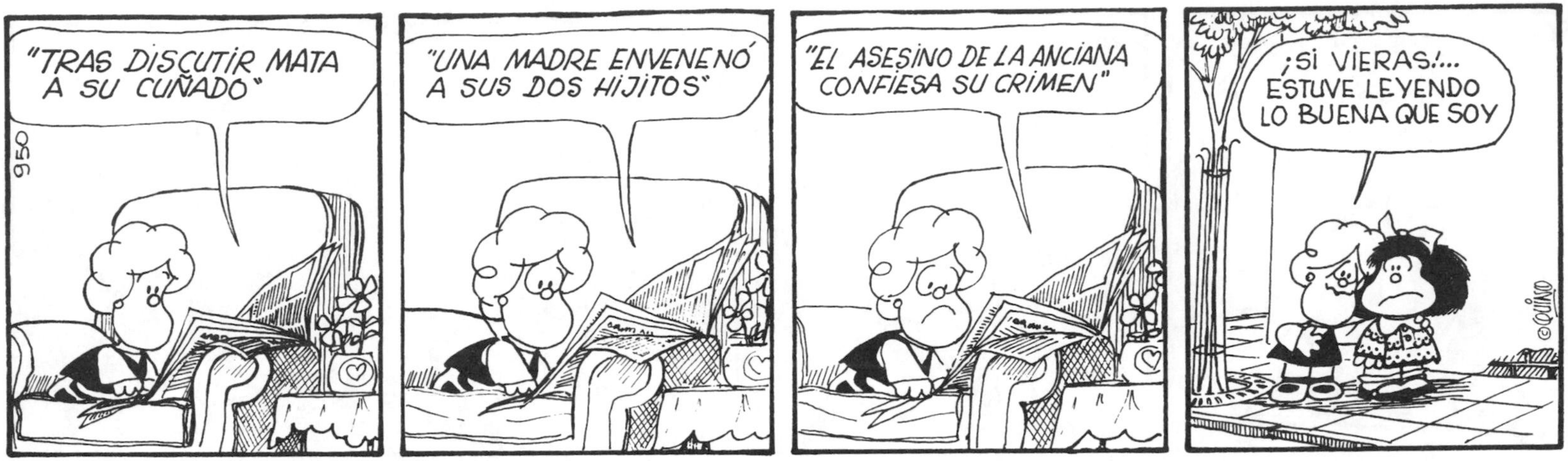
950
"TRAS DISCUTIR MATA A SU CUÑADO"
"UNA MADRE ENVENENÓ A SUS DOS HIJITOS"
"EL ASESINO DE LA ANCIANA CONFIESA SU CRIMEN"
¡SI VIERAS!... ESTUVE LEYENDO LO BUENA QUE SOY
©QUINO

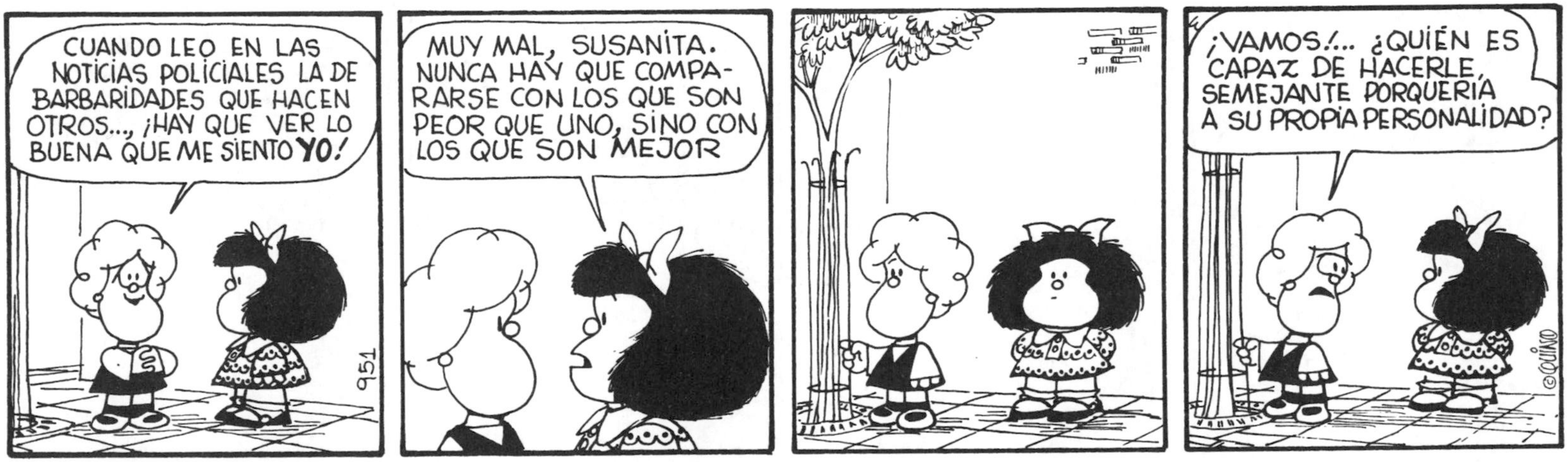
CUANDO LEO EN LAS NOTICIAS POLICIALES LA DE BARBARIDADES QUE HACEN OTROS..., ¡HAY QUE VER LO BUENA QUE ME SIENTO YO!
951
MUY MAL, SUSANITA. NUNCA HAY QUE COMPARARSE CON LOS QUE SON PEOR QUE UNO, SINO CON LOS QUE SON MEJOR
¡VAMOS!... ¿QUIÉN ES CAPAZ DE HACERLE SEMEJANTE PORQUERÍA A SU PROPIA PERSONALIDAD?
©QUINO

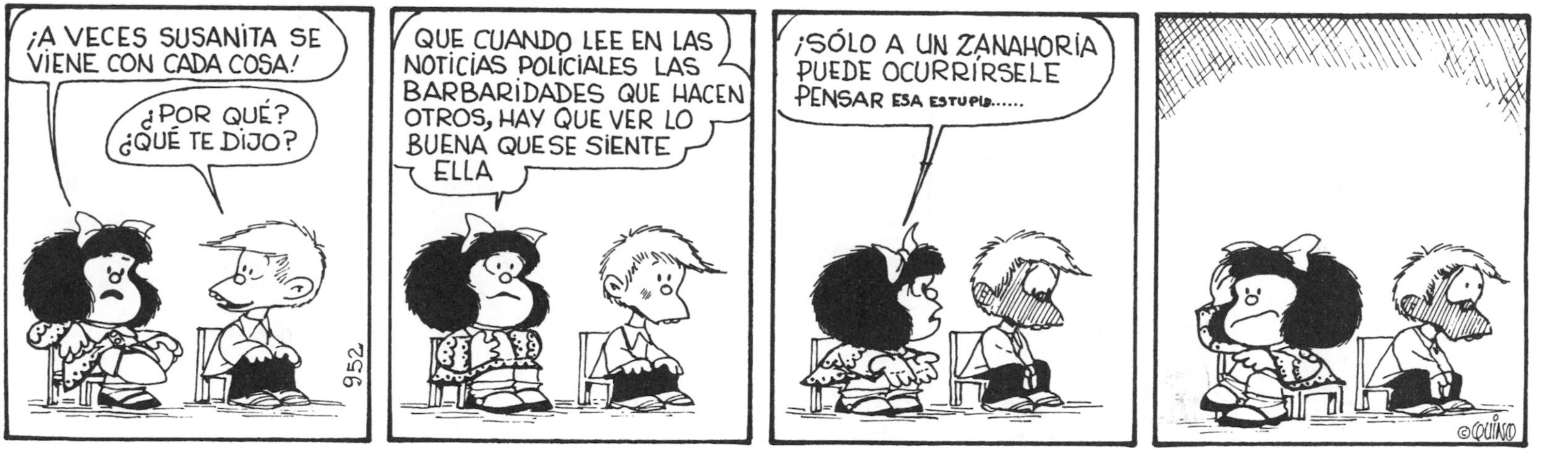
¡A VECES SUSANITA SE VIENE CON CADA COSA!
¿POR QUÉ? ¿QUÉ TE DIJO?
QUE CUANDO LEE EN LAS NOTICIAS POLICIALES LAS BARBARIDADES QUE HACEN OTROS, HAY QUE VER LO BUENA QUE SE SIENTE ELLA
¡SÓLO A UN ZANAHORIA PUEDE OCURRÍRSELE PENSAR ESA ESTUPID......
952
©QUINO

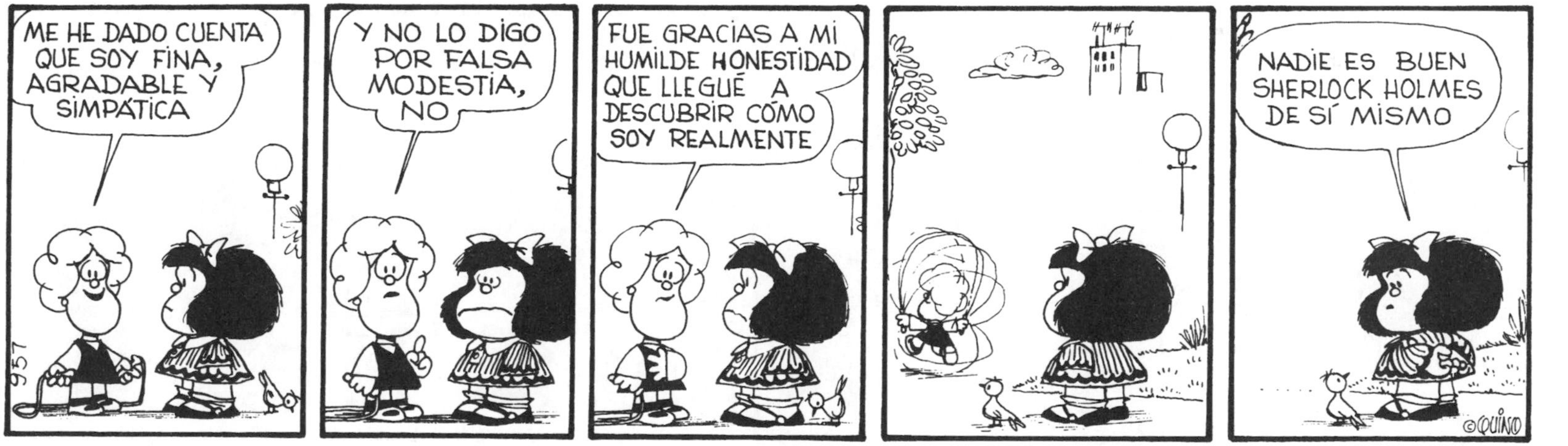
ME HE DADO CUENTA QUE SOY FINA, AGRADABLE Y SIMPÁTICA
Y NO LO DIGO POR FALSA MODESTIA, NO
FUE GRACIAS A MI HUMILDE HONESTIDAD QUE LLEGUÉ A DESCUBRIR CÓMO SOY REALMENTE
NADIE ES BUEN SHERLOCK HOLMES DE SÍ MISMO
957
©QUINO

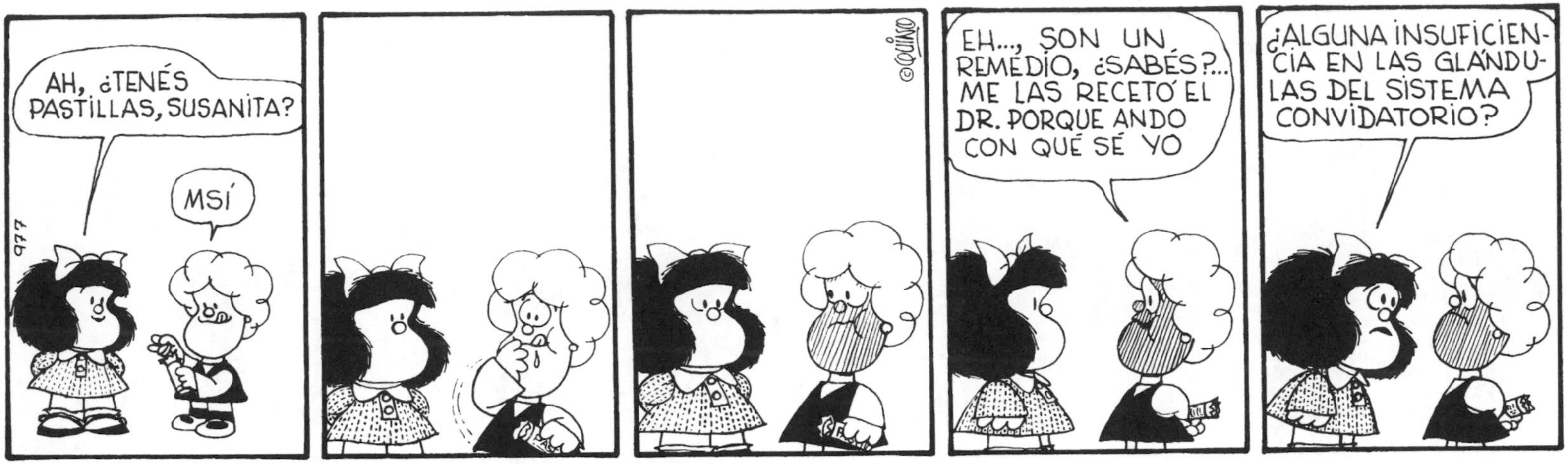
AH, ¿TENÉS PASTILLAS, SUSANITA?
MSÍ
EH..., SON UN REMEDIO, ¿SABÉS?... ME LAS RECETÓ EL DR. PORQUE ANDO CON QUÉ SÉ YO
¿ALGUNA INSUFICIENCIA EN LAS GLÁNDULAS DEL SISTEMA CONVIDATORIO?

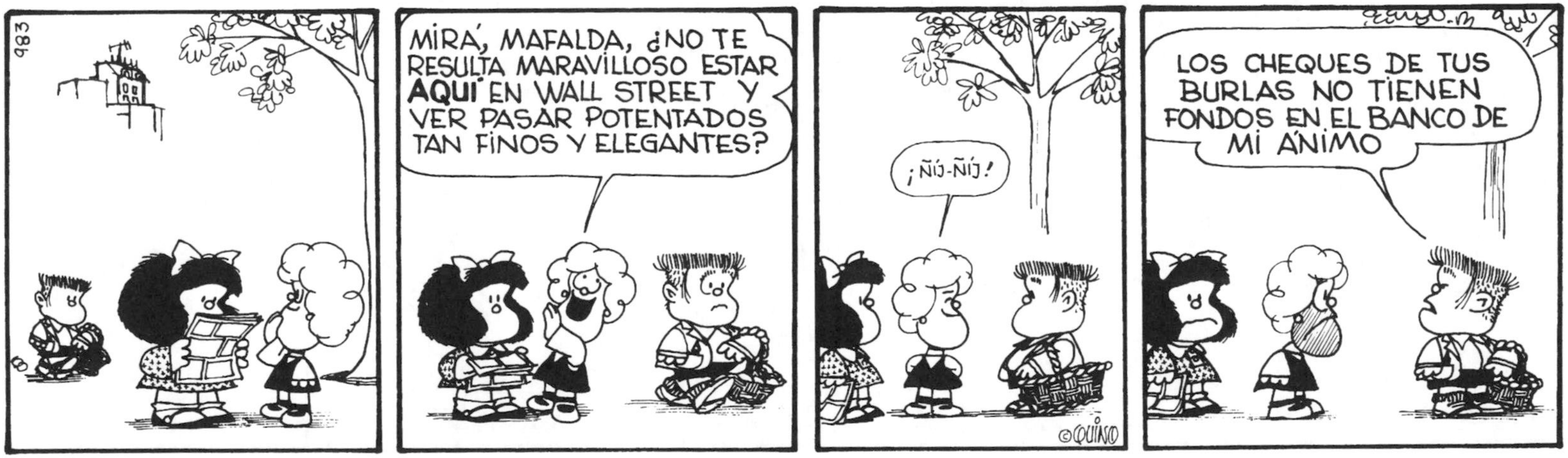
MIRÁ, MAFALDA, ¿NO TE RESULTA MARAVILLOSO ESTAR **AQUÍ** EN WALL STREET Y VER PASAR POTENTADOS TAN FINOS Y ELEGANTES?
¡ÑIJ-ÑIJ!
LOS CHEQUES DE TUS BURLAS NO TIENEN FONDOS EN EL BANCO DE MI ÁNIMO

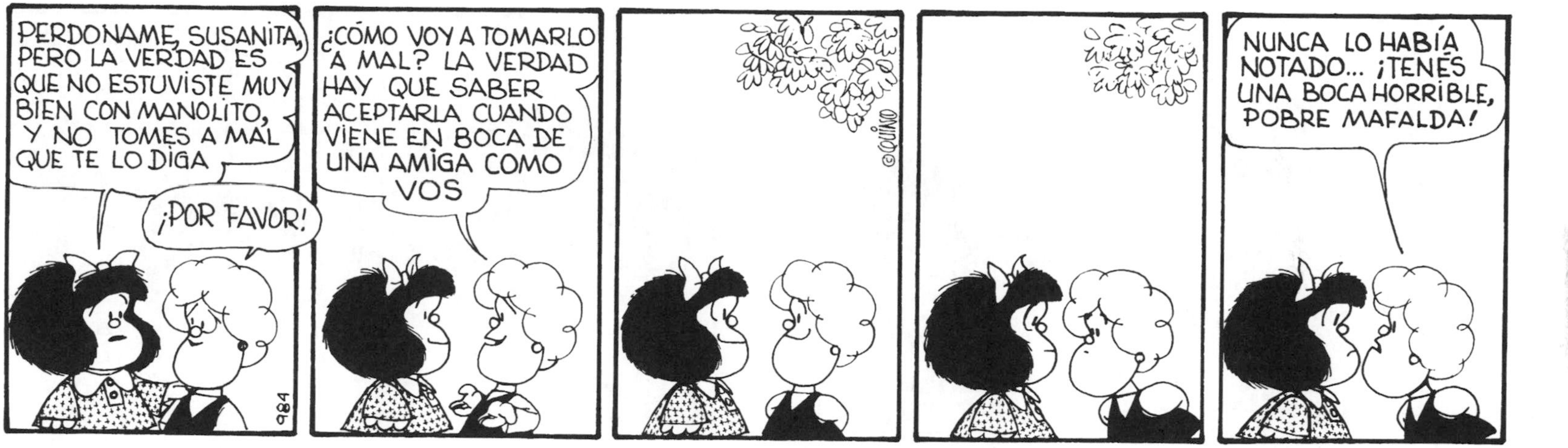
PERDONAME, SUSANITA, PERO LA VERDAD ES QUE NO ESTUVISTE MUY BIEN CON MANOLITO, Y NO TOMES A MAL QUE TE LO DIGA
¡POR FAVOR!
984
¿CÓMO VOY A TOMARLO A MAL? LA VERDAD HAY QUE SABER ACEPTARLA CUANDO VIENE EN BOCA DE UNA AMIGA COMO VOS
©QUINO
NUNCA LO HABÍA NOTADO... ¡TENÉS UNA BOCA HORRIBLE, POBRE MAFALDA!

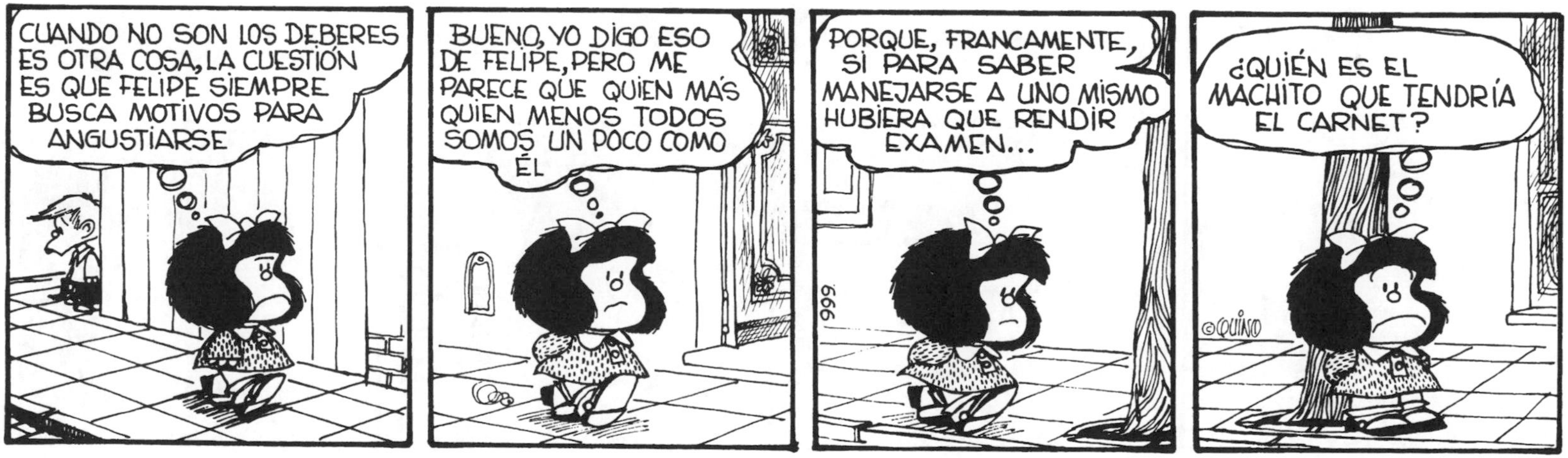
CUANDO NO SON LOS DEBERES ES OTRA COSA, LA CUESTIÓN ES QUE FELIPE SIEMPRE BUSCA MOTIVOS PARA ANGUSTIARSE
BUENO, YO DIGO ESO DE FELIPE, PERO ME PARECE QUE QUIEN MÁS QUIEN MENOS TODOS SOMOS UN POCO COMO ÉL
PORQUE, FRANCAMENTE, SI PARA SABER MANEJARSE A UNO MISMO HUBIERA QUE RENDIR EXAMEN...
999
¿QUIÉN ES EL MACHITO QUE TENDRÍA EL CARNET?
©QUINO

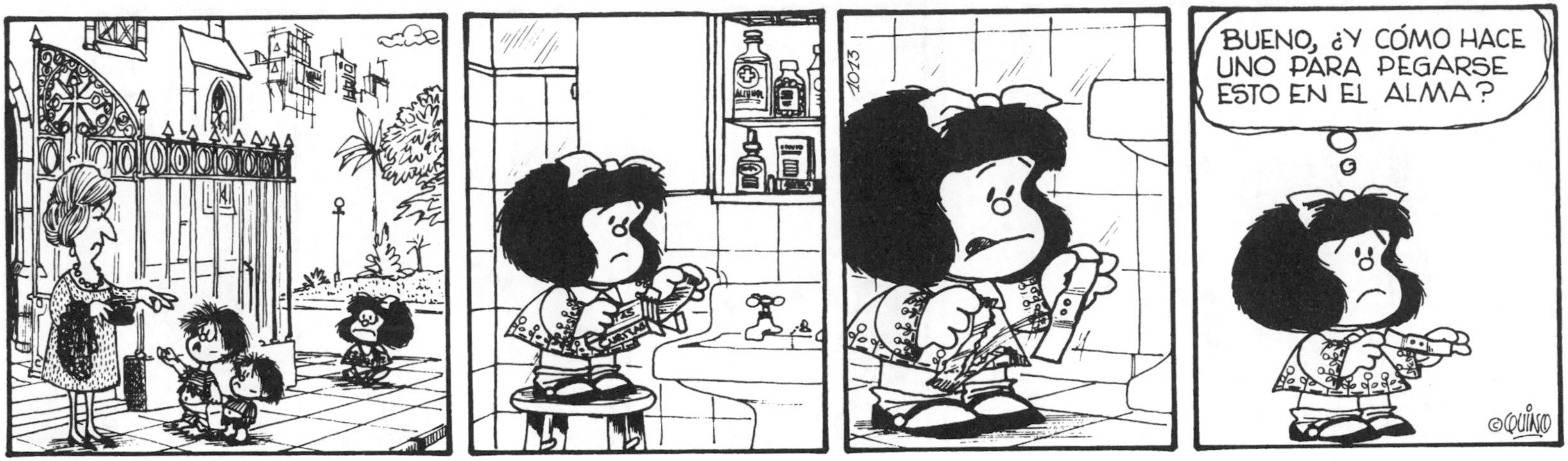
BUENO, ¿Y CÓMO HACE UNO PARA PEGARSE ESTO EN EL ALMA?

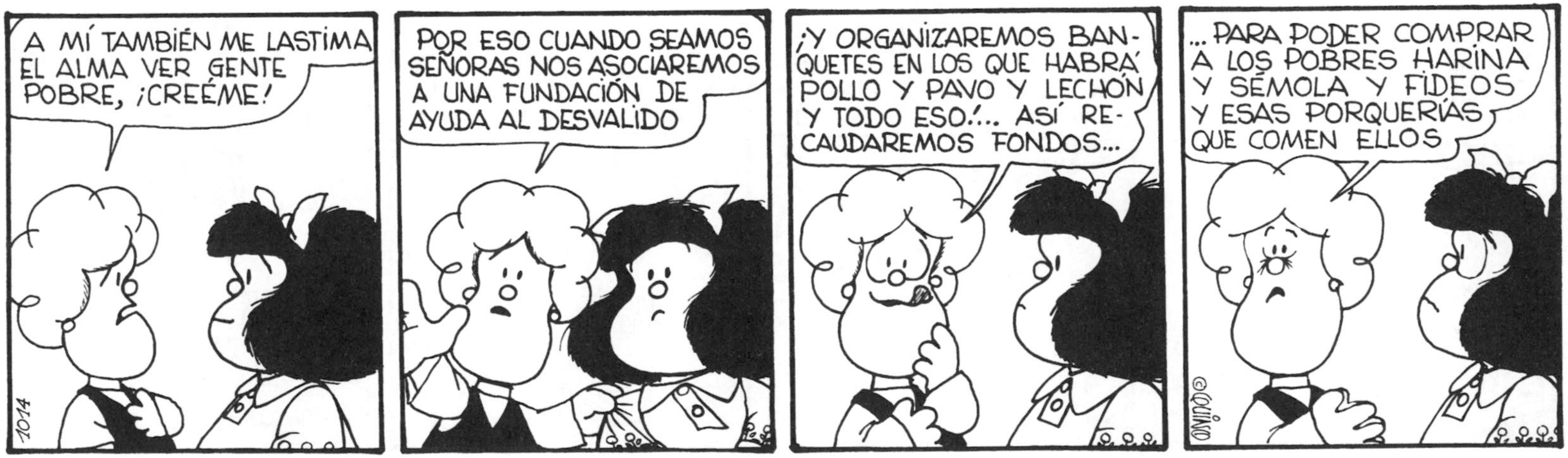
A MÍ TAMBIÉN ME LASTIMA EL ALMA VER GENTE POBRE, ¡CREÉME!
POR ESO CUANDO SEAMOS SEÑORAS NOS ASOCIAREMOS A UNA FUNDACIÓN DE AYUDA AL DESVALIDO
¡Y ORGANIZAREMOS BANQUETES EN LOS QUE HABRÁ POLLO Y PAVO Y LECHÓN Y TODO ESO!... ASÍ RECAUDAREMOS FONDOS...
...PARA PODER COMPRAR A LOS POBRES HARINA Y SÉMOLA Y FIDEOS Y ESAS PORQUERÍAS QUE COMEN ELLOS

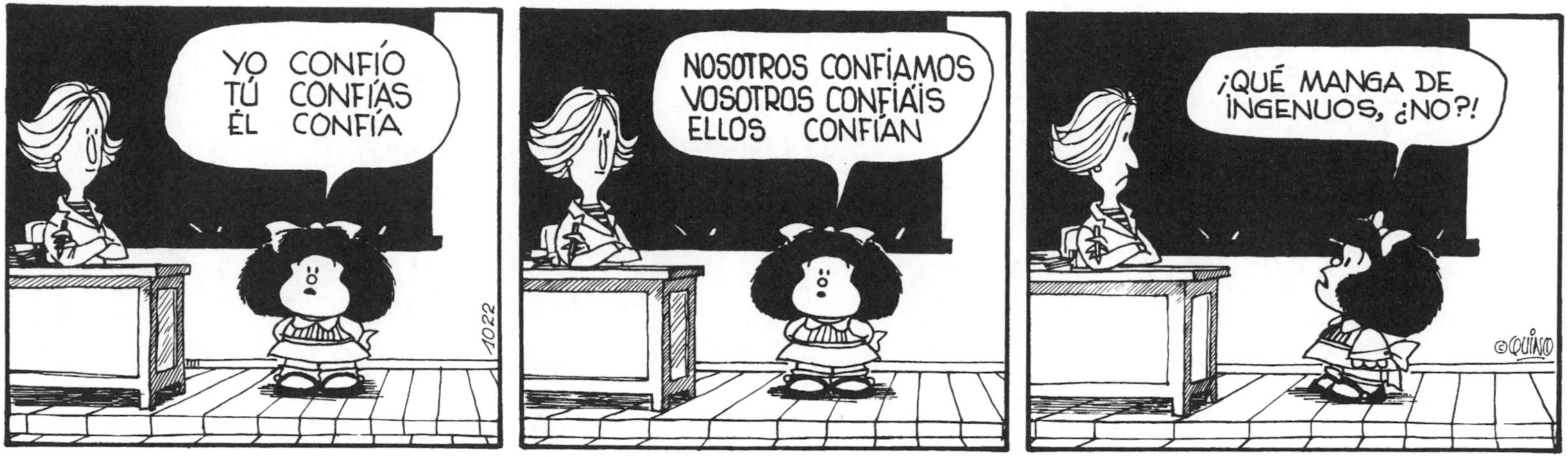
YO CONFÍO
TÚ CONFÍAS
ÉL CONFÍA
1022
NOSOTROS CONFIAMOS
VOSOTROS CONFIÁIS
ELLOS CONFÍAN
¡QUÉ MANGA DE INGENUOS, ¿NO?!
© QUINO

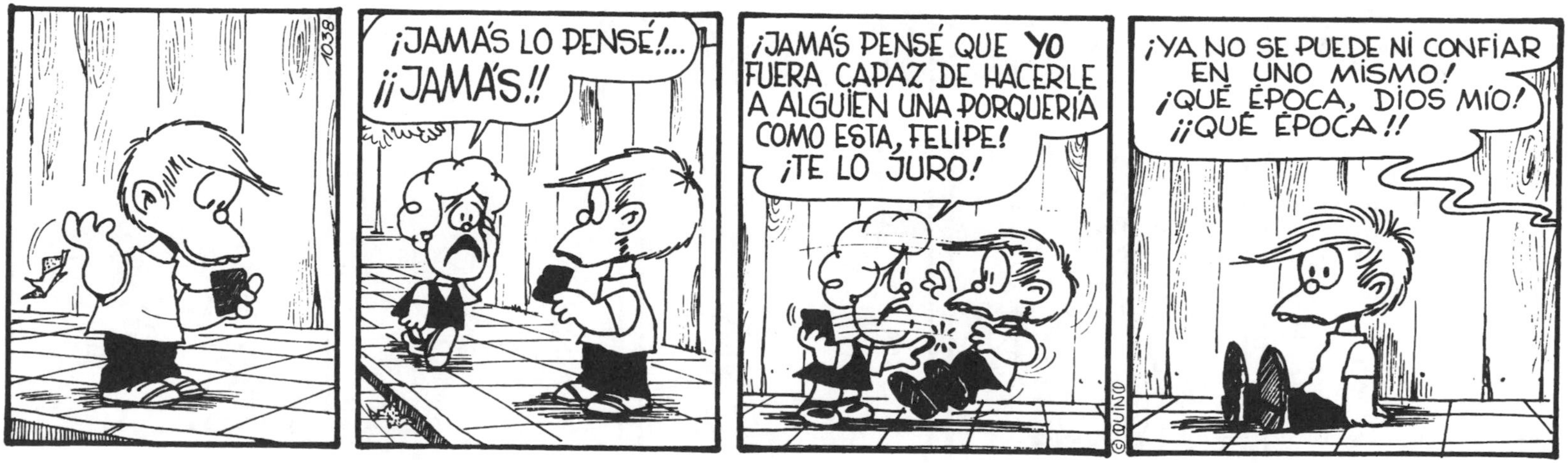
1038
¡JAMÁS LO PENSÉ!... ¡¡JAMÁS!!
¡JAMÁS PENSÉ QUE YO FUERA CAPAZ DE HACERLE A ALGUIEN UNA PORQUERÍA COMO ESTA, FELIPE! ¡TE LO JURO!
© QUINO
¡YA NO SE PUEDE NI CONFIAR EN UNO MISMO! ¡QUÉ ÉPOCA, DIOS MÍO! ¡¡QUÉ ÉPOCA!!

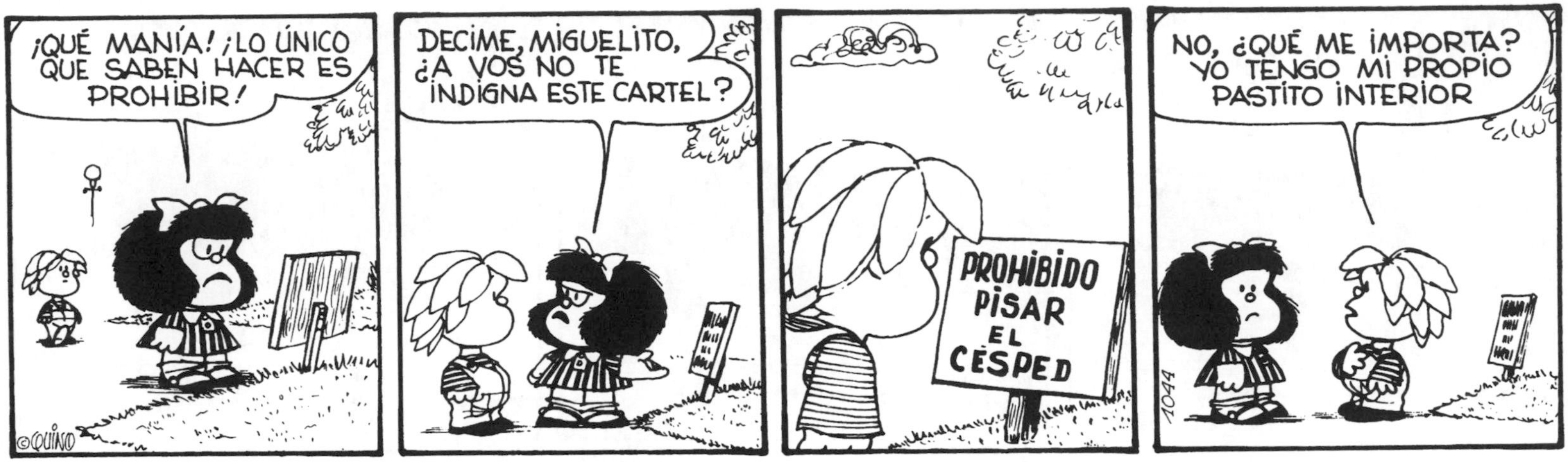
¡QUÉ MANÍA! ¡LO ÚNICO QUE SABEN HACER ES PROHIBIR!
DECIME, MIGUELITO, ¿A VOS NO TE INDIGNA ESTE CARTEL?
PROHIBIDO PISAR EL CÉSPED
NO, ¿QUÉ ME IMPORTA? YO TENGO MI PROPIO PASTITO INTERIOR

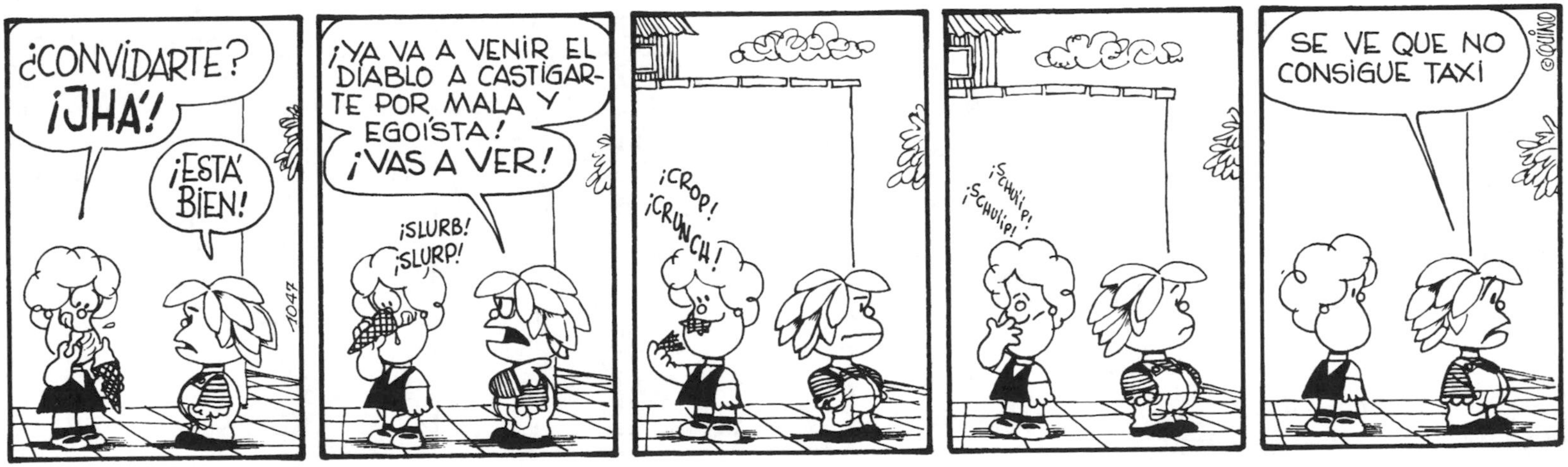
¿CONVIDARTE? ¡JHA!
¡ESTÁ BIEN!
¡YA VA A VENIR EL DIABLO A CASTIGARTE POR MALA Y EGOÍSTA! ¡VAS A VER!
¡SLURB! ¡SLURP!
¡CROP! ¡CRUNCH!
¡SCHULIP! ¡SCHULIP!
SE VE QUE NO CONSIGUE TAXI

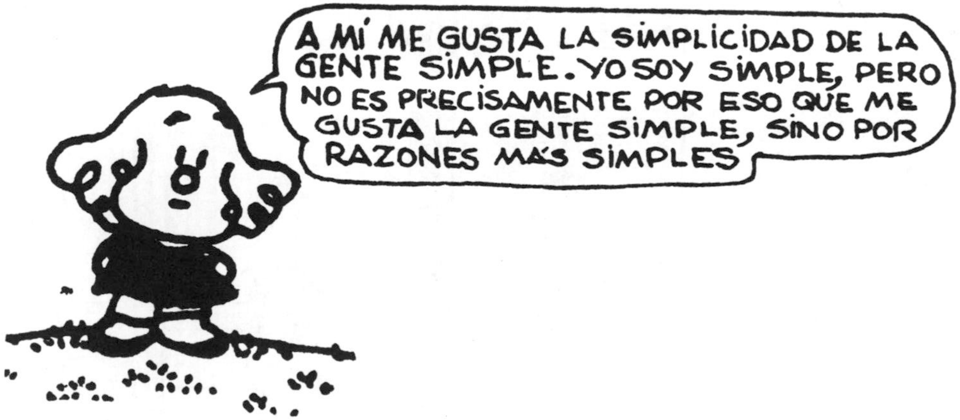
A MÍ ME GUSTA LA SIMPLICIDAD DE LA GENTE SIMPLE. YO SOY SIMPLE, PERO NO ES PRECISAMENTE POR ESO QUE ME GUSTA LA GENTE SIMPLE, SINO POR RAZONES MÁS SIMPLES

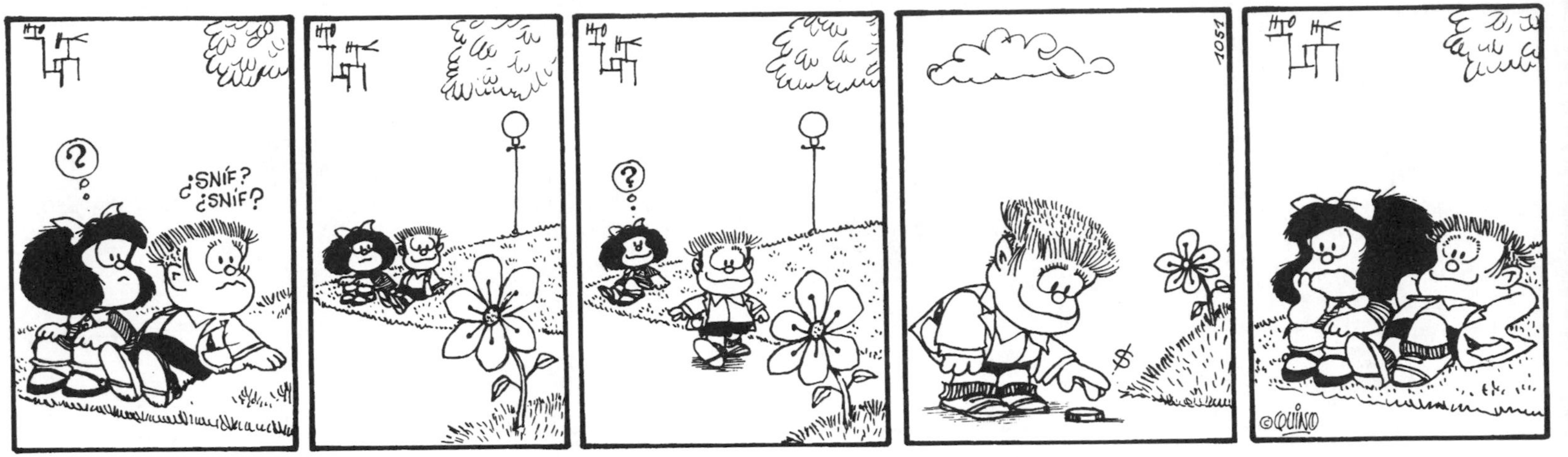
¿SNÍF?
¿SNÍF?

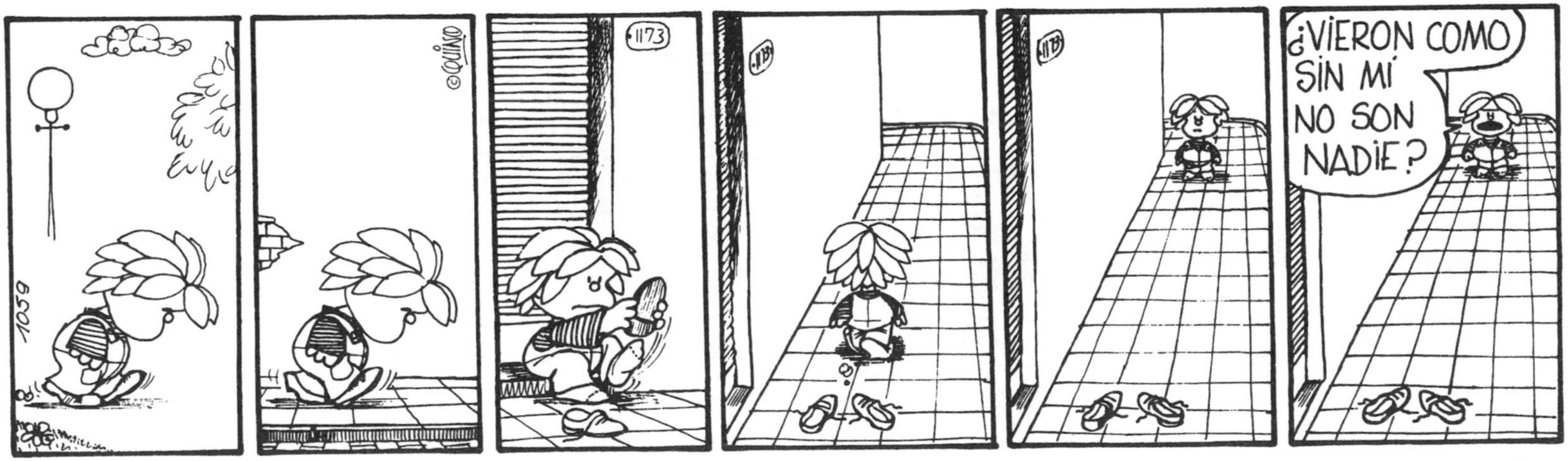
¿VIERON COMO SIN MÍ NO SON NADIE?

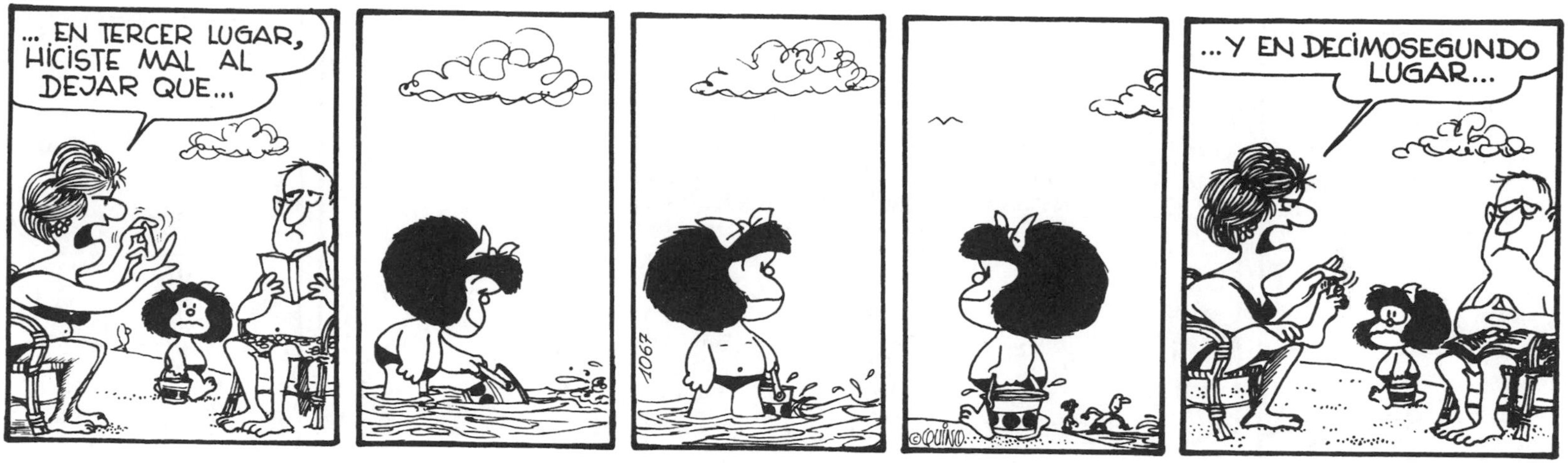
... EN TERCER LUGAR, HICISTE MAL AL DEJAR QUE...
1067
©QUINO
... Y EN DECIMOSEGUNDO LUGAR...

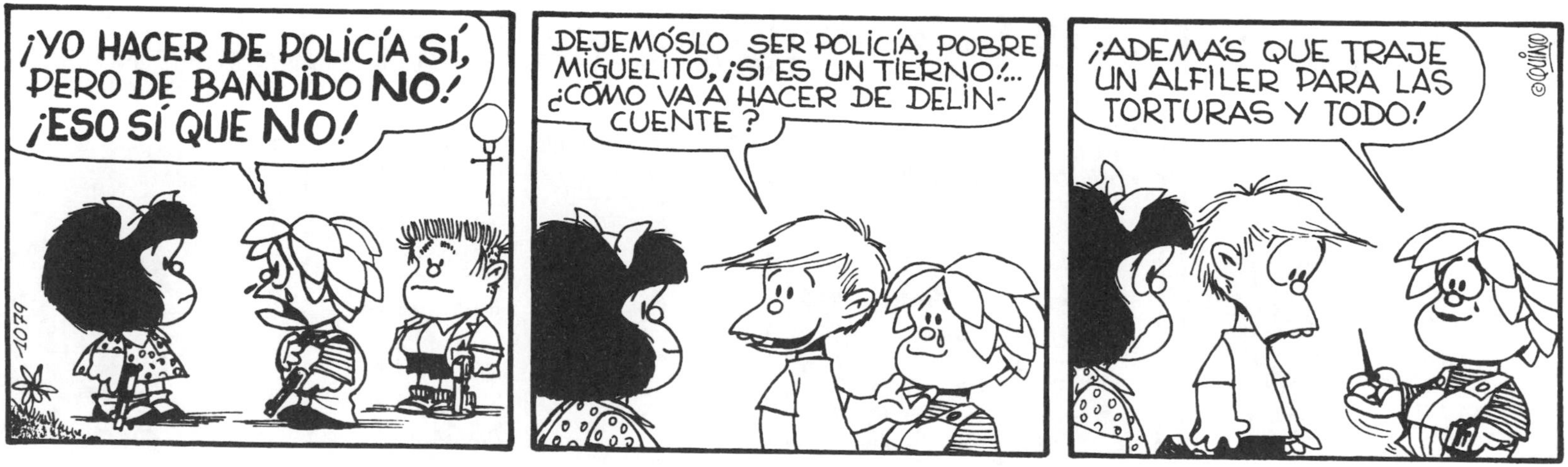
¡YO HACER DE POLICÍA SÍ, PERO DE BANDIDO NO! ¡ESO SÍ QUE NO!
1079
DEJEMÓSLO SER POLICÍA, POBRE MIGUELITO, ¡SI ES UN TIERNO!... ¿CÓMO VA A HACER DE DELINCUENTE?
¡ADEMÁS QUE TRAJE UN ALFILER PARA LAS TORTURAS Y TODO!
©QUINO

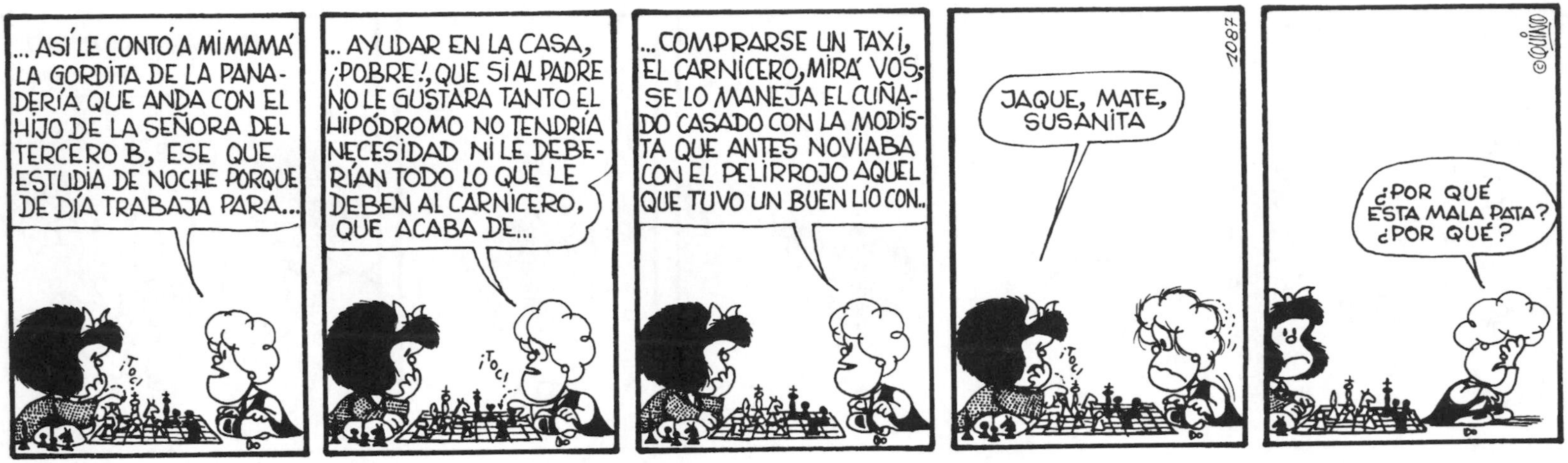
...ASÍ LE CONTÓ A MI MAMÁ LA GORDITA DE LA PANADERÍA QUE ANDA CON EL HIJO DE LA SEÑORA DEL TERCERO B, ESE QUE ESTUDIA DE NOCHE PORQUE DE DÍA TRABAJA PARA...
¡TOC!
...AYUDAR EN LA CASA, ¡POBRE!, QUE SI AL PADRE NO LE GUSTARA TANTO EL HIPÓDROMO NO TENDRÍA NECESIDAD NI LE DEBERÍAN TODO LO QUE LE DEBEN AL CARNICERO, QUE ACABA DE...
¡TOC!
...COMPRARSE UN TAXI, EL CARNICERO, MIRÁ VOS; SE LO MANEJA EL CUÑADO CASADO CON LA MODISTA QUE ANTES NOVIABA CON EL PELIRROJO AQUEL QUE TUVO UN BUEN LÍO CON..
JAQUE, MATE, SUSANITA
¡TOC!
¿POR QUÉ ESTA MALA PATA? ¿POR QUÉ?
©QUINO

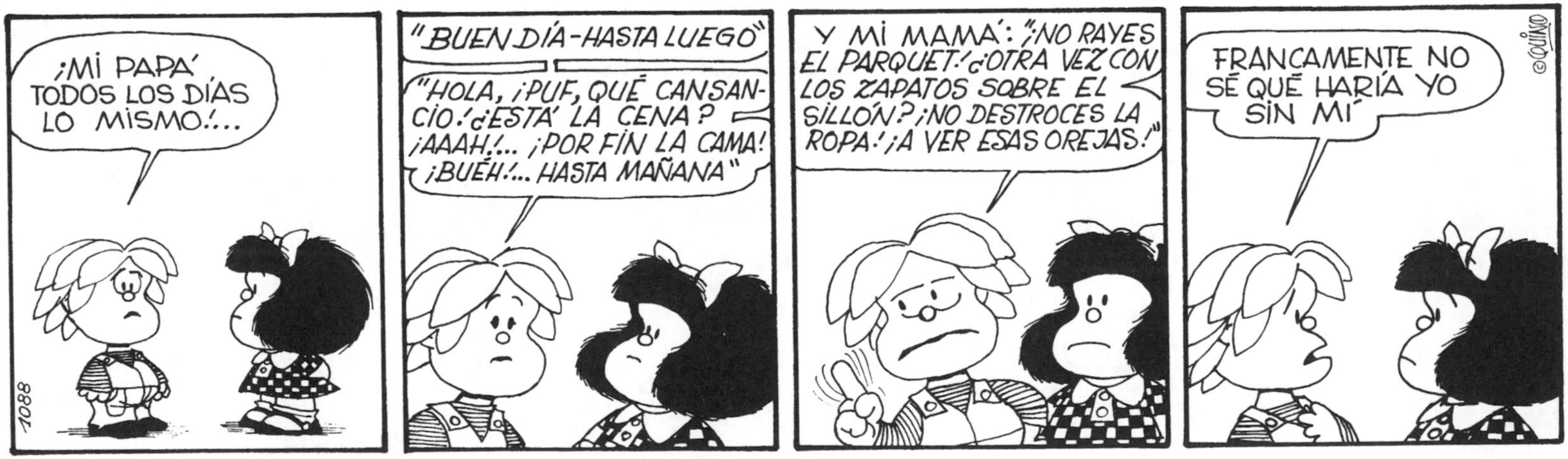
¡MI PAPÁ TODOS LOS DÍAS LO MISMO!...
"BUEN DÍA-HASTA LUEGO"
"HOLA, ¡PUF, QUÉ CANSANCIO! ¿ESTÁ LA CENA? ¡AAAH!... ¡POR FIN LA CAMA! ¡BUEH!... HASTA MAÑANA"
Y MI MAMÁ: "¡NO RAYES EL PARQUET! ¿OTRA VEZ CON LOS ZAPATOS SOBRE EL SILLÓN? ¡NO DESTROCES LA ROPA! ¡A VER ESAS OREJAS!"
FRANCAMENTE NO SÉ QUÉ HARÍA YO SIN MÍ
©QUINO

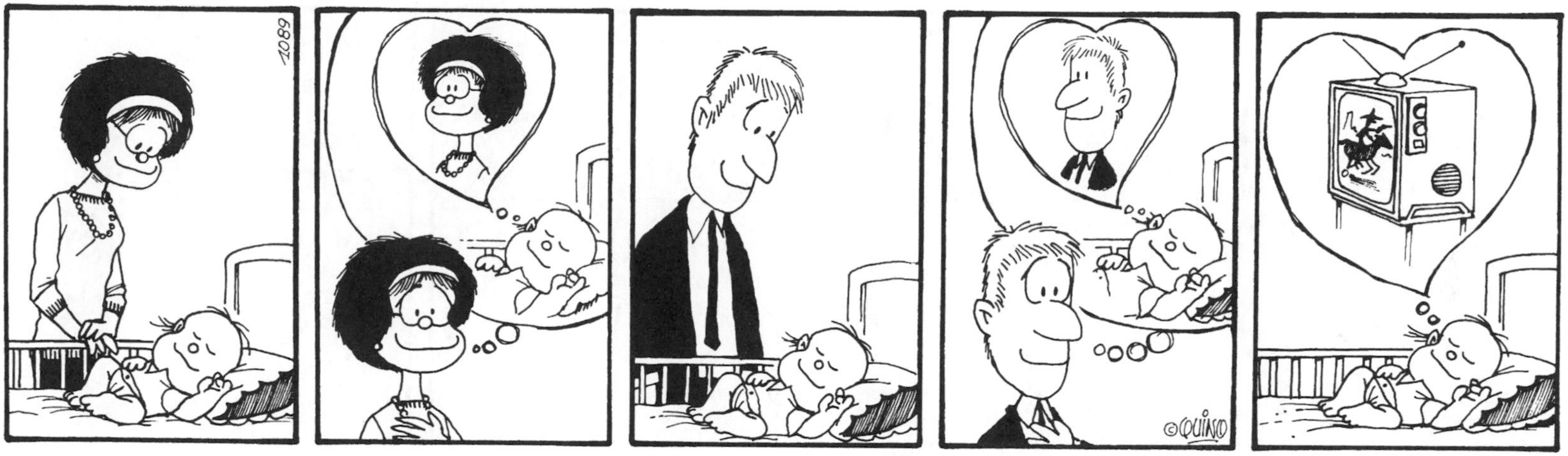
1089
©QUINO

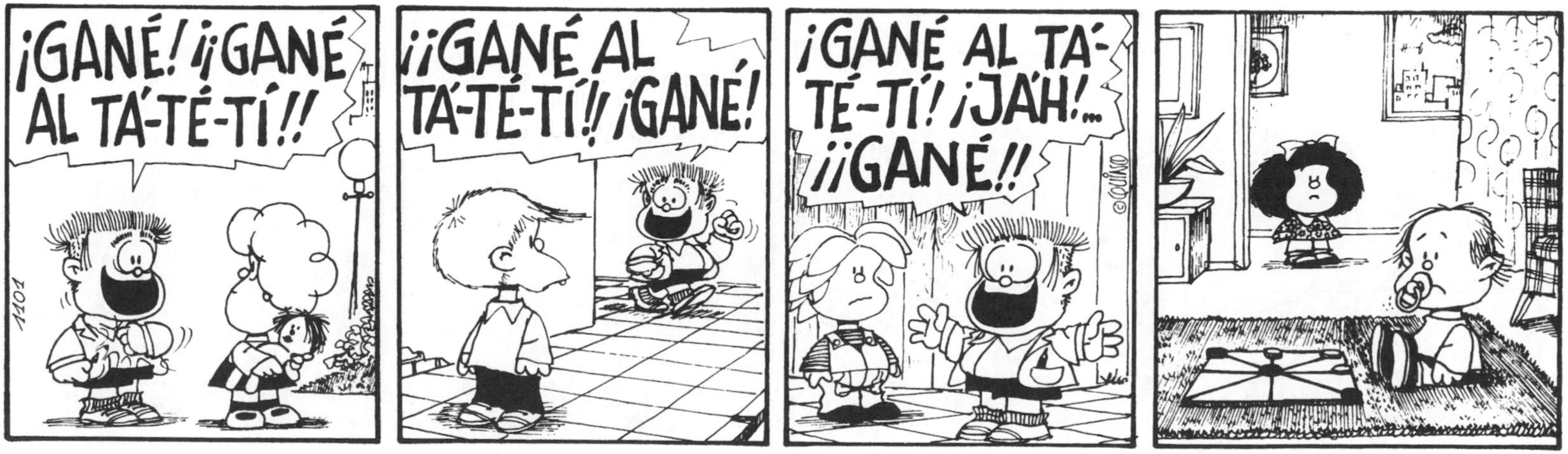
1101
¡GANÉ! ¡¡GANÉ AL TÁ-TÉ-TÍ!!
¡¡GANÉ AL TÁ-TÉ-TÍ!! ¡GANÉ!
¡GANÉ AL TA-TÉ-TÍ! ¡JÁH!... ¡¡GANÉ!!
©QUINO

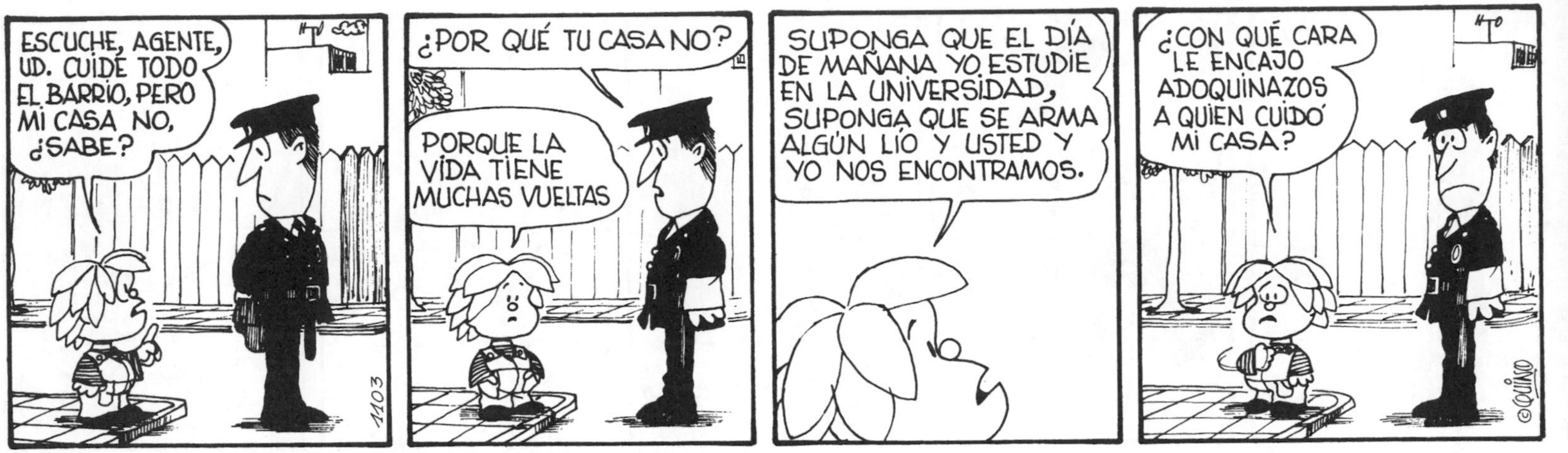
ESCUCHE, AGENTE, UD. CUIDE TODO EL BARRIO, PERO MI CASA NO, ¿SABE?
1103
¿POR QUÉ TU CASA NO?
PORQUE LA VIDA TIENE MUCHAS VUELTAS
SUPONGA QUE EL DÍA DE MAÑANA YO ESTUDIE EN LA UNIVERSIDAD, SUPONGA QUE SE ARMA ALGÚN LÍO Y USTED Y YO NOS ENCONTRAMOS.
¿CON QUÉ CARA LE ENCAJO ADOQUINAZOS A QUIEN CUIDÓ MI CASA?
©QUINO

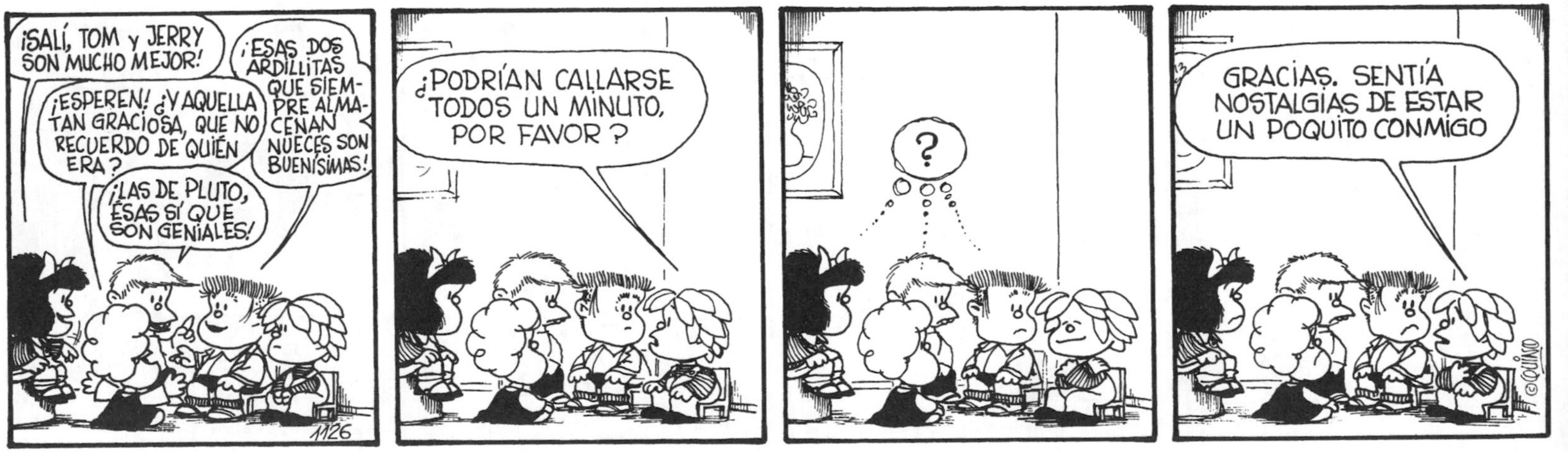
¡SALÍ, TOM y JERRY SON MUCHO MEJOR!
¡ESPEREN! ¿Y AQUELLA TAN GRACIOSA, QUE NO RECUERDO DE QUIÉN ERA?
¡LAS DE PLUTO, ÉSAS SÍ QUE SON GENIALES!
¡ESAS DOS ARDILLITAS QUE SIEMPRE ALMACENAN NUECES SON BUENÍSIMAS!
1126
¿PODRÍAN CALLARSE TODOS UN MINUTO, POR FAVOR?
?
GRACIAS. SENTÍA NOSTALGIAS DE ESTAR UN POQUITO CONMIGO
©QUINO

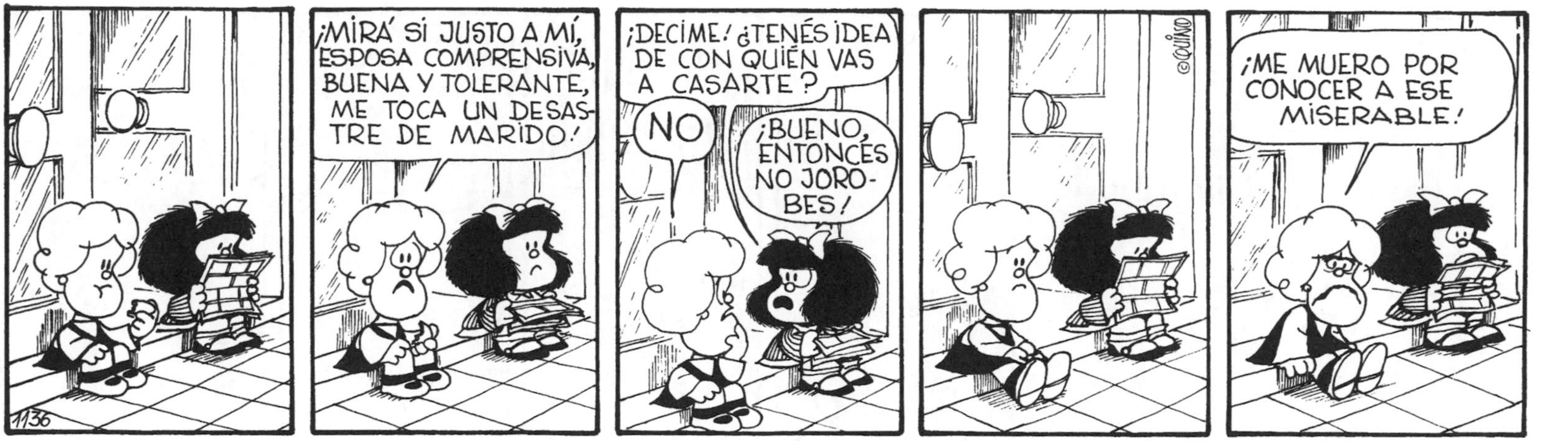
1136
¡MIRÁ SI JUSTO A MÍ, ESPOSA COMPRENSIVA, BUENA Y TOLERANTE, ME TOCA UN DESASTRE DE MARIDO!
¡DECIME! ¿TENÉS IDEA DE CON QUIÉN VAS A CASARTE?
NO
¡BUENO, ENTONCES NO JOROBES!
©QUINO
¡ME MUERO POR CONOCER A ESE MISERABLE!

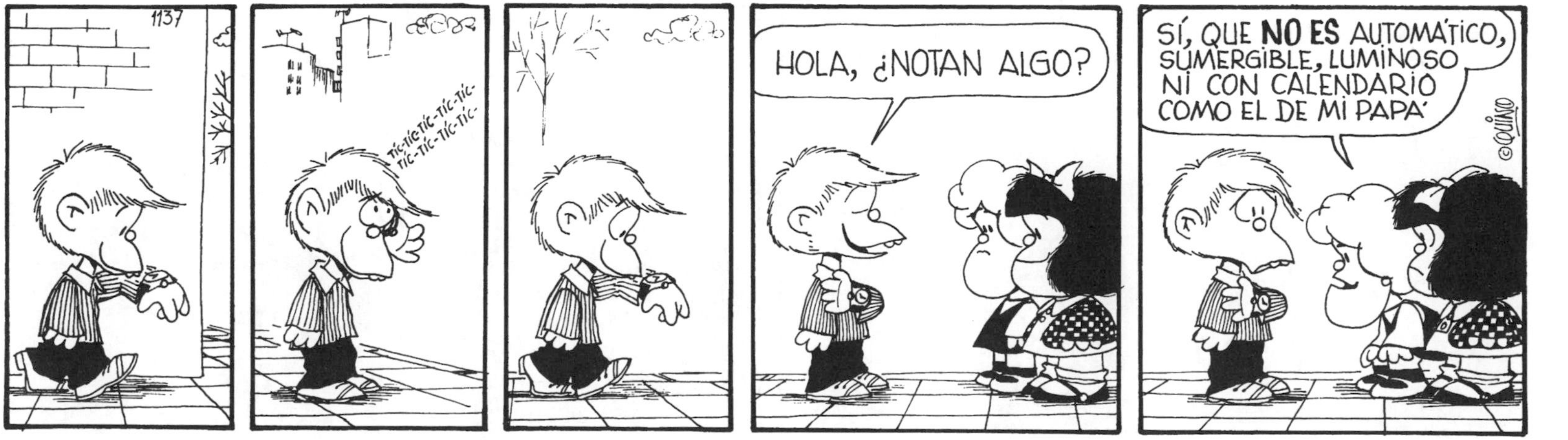
1137
TIC-TIC-TIC-TIC-TIC-
TIC-TIC-TIC-TIC-
HOLA, ¿NOTAN ALGO?
SÍ, QUE **NO ES** AUTOMÁTICO, SUMERGIBLE, LUMINOSO NI CON CALENDARIO COMO EL DE MI PAPÁ
©QUINO

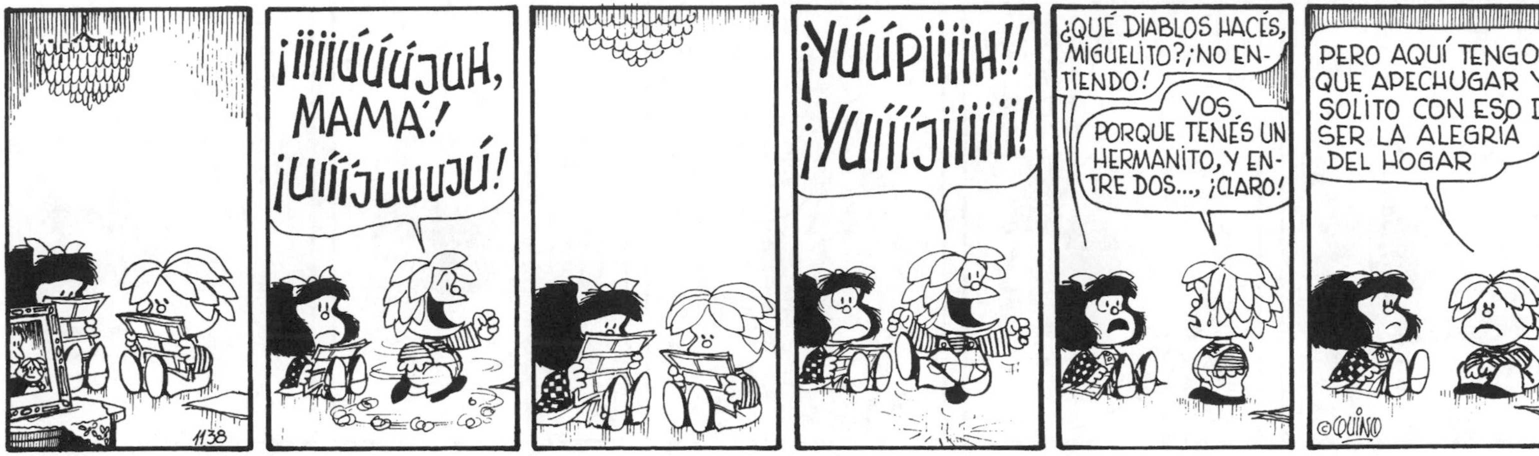
1138
¡IIIUÚÚJUH, MAMÁ! ¡UÍÍÍJUUUJÚ!
¡YÚÚPIIIIH!! ¡YUÍÍÍJIIIIII!
¿QUÉ DIABLOS HACÉS, MIGUELITO?¡NO ENTIENDO!
VOS, PORQUE TENÉS UN HERMANITO, Y ENTRE DOS..., ¡CLARO!
PERO AQUÍ TENGO QUE APECHUGAR YO SOLITO CON ESO DE SER LA ALEGRÍA DEL HOGAR
©QUINO

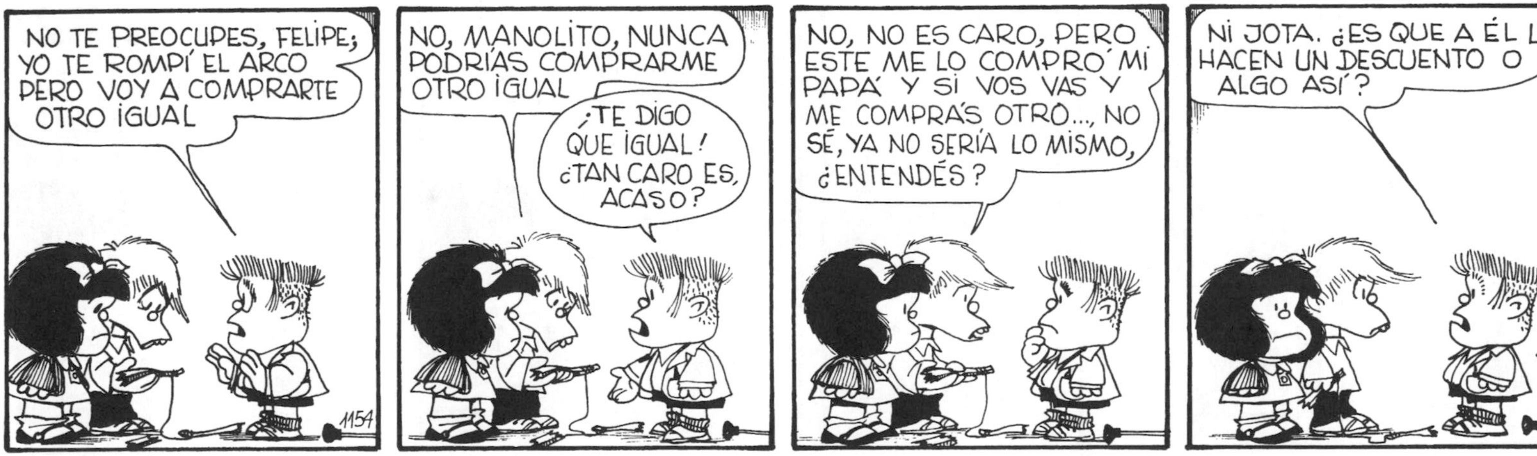
NO TE PREOCUPES, FELIPE; YO TE ROMPÍ EL ARCO PERO VOY A COMPRARTE OTRO IGUAL
1154
NO, MANOLITO, NUNCA PODRÍAS COMPRARME OTRO IGUAL
¿TE DIGO QUE IGUAL! ¿TAN CARO ES, ACASO?
NO, NO ES CARO, PERO ESTE ME LO COMPRÓ MI PAPÁ Y SI VOS VAS Y ME COMPRÁS OTRO..., NO SÉ, YA NO SERÍA LO MISMO, ¿ENTENDÉS?
NI JOTA. ¿ES QUE A ÉL LE HACEN UN DESCUENTO O ALGO ASÍ?
©QUINO

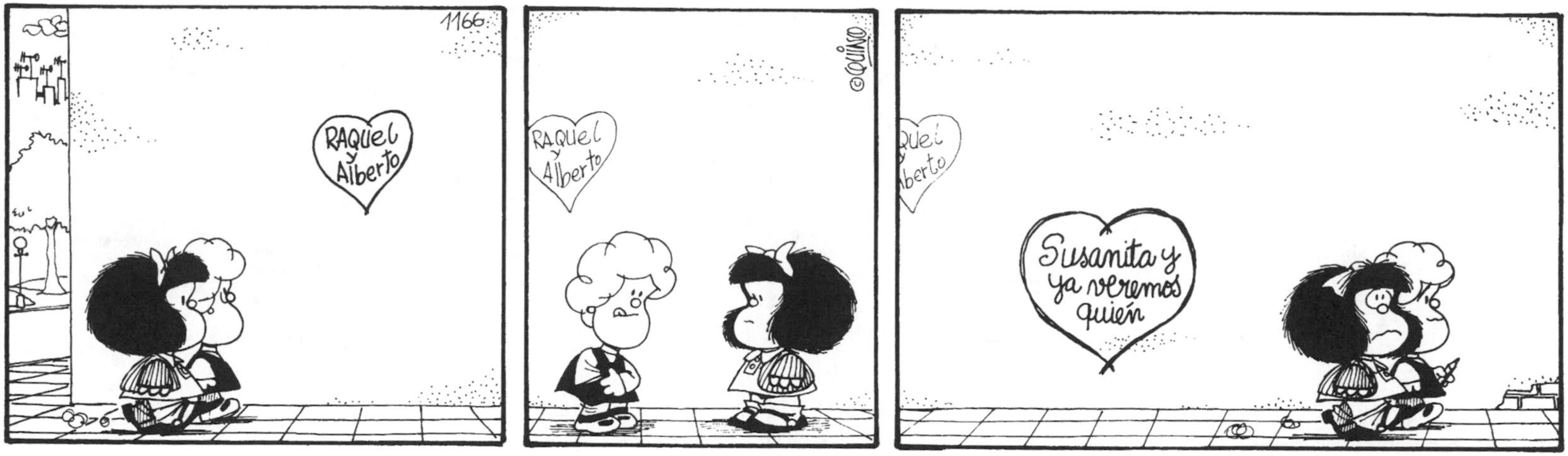
1166
RAQUEL y Alberto
RAQUEL y Alberto
©QUINO
Susanita y ya veremos quién

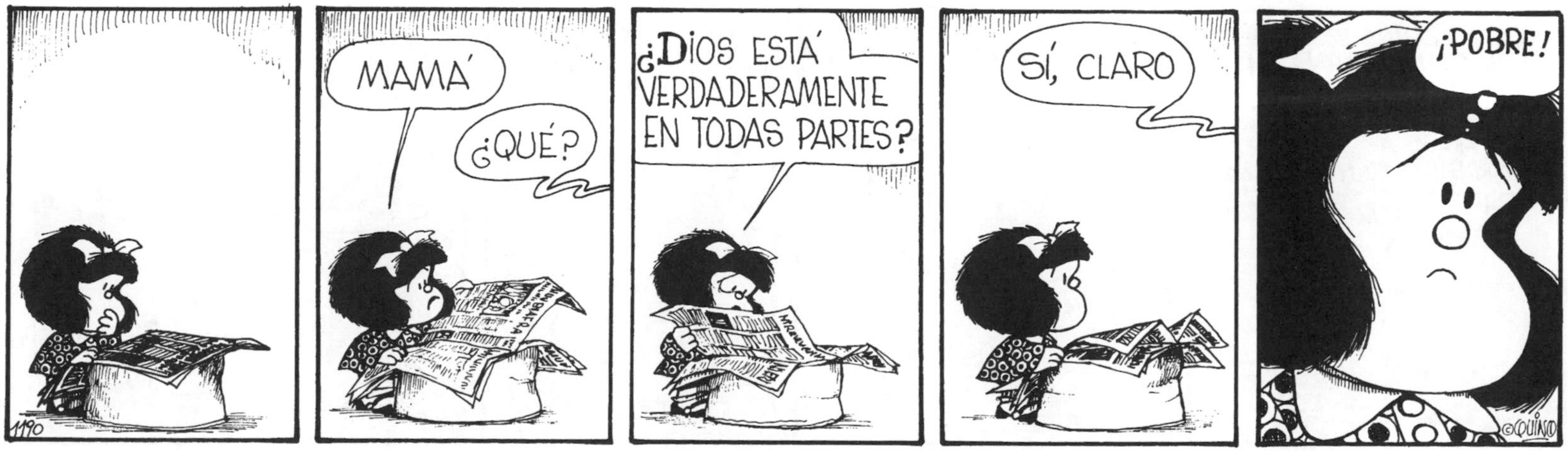
1190
MAMÁ
¿QUÉ?
¿DIOS ESTÁ VERDADERAMENTE EN TODAS PARTES?
SÍ, CLARO
¡POBRE!
©QUINO

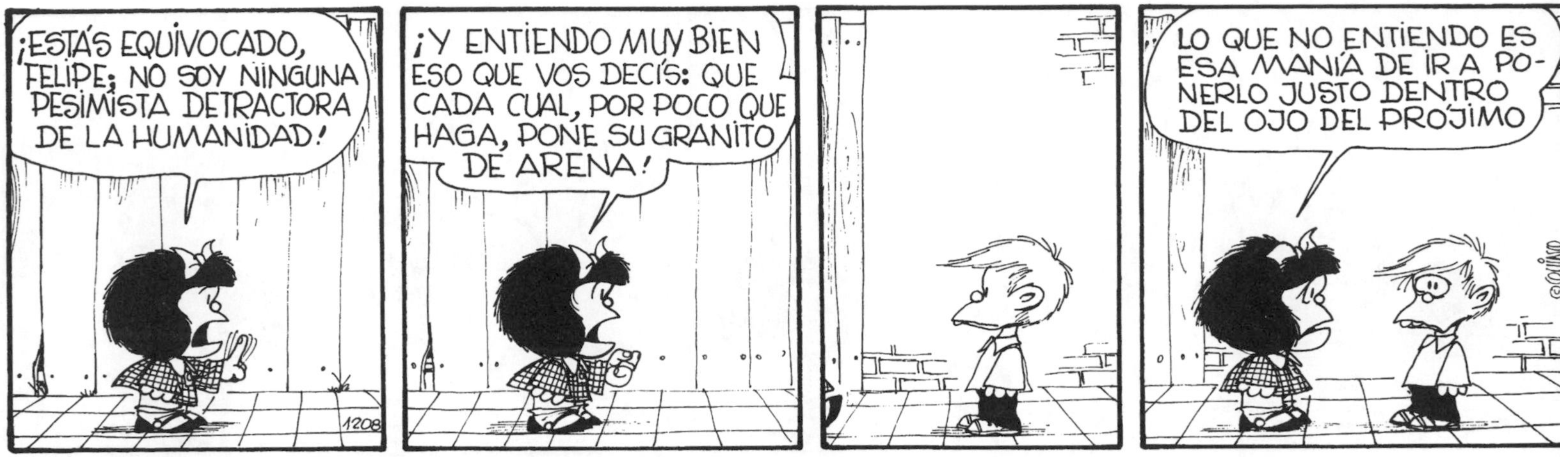
¡ESTÁS EQUIVOCADO, FELIPE; NO SOY NINGUNA PESIMISTA DETRACTORA DE LA HUMANIDAD!
¡Y ENTIENDO MUY BIEN ESO QUE VOS DECÍS: QUE CADA CUAL, POR POCO QUE HAGA, PONE SU GRANITO DE ARENA!
LO QUE NO ENTIENDO ES ESA MANÍA DE IR A PONERLO JUSTO DENTRO DEL OJO DEL PRÓJIMO

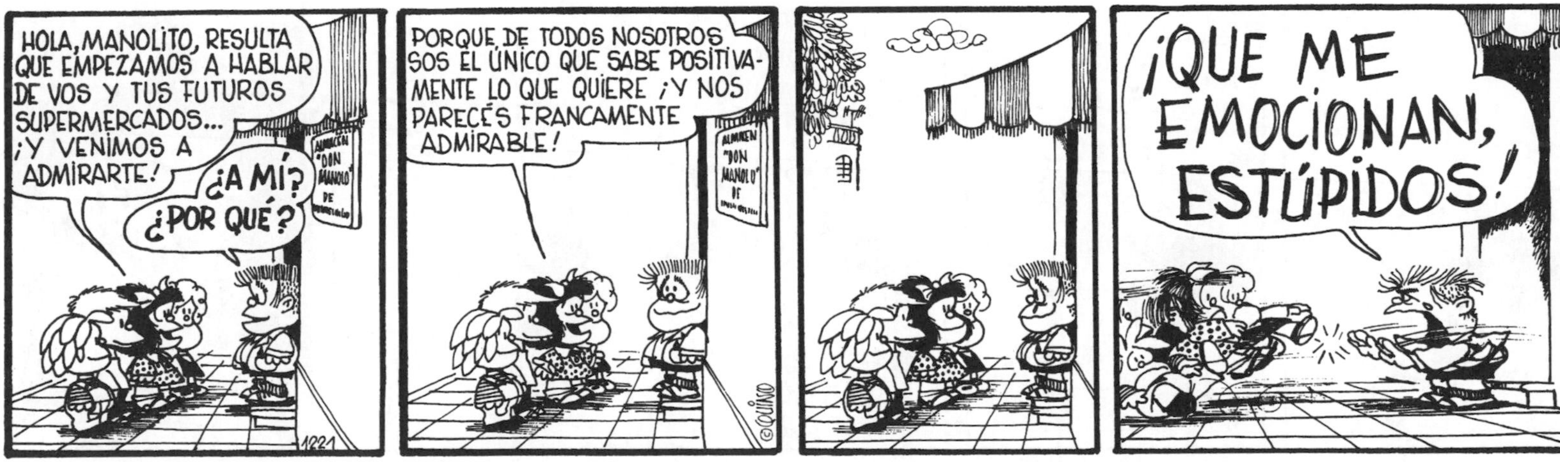
HOLA, MANOLITO, RESULTA QUE EMPEZAMOS A HABLAR DE VOS Y TUS FUTUROS SUPERMERCADOS... ¡Y VENIMOS A ADMIRARTE!
¿A MÍ? ¿POR QUÉ?
PORQUE DE TODOS NOSOTROS SOS EL ÚNICO QUE SABE POSITIVAMENTE LO QUE QUIERE ¡Y NOS PARECÉS FRANCAMENTE ADMIRABLE!
¡QUE ME EMOCIONAN, ESTÚPIDOS!

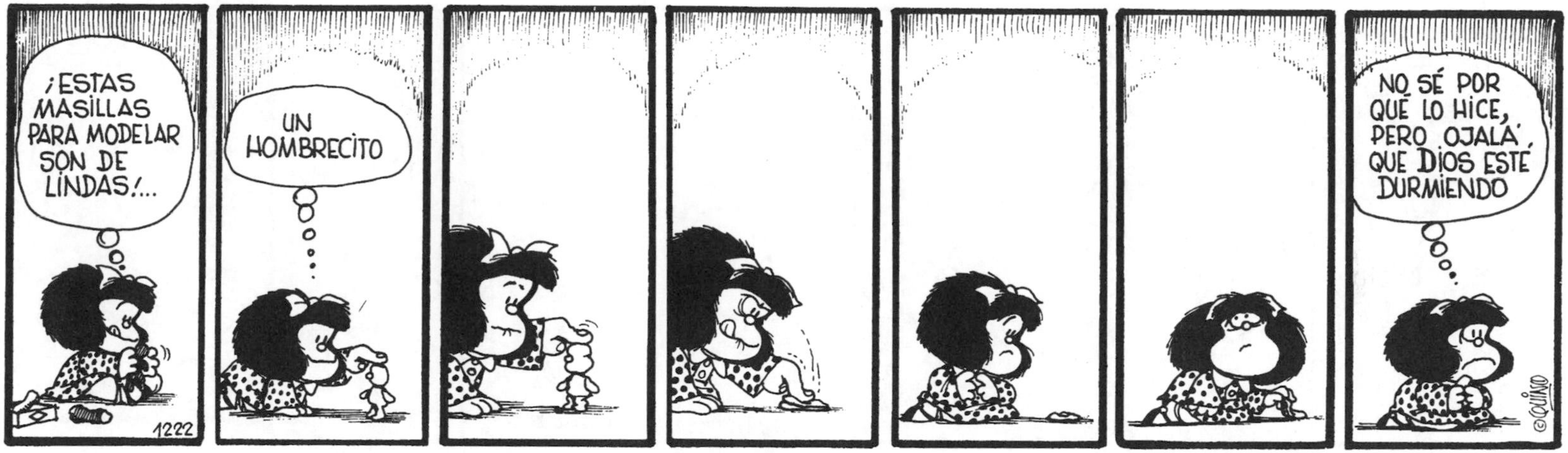
¡ESTAS MASILLAS PARA MODELAR SON DE LINDAS!...
1222
UN HOMBRECITO
NO SÉ POR QUÉ LO HICE, PERO OJALÁ QUE DIOS ESTÉ DURMIENDO
©QUINO

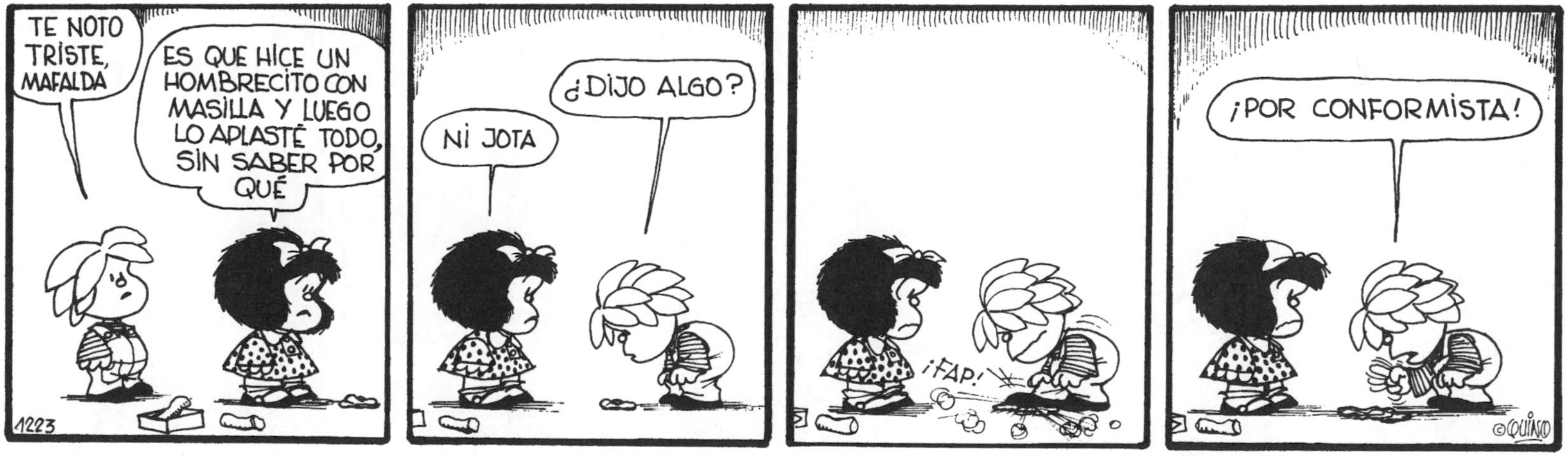
TE NOTO TRISTE, MAFALDA
ES QUE HICE UN HOMBRECITO CON MASILLA Y LUEGO LO APLASTÉ TODO, SIN SABER POR QUÉ
1223
¿DIJO ALGO?
NI JOTA
¡FAP!
¡POR CONFORMISTA!
©QUINO

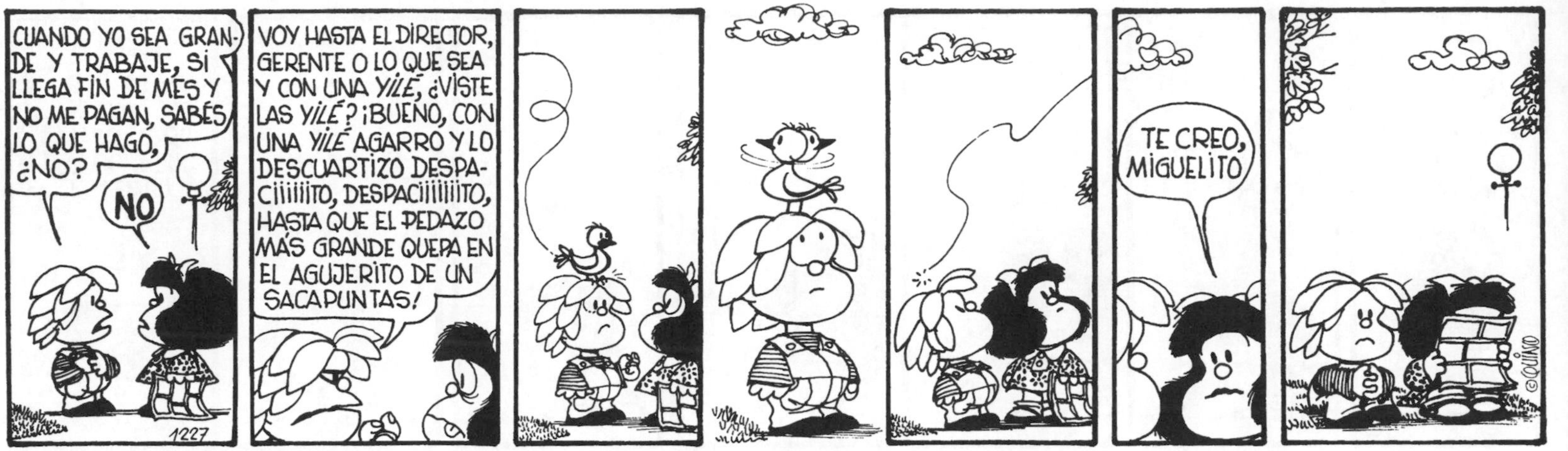
CUANDO YO SEA GRANDE Y TRABAJE, SI LLEGA FIN DE MES Y NO ME PAGAN, SABÉS LO QUE HAGO, ¿NO?
NO
1227
VOY HASTA EL DIRECTOR, GERENTE O LO QUE SEA Y CON UNA YILÉ, ¿VISTE LAS YILÉ? ¡BUENO, CON UNA YILÉ AGARRO Y LO DESCUARTIZO DESPACIIIIIITO, DESPACIIIIIIITO, HASTA QUE EL PEDAZO MÁS GRANDE QUEPA EN EL AGUJERITO DE UN SACAPUNTAS!
TE CREO, MIGUELITO
©QUINO

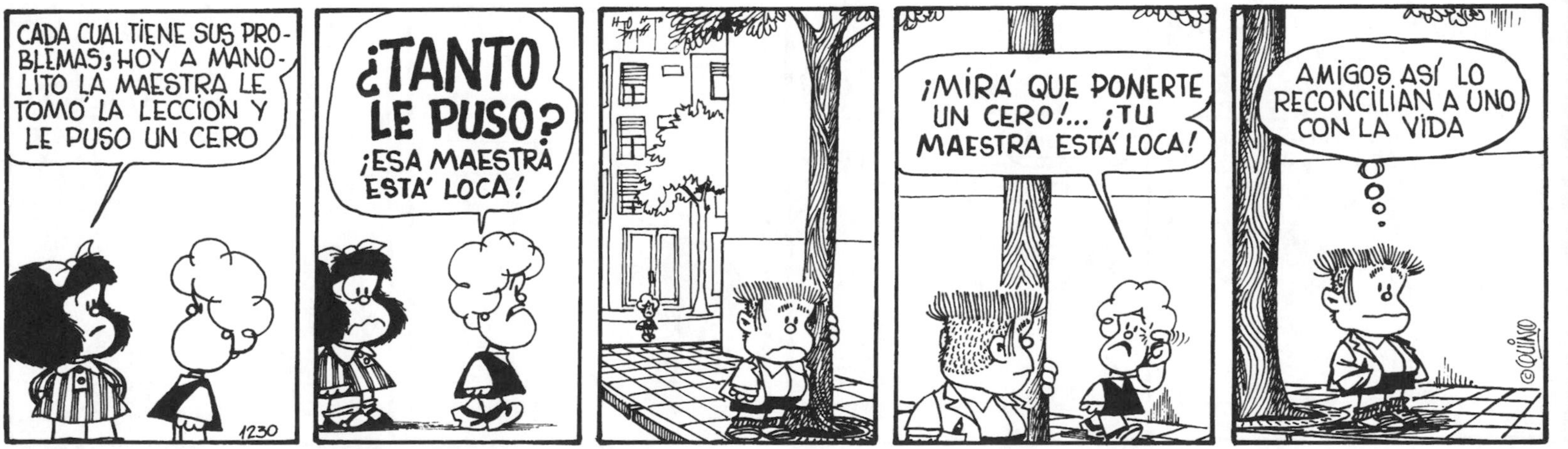
CADA CUAL TIENE SUS PROBLEMAS; HOY A MANOLITO LA MAESTRA LE TOMÓ LA LECCIÓN Y LE PUSO UN CERO
1230
¿TANTO LE PUSO? ¡ESA MAESTRA ESTÁ LOCA!
¡MIRÁ QUE PONERTE UN CERO!... ¡TU MAESTRA ESTÁ LOCA!
AMIGOS ASÍ LO RECONCILIAN A UNO CON LA VIDA
©QUINO

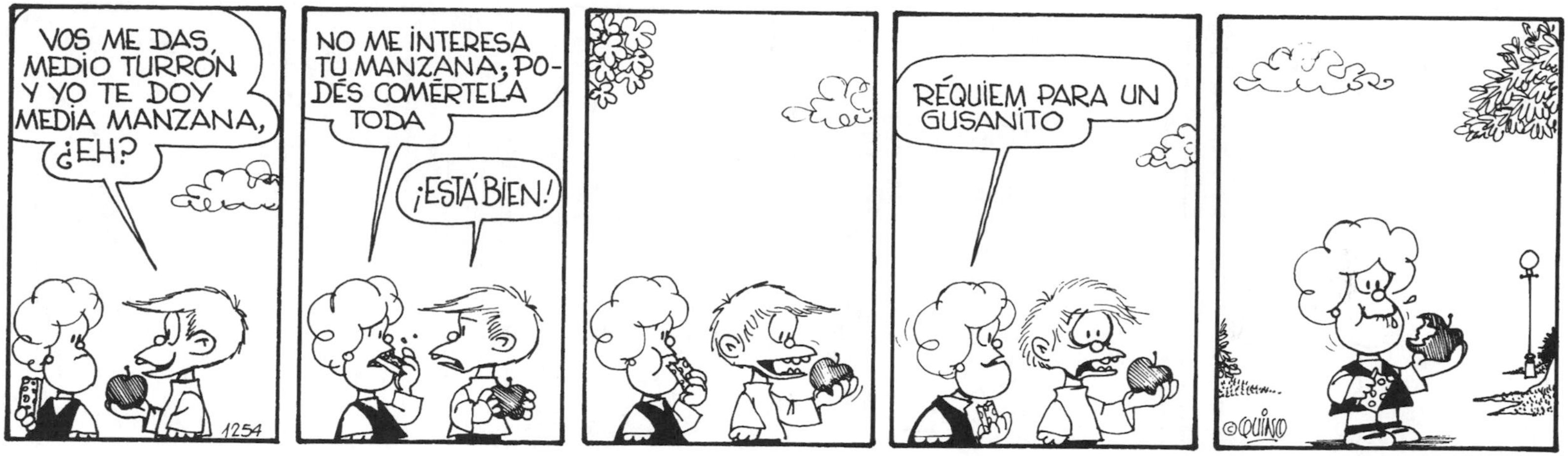
VOS ME DAS, MEDIO TURRÓN Y YO TE DOY MEDIA MANZANA, ¿EH?
1254
NO ME INTERESA TU MANZANA; PODÉS COMÉRTELA TODA
¡ESTÁ BIEN!
RÉQUIEM PARA UN GUSANITO
©QUINO

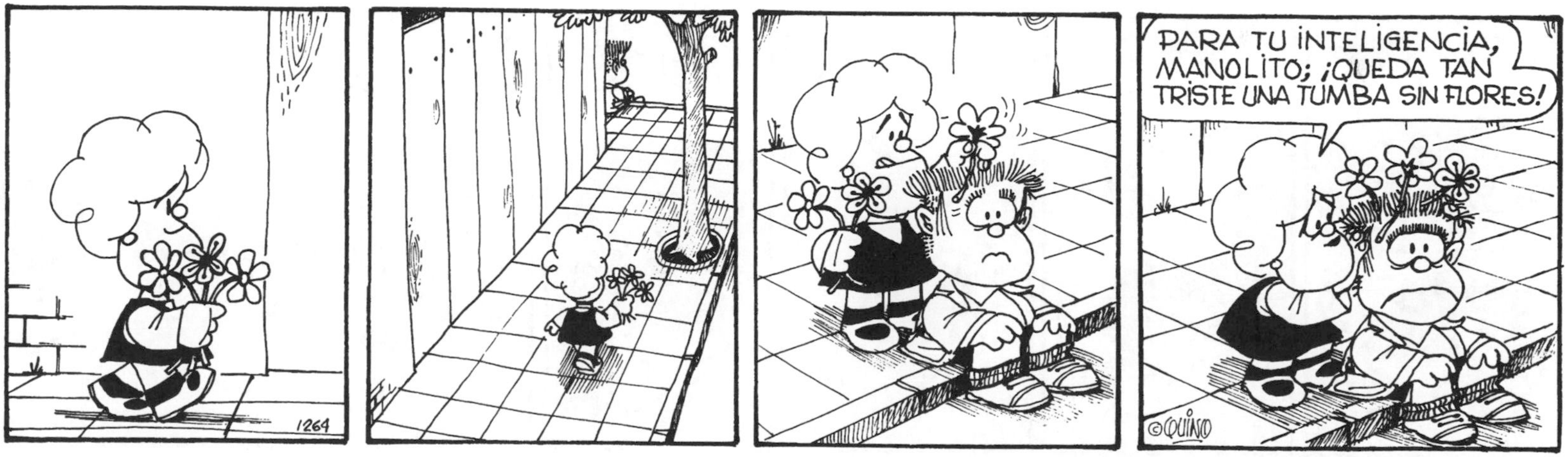
1264
PARA TU INTELIGENCIA, MANOLITO; ¡QUEDA TAN TRISTE UNA TUMBA SIN FLORES!
©QUINO

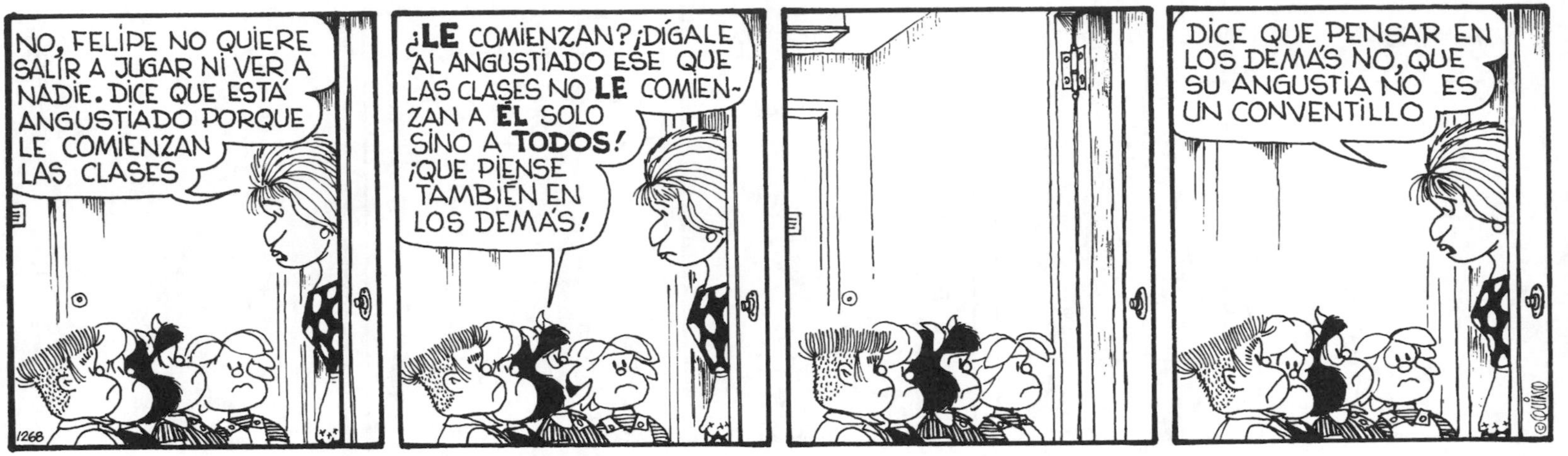
NO, FELIPE NO QUIERE SALÍR A JUGAR NÍ VER A NADIE. DICE QUE ESTÁ ANGUSTIADO PORQUE LE COMIENZAN LAS CLASES
¿LE COMIENZAN? ¡DÍGALE AL ANGUSTIADO ESE QUE LAS CLASES NO LE COMIEN- ZAN A ÉL SOLO SINO A TODOS! ¡QUE PIENSE TAMBIÉN EN LOS DEMÁS!
DICE QUE PENSAR EN LOS DEMÁS NO, QUE SU ANGUSTIA NO ES UN CONVENTILLO

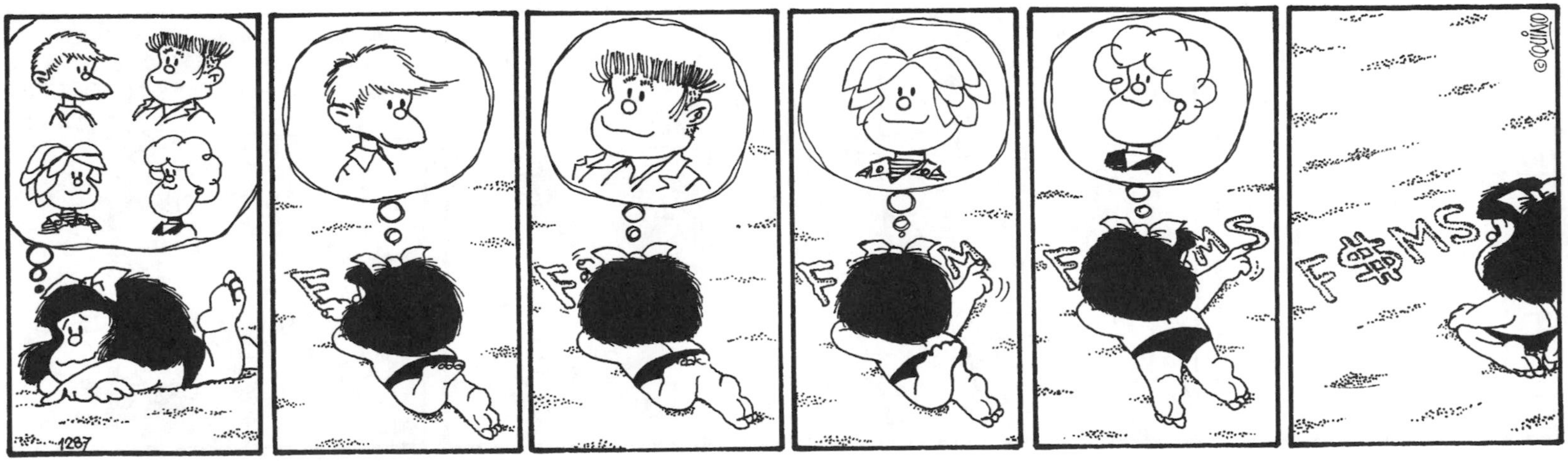

LA PRIMAVERA, CON SU ACOSTUMBRADO STOCK

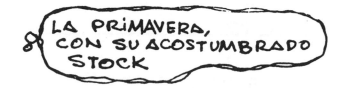

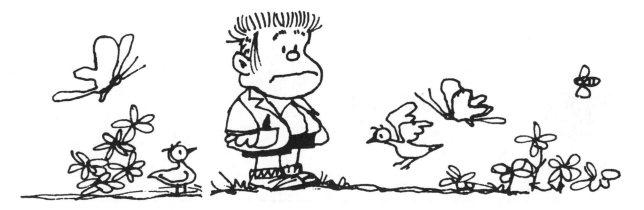

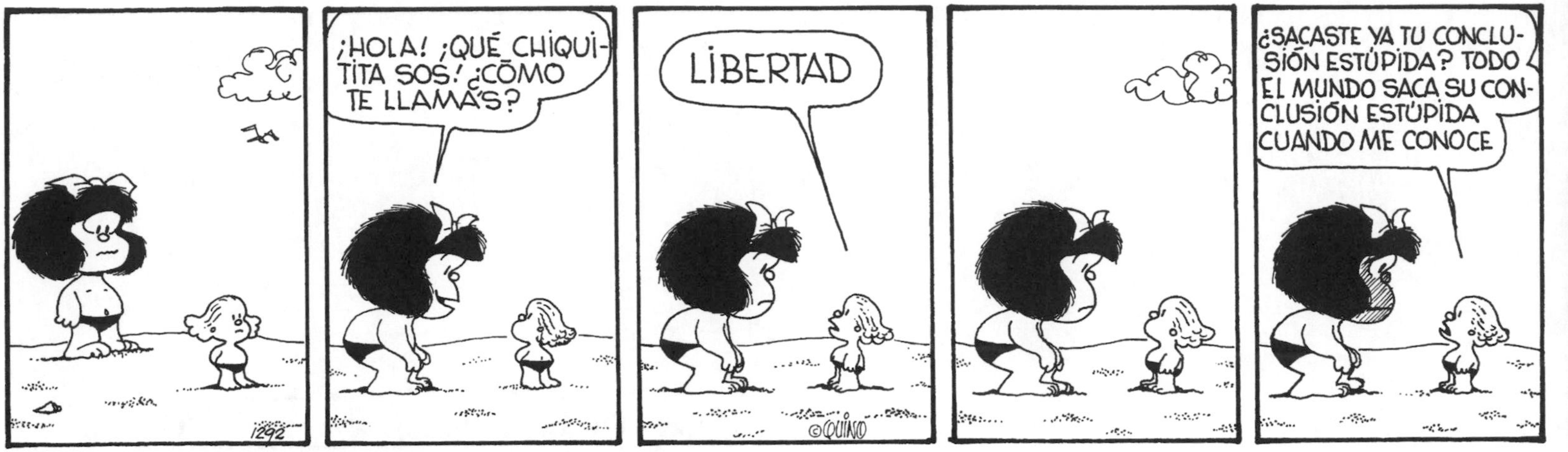
¡HOLA! ¡QUÉ CHIQUITITA SOS! ¿CÓMO TE LLAMÁS?
LIBERTAD
¿SACASTE YA TU CONCLUSIÓN ESTÚPIDA? TODO EL MUNDO SACA SU CONCLUSIÓN ESTÚPIDA CUANDO ME CONOCE
©QUINO

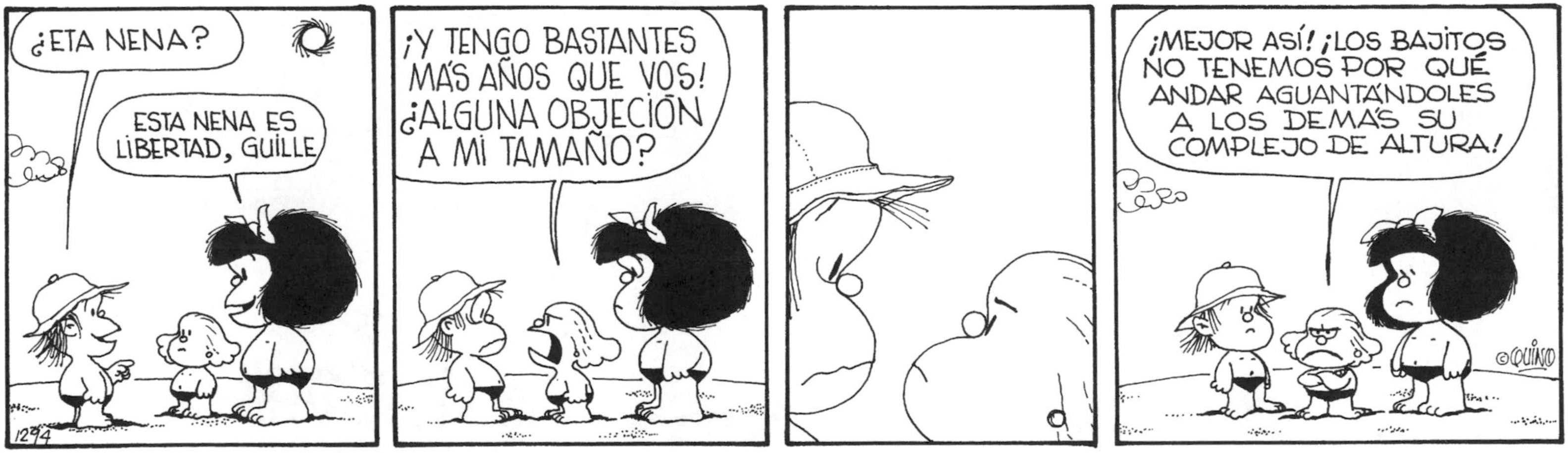
¿ETA NENA?
ESTA NENA ES LIBERTAD, GUILLE
¡Y TENGO BASTANTES MÁS AÑOS QUE VOS! ¿ALGUNA OBJECIÓN A MI TAMAÑO?
¡MEJOR ASÍ! ¡LOS BAJITOS NO TENEMOS POR QUÉ ANDAR AGUANTÁNDOLES A LOS DEMÁS SU COMPLEJO DE ALTURA!
©QUINO

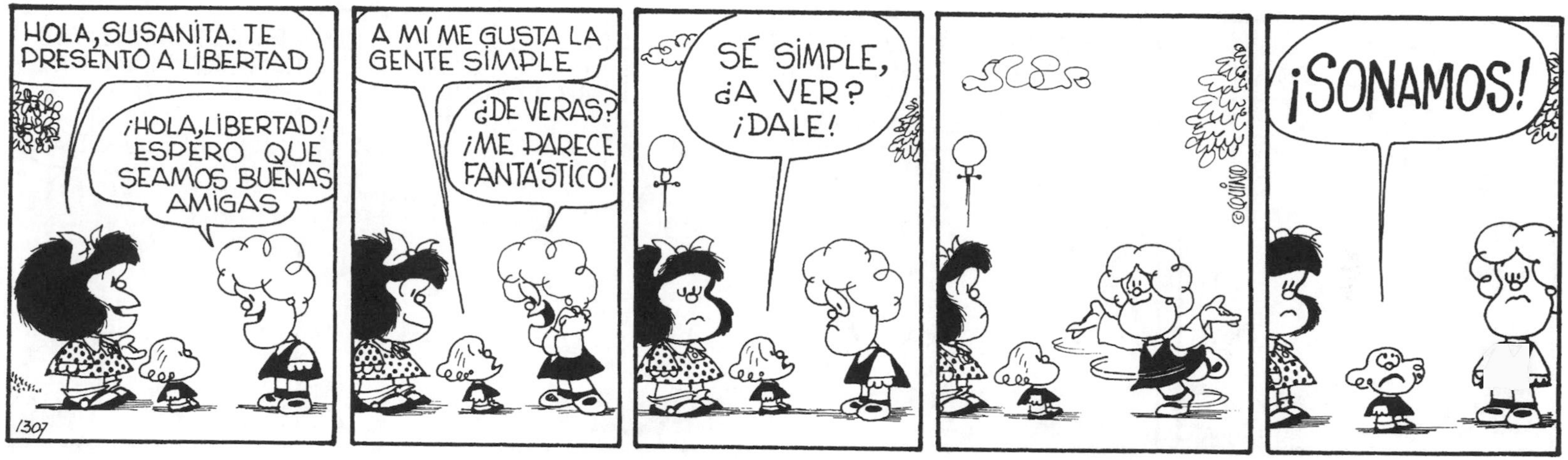
HOLA, SUSANITA. TE PRESENTO A LIBERTAD
¡HOLA, LIBERTAD! ESPERO QUE SEAMOS BUENAS AMIGAS
1307
A MÍ ME GUSTA LA GENTE SIMPLE
¿DE VERAS? ¡ME PARECE FANTÁSTICO!
SÉ SIMPLE, ¿A VER? ¡DALE!
¡SONAMOS!

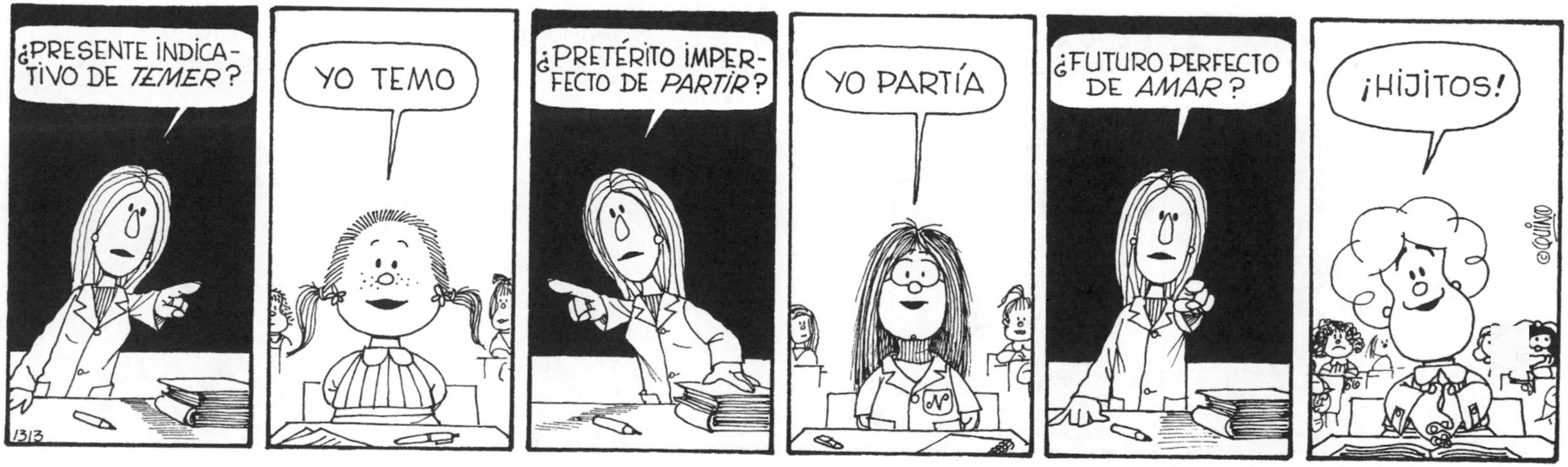
¿PRESENTE INDICATIVO DE *TEMER*?
1313
YO TEMO
¿PRETÉRITO IMPERFECTO DE *PARTIR*?
YO PARTÍA
¿FUTURO PERFECTO DE *AMAR*?
¡HIJITOS!

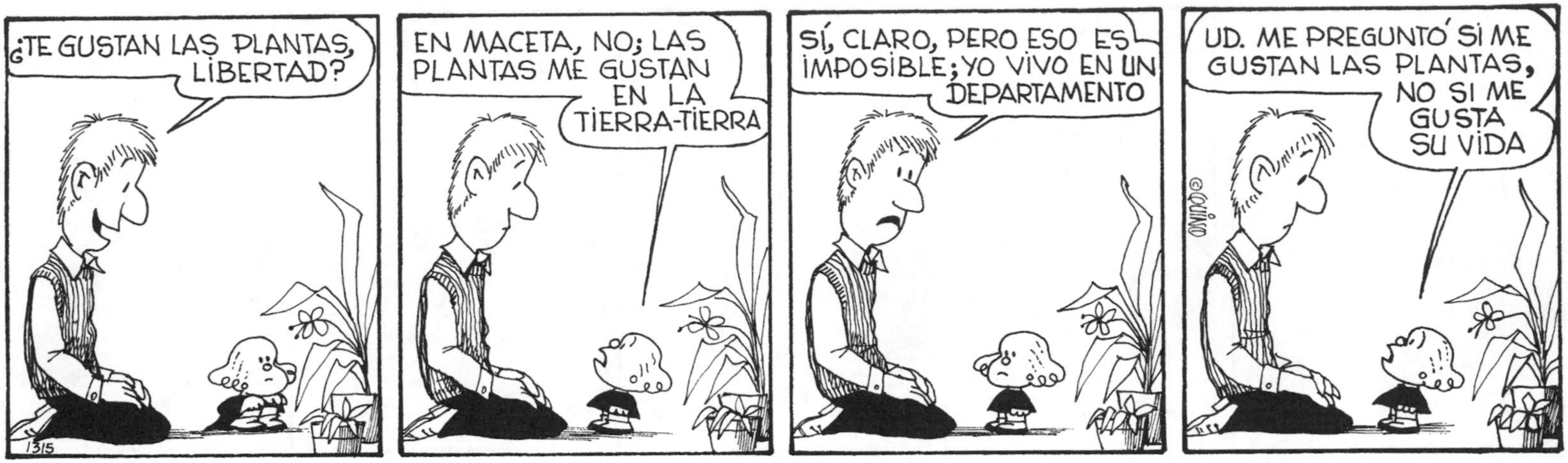
¿TE GUSTAN LAS PLANTAS, LIBERTAD?
EN MACETA, NO; LAS PLANTAS ME GUSTAN EN LA TIERRA-TIERRA
SÍ, CLARO, PERO ESO ES IMPOSIBLE; YO VIVO EN UN DEPARTAMENTO
UD. ME PREGUNTÓ SI ME GUSTAN LAS PLANTAS, NO SI ME GUSTA SU VIDA
©QUINO
1315

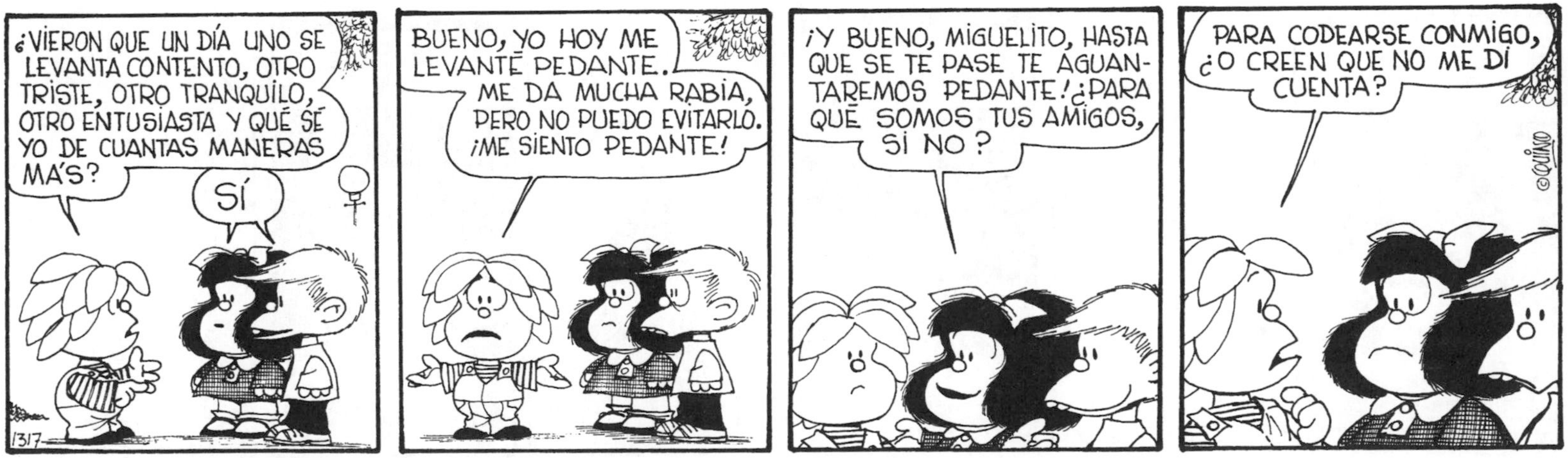
¿VIERON QUE UN DÍA UNO SE LEVANTA CONTENTO, OTRO TRISTE, OTRO TRANQUILO, OTRO ENTUSIASTA Y QUÉ SÉ YO DE CUANTAS MANERAS MÁS?
SÍ
BUENO, YO HOY ME LEVANTÉ PEDANTE.
ME DA MUCHA RABIA, PERO NO PUEDO EVITARLO. ¡ME SIENTO PEDANTE!
¡Y BUENO, MIGUELITO, HASTA QUE SE TE PASE TE AGUANTAREMOS PEDANTE! ¿PARA QUÉ SOMOS TUS AMIGOS, SI NO?
PARA CODEARSE CONMIGO, ¿O CREEN QUE NO ME DÍ CUENTA?
©QUINO
1317

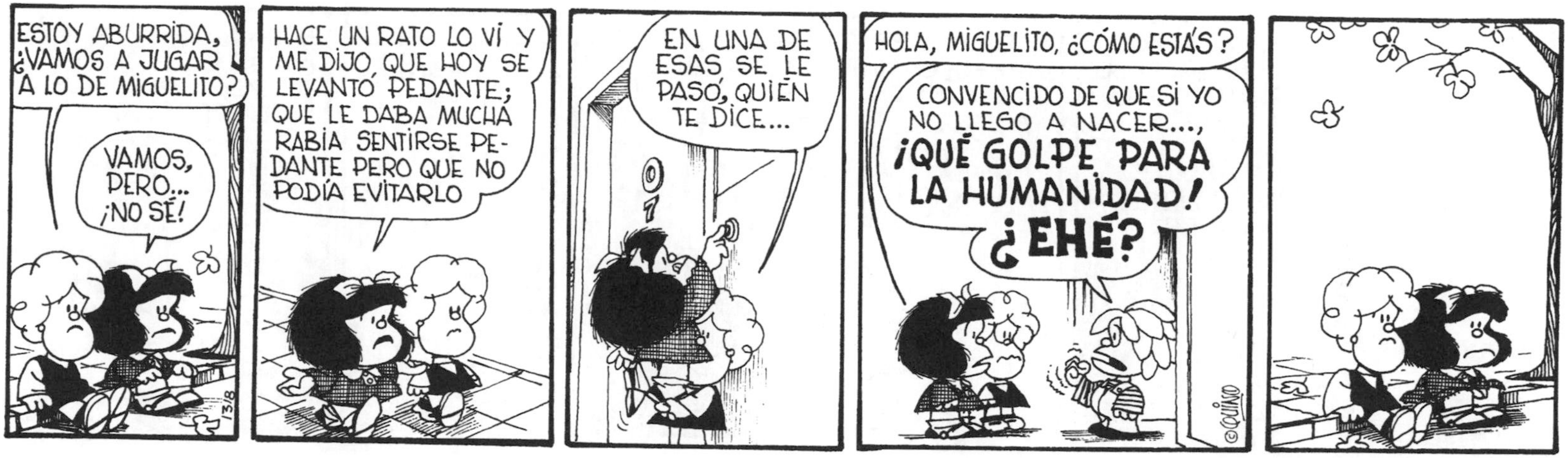
ESTOY ABURRIDA, ¿VAMOS A JUGAR A LO DE MIGUELITO?
VAMOS, PERO... ¡NO SÉ!
1318
HACE UN RATO LO VÍ Y ME DIJO, QUE HOY SE LEVANTÓ PEDANTE; QUE LE DABA MUCHA RABIA SENTIRSE PEDANTE PERO QUE NO PODÍA EVITARLO
EN UNA DE ESAS SE LE PASÓ, QUIÉN TE DICE...
HOLA, MIGUELITO, ¿CÓMO ESTÁS?
CONVENCIDO DE QUE SI YO NO LLEGO A NACER..., ¡QUÉ GOLPE PARA LA HUMANIDAD! ¿EHÉ?
© QUINO

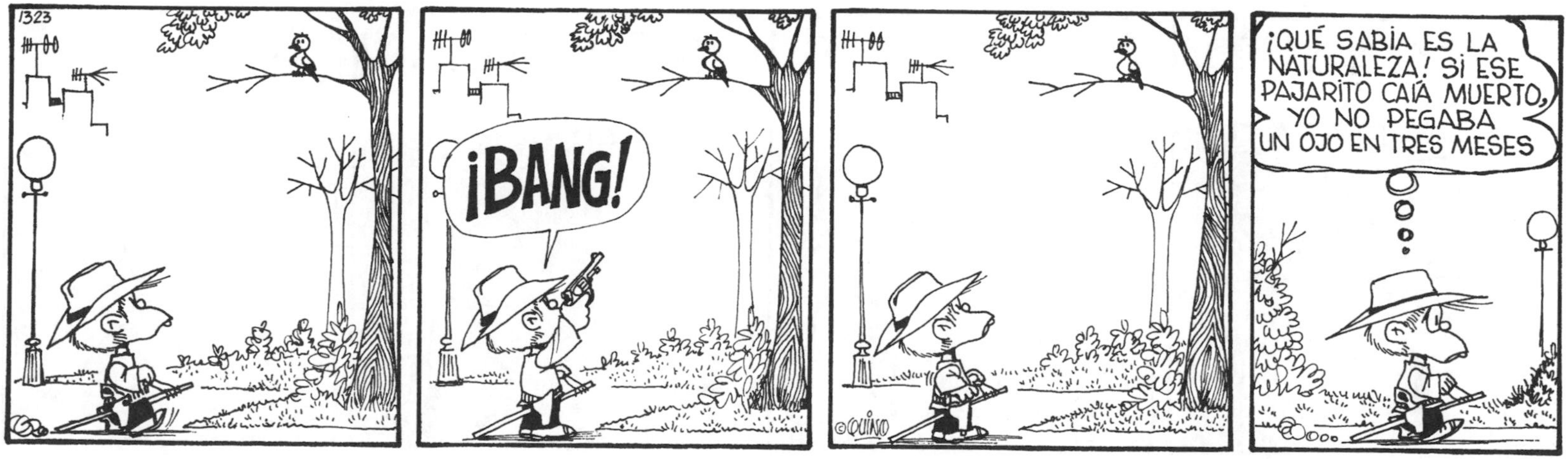
1323
¡BANG!
© QUINO
¡QUÉ SABIA ES LA NATURALEZA! SI ESE PAJARITO CAÍA MUERTO, YO NO PEGABA UN OJO EN TRES MESES

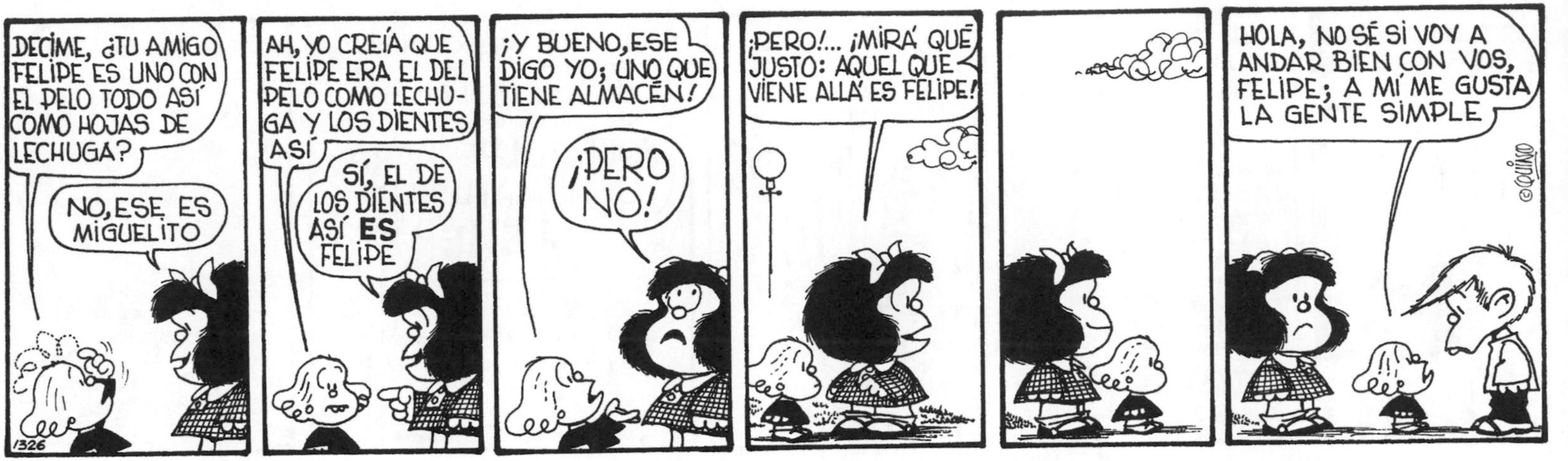
DECIME, ¿TU AMIGO FELIPE ES UNO CON EL PELO TODO ASÍ COMO HOJAS DE LECHUGA?
NO, ESE ES MIGUELITO
1326
AH, YO CREÍA QUE FELIPE ERA EL DEL PELO COMO LECHUGA Y LOS DIENTES ASÍ
SÍ, EL DE LOS DIENTES ASÍ ES FELIPE
¡Y BUENO, ESE DIGO YO; UNO QUE TIENE ALMACÉN!
¡PERO NO!
¡PERO!... ¡MIRÁ QUÉ JUSTO: AQUEL QUE VIENE ALLÁ ES FELIPE!
HOLA, NO SÉ SI VOY A ANDAR BIEN CON VOS, FELIPE; A MÍ ME GUSTA LA GENTE SIMPLE
© QUINO

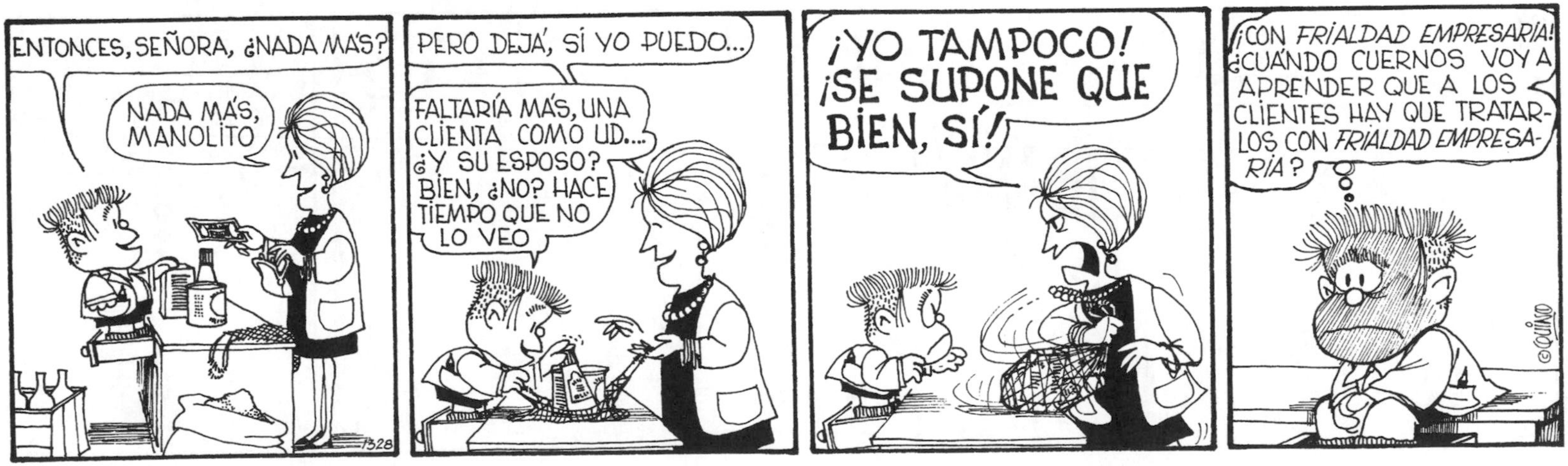
ENTONCES, SEÑORA, ¿NADA MÁS?
NADA MÁS, MANOLITO
1328
PERO DEJÁ, SÍ YO PUEDO...
FALTARÍA MÁS, UNA CLIENTA COMO UD... ¿Y SU ESPOSO? BIEN, ¿NO? HACE TIEMPO QUE NO LO VEO
¡YO TAMPOCO! ¡SE SUPONE QUE BIEN, SÍ!
¡CON FRIALDAD EMPRESARIA! ¿CUÁNDO CUERNOS VOY A APRENDER QUE A LOS CLIENTES HAY QUE TRATARLOS CON FRIALDAD EMPRESARIA?
© QUINO

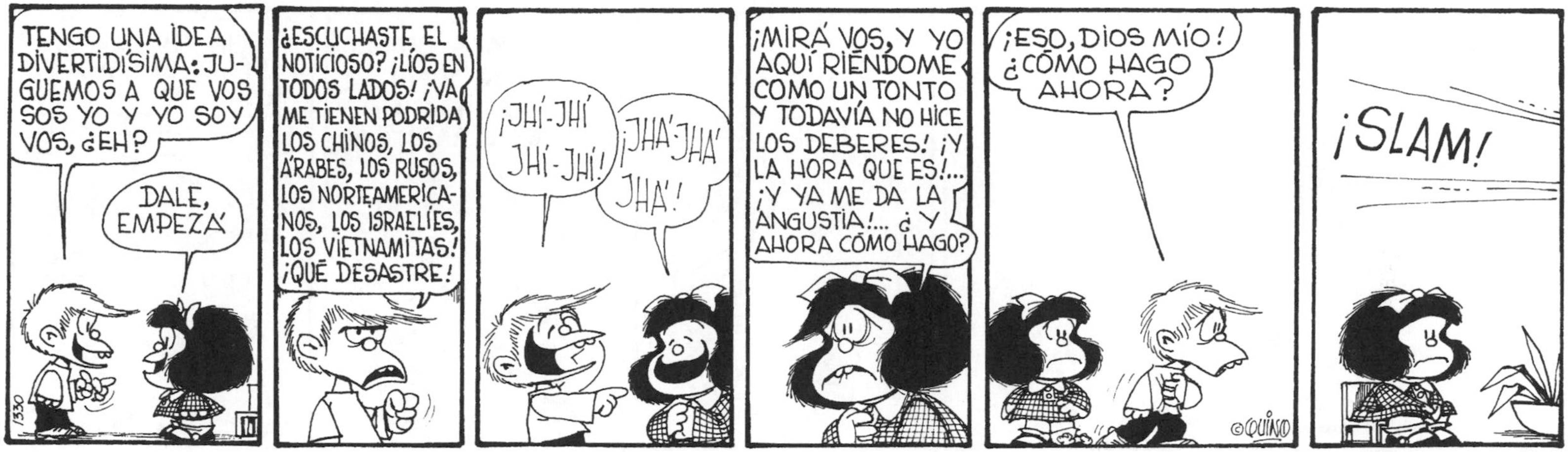

TENGO UNA IDEA DIVERTIDÍSIMA: JUGUEMOS A QUE VOS SOS YO Y YO SOY VOS, ¿EH?
DALE, EMPEZÁ
¿ESCUCHASTE EL NOTICIOSO? ¡LÍOS EN TODOS LADOS! ¡YA ME TIENEN PODRIDA LOS CHINOS, LOS ÁRABES, LOS RUSOS, LOS NORTEAMERICANOS, LOS ISRAELÍES, LOS VIETNAMITAS! ¡QUÉ DESASTRE!
¡JHÍ-JHÍ JHÍ-JHÍ!
¡JHA-JHA JHA!
¡MIRÁ VOS, Y YO AQUÍ RIÉNDOME COMO UN TONTO Y TODAVÍA NO HICE LOS DEBERES! ¡Y LA HORA QUE ES!... ¡Y YA ME DA LA ANGUSTIA!... ¿Y AHORA CÓMO HAGO?
¡ESO, DIOS MÍO! ¿CÓMO HAGO AHORA?
¡SLAM!

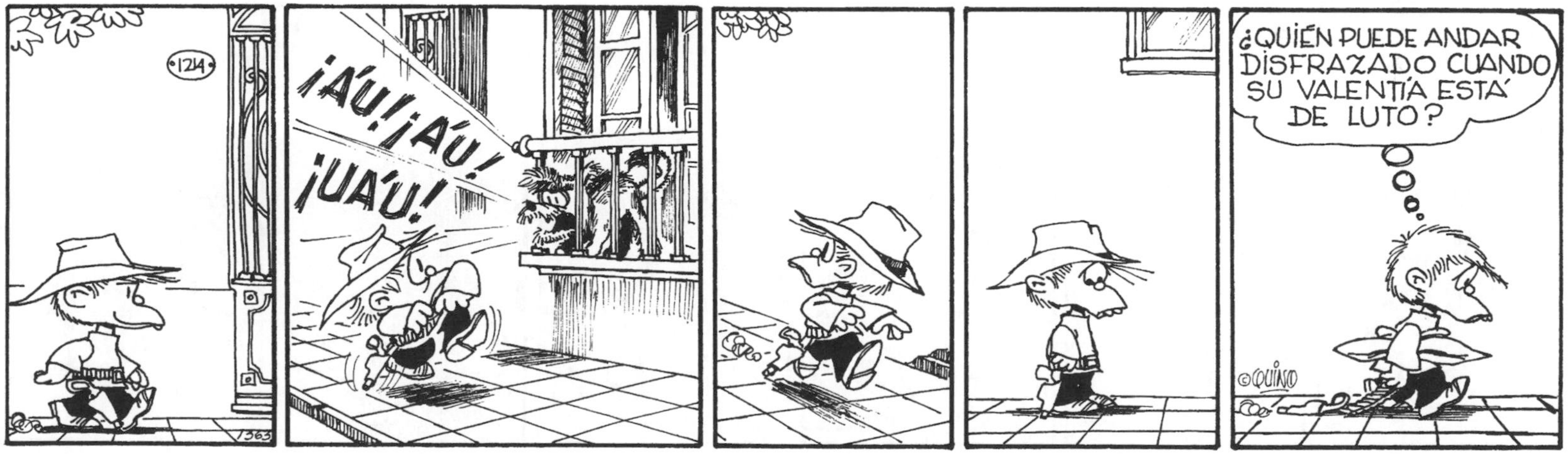

¡AÚ! ¡AÚ! ¡UAÚ!
¿QUIÉN PUEDE ANDAR DISFRAZADO CUANDO SU VALENTÍA ESTÁ DE LUTO?

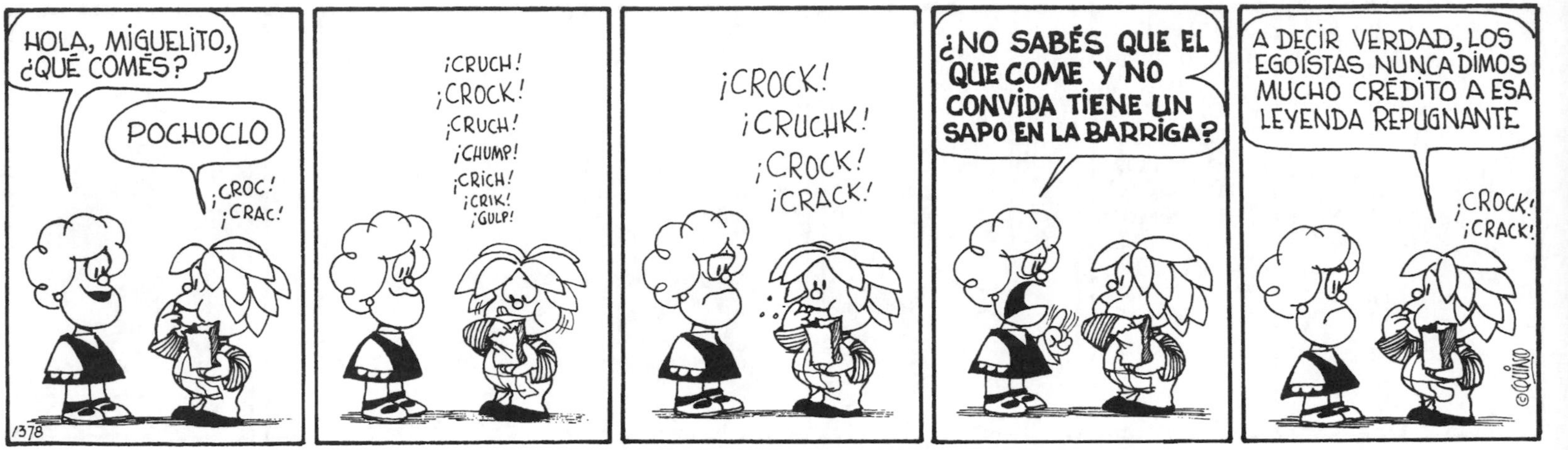
HOLA, MIGUELITO, ¿QUÉ COMÉS?
POCHOCLO
¡CROC! ¡CRAC!
¡CRUCH! ¡CROCK! ¡CRUCH! ¡CHUMP! ¡CRICH! ¡CRIK! ¡GULP!
¡CROCK! ¡CRUCHK! ¡CROCK! ¡CRACK!
¿NO SABÉS QUE EL QUE COME Y NO CONVIDA TIENE UN SAPO EN LA BARRIGA?
A DECIR VERDAD, LOS EGOÍSTAS NUNCA DIMOS MUCHO CRÉDITO A ESA LEYENDA REPUGNANTE
¡CROCK! ¡CRACK!
1378

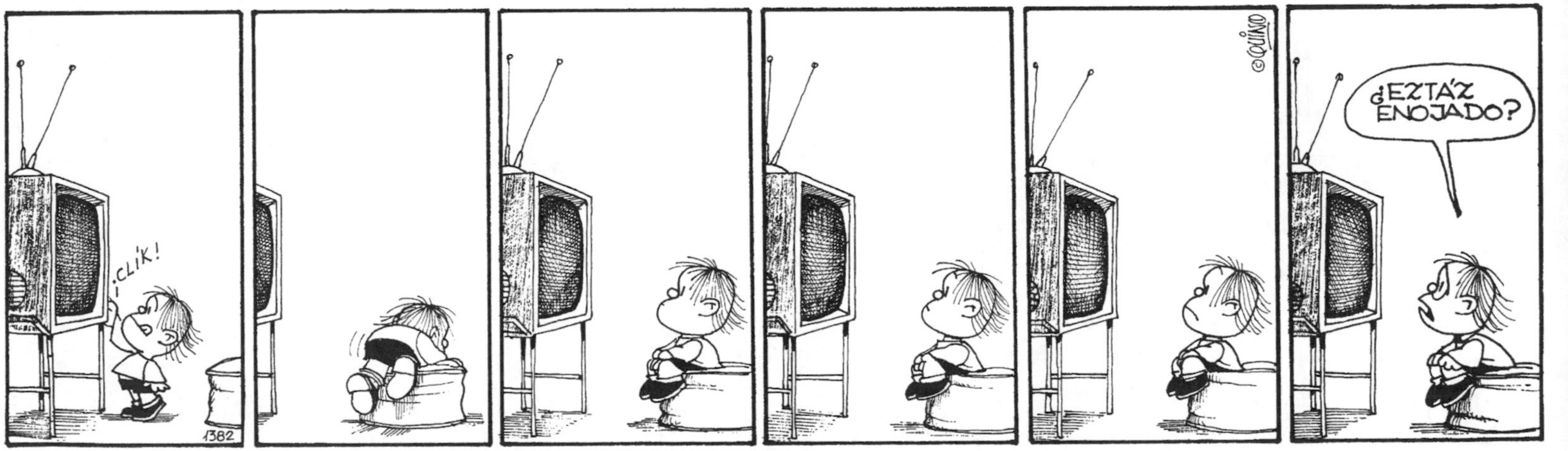
¡CLIK!
1382
¿EZTÁZ ENOJADO?

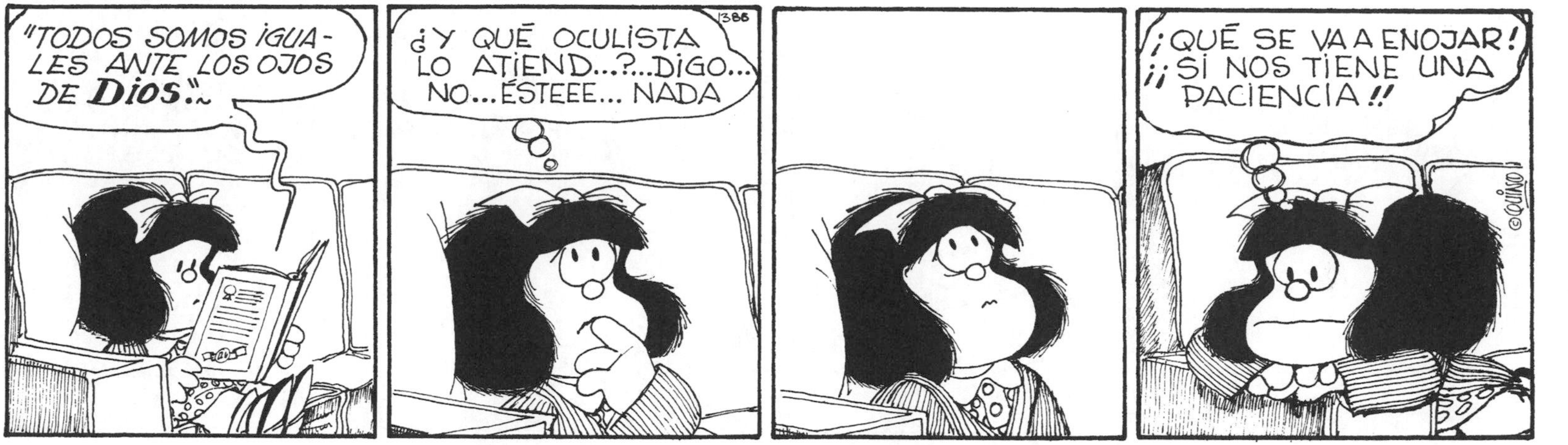
"TODOS SOMOS IGUALES ANTE LOS OJOS DE DIOS"...
¿Y QUÉ OCULISTA LO ATIEND...?...DIGO... NO...ÉSTEEE... NADA
¡QUÉ SE VA A ENOJAR! ¡¡SÍ NOS TIENE UNA PACIENCIA!!

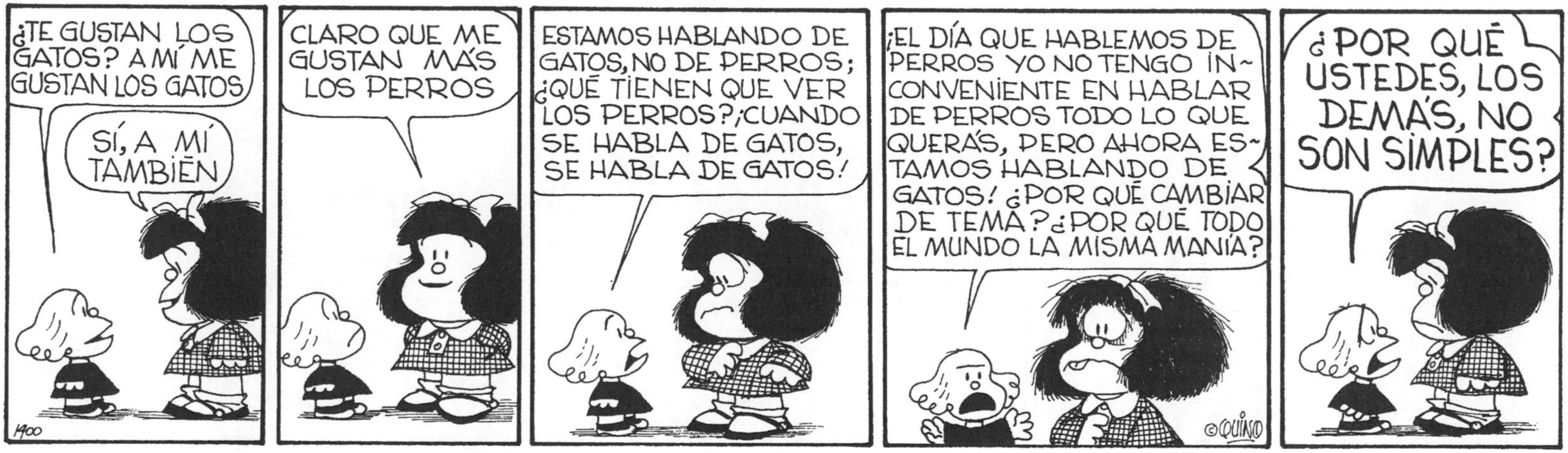
¿TE GUSTAN LOS GATOS? A MÍ ME GUSTAN LOS GATOS
SÍ, A MÍ TAMBIÉN
CLARO QUE ME GUSTAN MÁS LOS PERROS
ESTAMOS HABLANDO DE GATOS, NO DE PERROS; ¿QUÉ TIENEN QUE VER LOS PERROS? ¡CUANDO SE HABLA DE GATOS, SE HABLA DE GATOS!
¡EL DÍA QUE HABLEMOS DE PERROS YO NO TENGO INCONVENIENTE EN HABLAR DE PERROS TODO LO QUE QUERÁS, PERO AHORA ESTAMOS HABLANDO DE GATOS! ¿POR QUÉ CAMBIAR DE TEMA? ¿POR QUÉ TODO EL MUNDO LA MISMA MANÍA?
¿POR QUÉ USTEDES, LOS DEMÁS, NO SON SIMPLES?

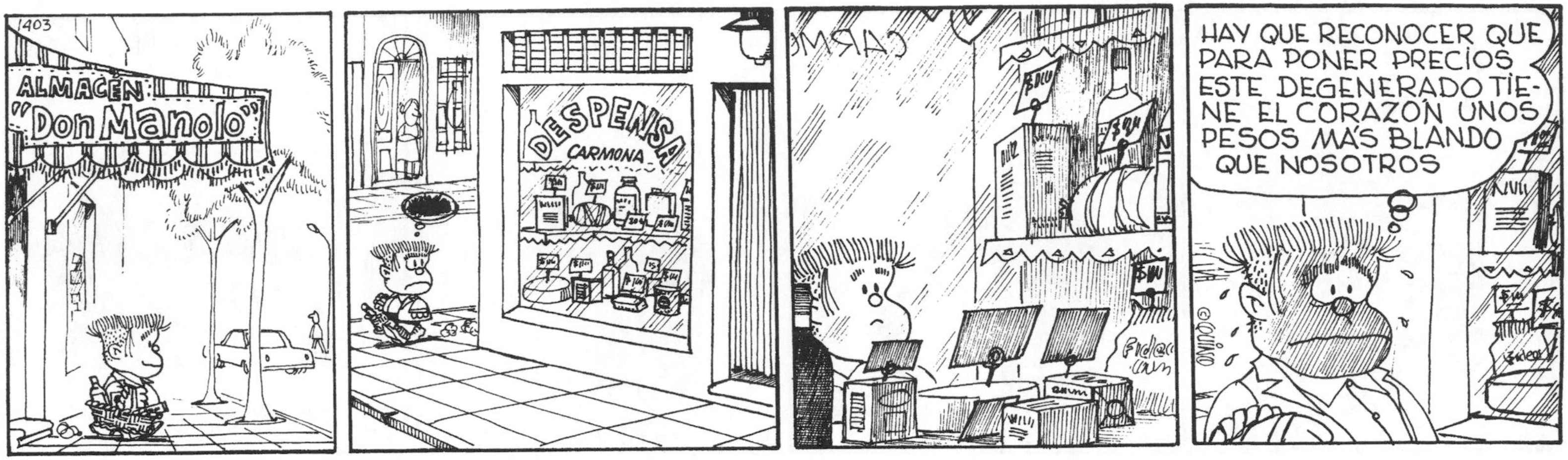
1403
ALMACÉN
"Don Manolo"
DESPENSA
CARMONA
HAY QUE RECONOCER QUE PARA PONER PRECIOS ESTE DEGENERADO TIENE EL CORAZÓN UNOS PESOS MÁS BLANDO QUE NOSOTROS
© QUINO

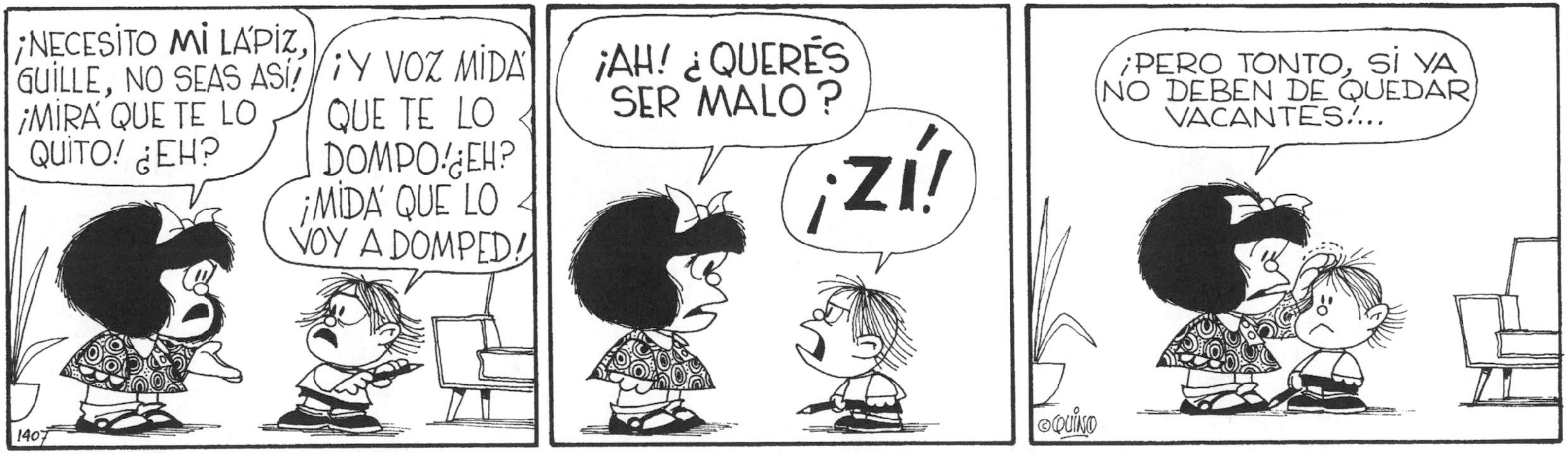
1407
¡NECESITO MI LÁPIZ, GUILLE, NO SEAS ASÍ! ¡MIRÁ QUE TE LO QUITO! ¿EH?
¡Y VOZ MIDÁ QUE TE LO DOMPO! ¿EH? ¡MIDÁ QUE LO VOY A DOMPED!
¡AH! ¿QUERÉS SER MALO?
¡ZÍ!
¡PERO TONTO, SI YA NO DEBEN DE QUEDAR VACANTES!...
© QUINO

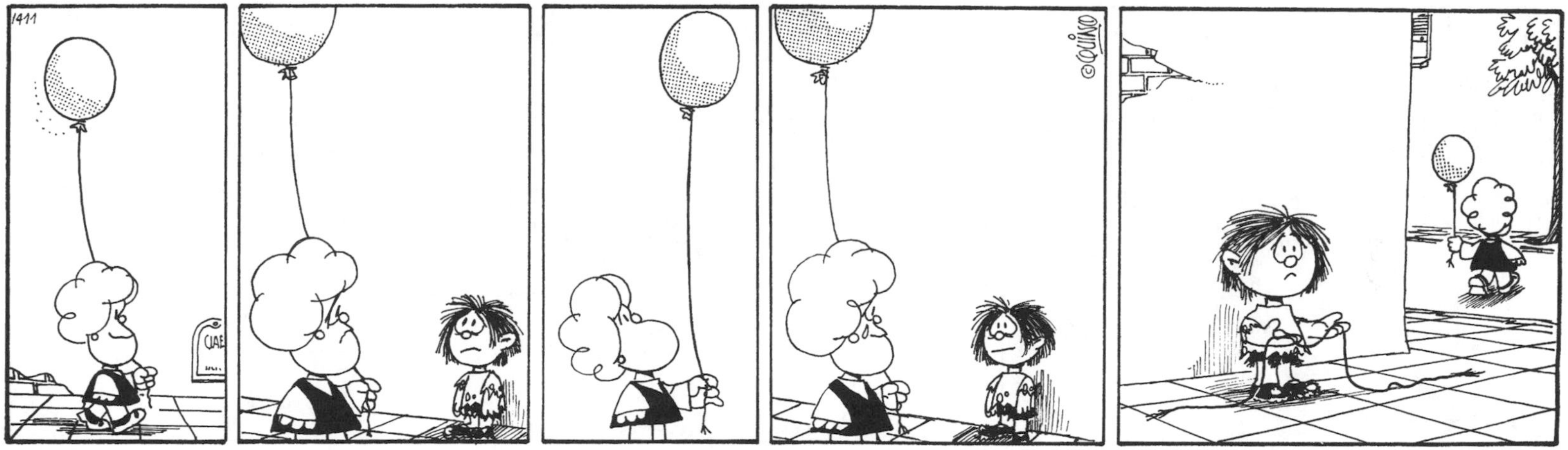
1411
©QUINO

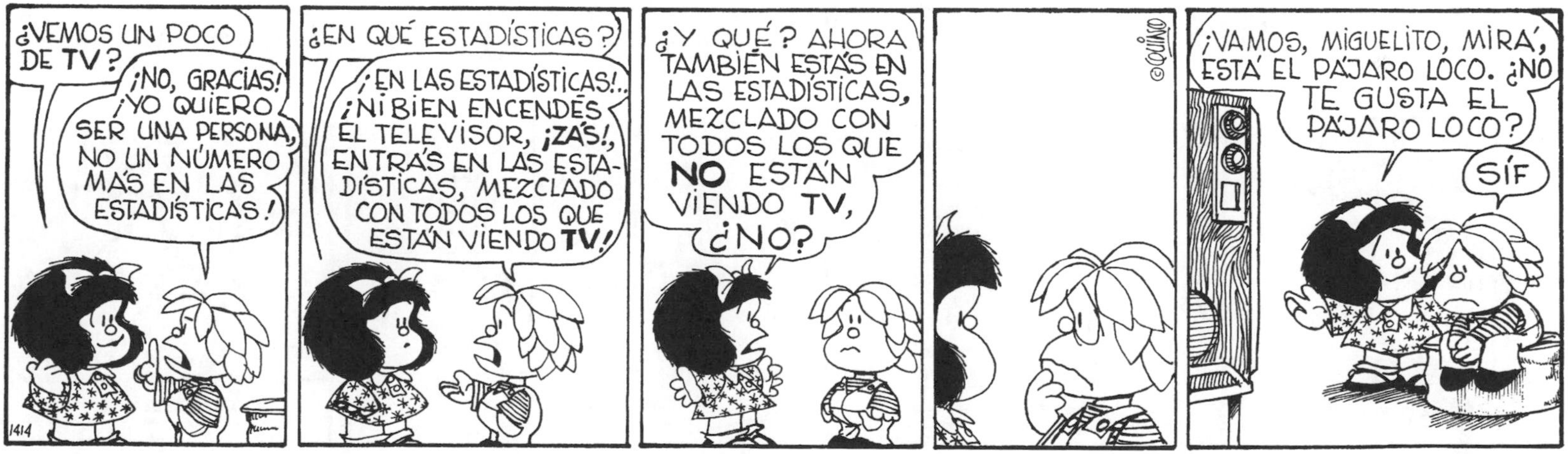
¿VEMOS UN POCO DE TV?
¡NO, GRACIAS! ¡YO QUIERO SER UNA PERSONA, NO UN NÚMERO MÁS EN LAS ESTADÍSTICAS!
1414
¿EN QUÉ ESTADÍSTICAS?
¡EN LAS ESTADÍSTICAS!.. ¡NI BIEN ENCENDÉS EL TELEVISOR, ¡ZÁS!, ENTRÁS EN LAS ESTADÍSTICAS, MEZCLADO CON TODOS LOS QUE ESTÁN VIENDO TV!
¿Y QUÉ? AHORA TAMBIÉN ESTÁS EN LAS ESTADÍSTICAS, MEZCLADO CON TODOS LOS QUE NO ESTÁN VIENDO TV, ¿NO?
©QUINO
¡VAMOS, MIGUELITO, MIRÁ, ESTÁ EL PÁJARO LOCO. ¿NO TE GUSTA EL PÁJARO LOCO?
SÍF

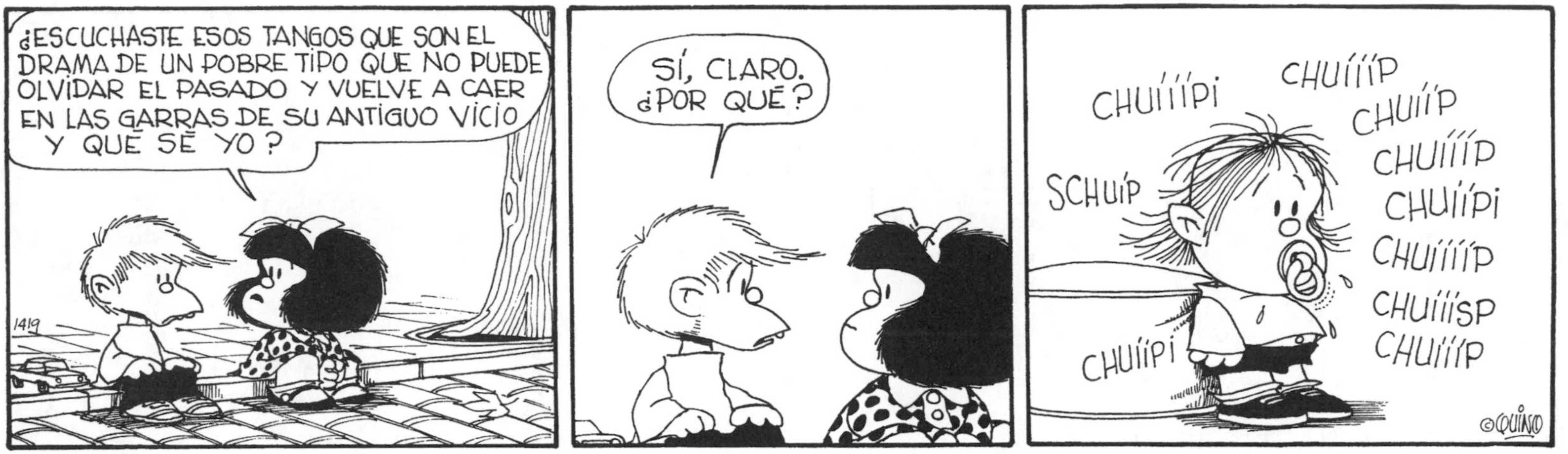
¿ESCUCHASTE ESOS TANGOS QUE SON EL DRAMA DE UN POBRE TIPO QUE NO PUEDE OLVIDAR EL PASADO Y VUELVE A CAER EN LAS GARRAS DE SU ANTIGUO VICIO Y QUÉ SÉ YO?
1419
SÍ, CLARO. ¿POR QUÉ?
CHUÍÍÍPI
CHUÍÍÍP
CHUÍÍP
SCHUÍP
CHUÍÍÍP
CHUÍÍPI
CHUÍÍÍÍP
CHUÍÍPI
CHUÍÍÍSP
CHUÍÍÍP
©QUINO

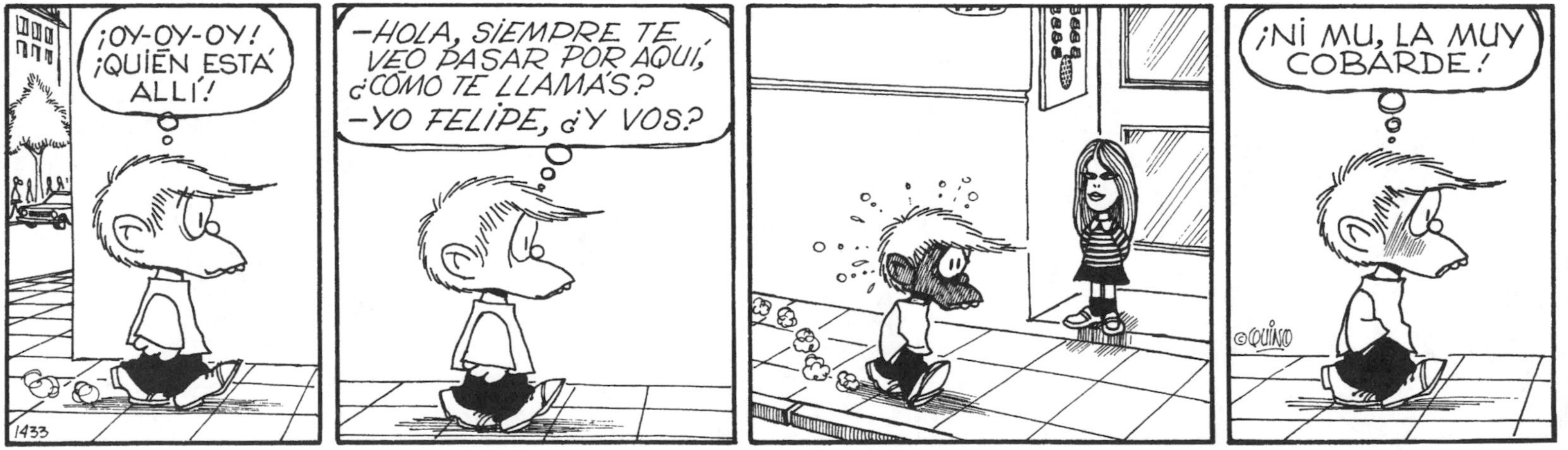
¡OY-OY-OY! ¡QUIÉN ESTÁ ALLÍ!
1433
–HOLA, SIEMPRE TE VEO PASAR POR AQUÍ, ¿CÓMO TE LLAMÁS?
–YO FELIPE, ¿Y VOS?
©QUINO
¡NI MU, LA MUY COBARDE!

¡DEBO LLEGAR AL RANCHO DE MULLIGAN ANTES DE QUE ESOS FORAJIDOS LLEVEN A CABO SU PLAN!

¡OH-OH, QUIÉN SE A ¡GLUP! CERCA!

¡LLEBO DEGAR AL MULLI DE RANCHIGAN ANQUES DE TE SOSE FORALLIVOS JEBEN A PLABO SU CAN!

¡BEGO MULLAR RALANCHO GUE LLUMIQAN DANFEDTISOS FORJASVITPS PELLEB NA CAQSO UP ALN!

almacén Don Mando almacén Don Mando almacén Don Mando almacén Don Mando almacén Don Mando almacén Don Mando almacén Don Mando almacén Don Mando

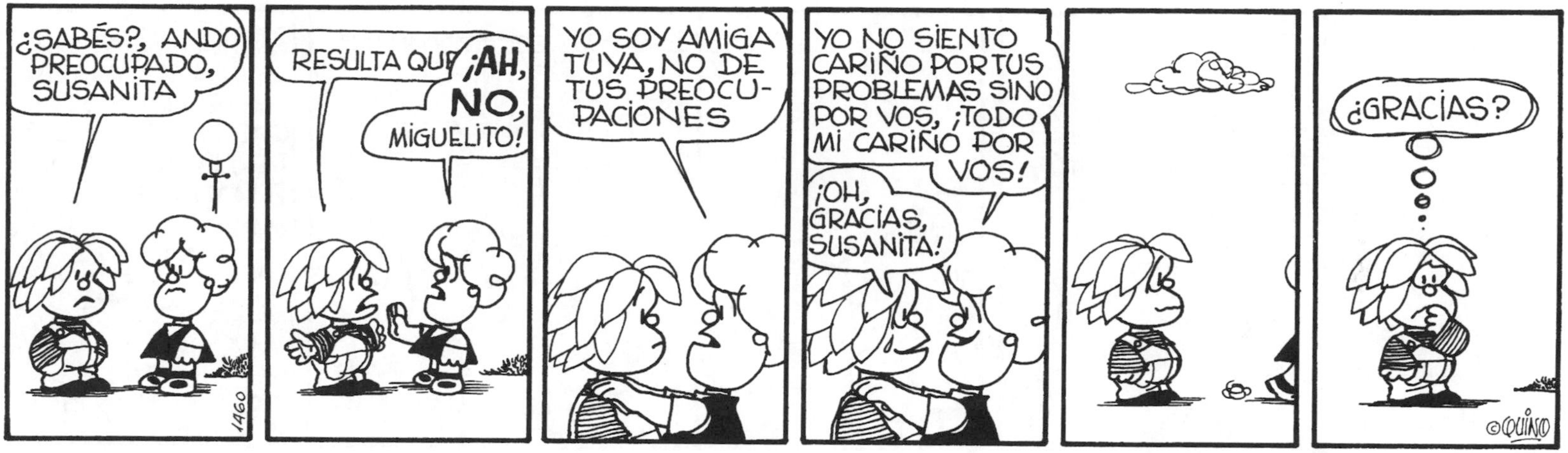
¿SABÉS?, ANDO PREOCUPADO, SUSANITA
RESULTA QUE
¡AH, NO, MIGUELITO!
YO SOY AMIGA TUYA, NO DE TUS PREOCUPACIONES
YO NO SIENTO CARIÑO POR TUS PROBLEMAS SINO POR VOS, ¡TODO MI CARIÑO POR VOS!
¡OH, GRACIAS, SUSANITA!
¿GRACIAS?
©QUINO

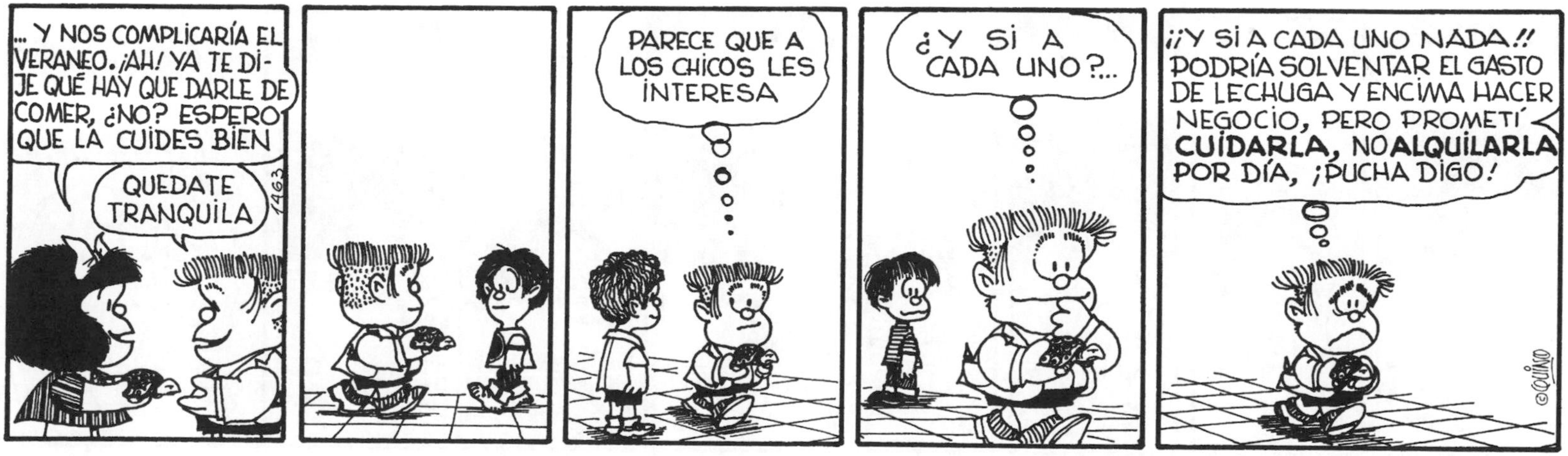
... Y NOS COMPLICARÍA EL VERANEO. ¡AH! YA TE DIJE QUÉ HAY QUE DARLE DE COMER, ¿NO? ESPERO QUE LA CUIDES BIEN
QUEDATE TRANQUILA
PARECE QUE A LOS CHICOS LES INTERESA
¿Y SI A CADA UNO?...
¡¡Y SI A CADA UNO NADA!! PODRÍA SOLVENTAR EL GASTO DE LECHUGA Y ENCIMA HACER NEGOCIO, PERO PROMETÍ CUIDARLA, NO ALQUILARLA POR DÍA, ¡PUCHA DIGO!
©QUINO

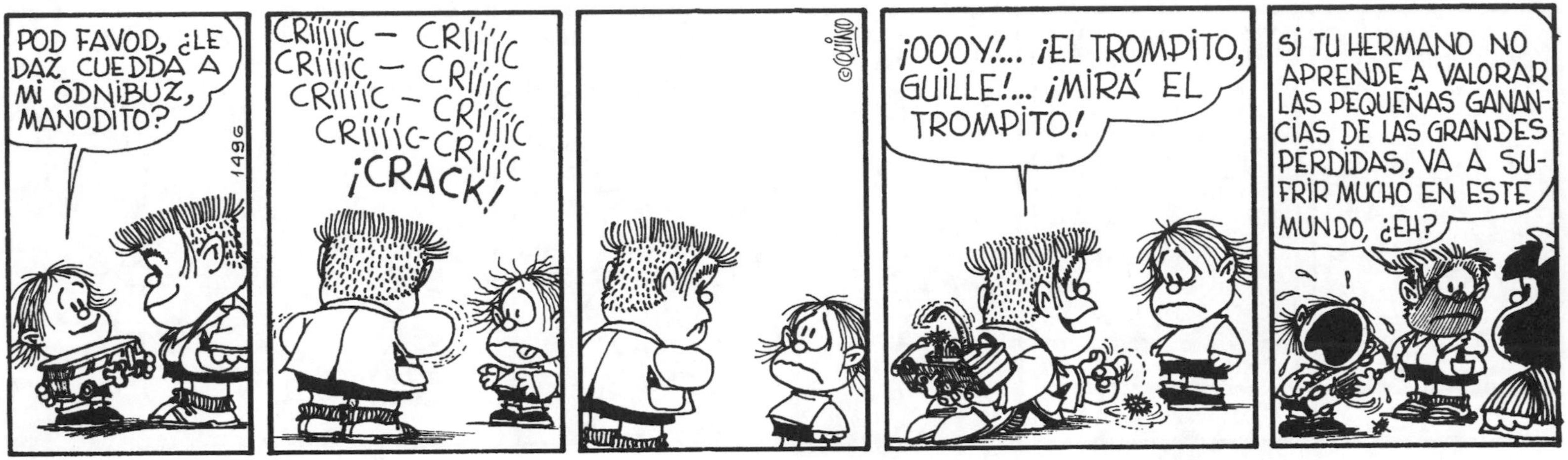
POD FAVOD, ¿LE DAZ CUEDDA A MI ÓDNIBUZ, MANODITO?
1496
CRiiiiC – CRiiiiC
CRiiiiC – CRiiiiC
CRiiiiC – CRiiiiC
CRiiiiC-CRiiiiC
¡CRACK!
¡OOOY!... ¡EL TROMPITO, GUILLE!... ¡MIRÁ EL TROMPITO!
SI TU HERMANO NO APRENDE A VALORAR LAS PEQUEÑAS GANANCIAS DE LAS GRANDES PÉRDIDAS, VA A SUFRIR MUCHO EN ESTE MUNDO, ¿EH?

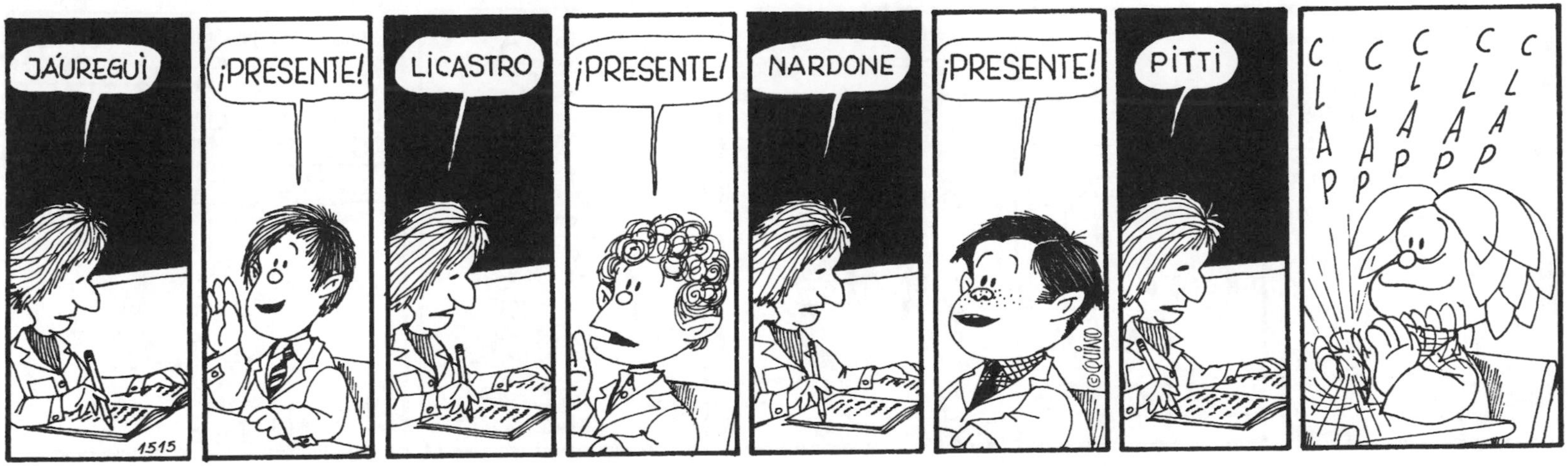
JÁUREGUI
1515
¡PRESENTE!
LICASTRO
¡PRESENTE!
NARDONE
¡PRESENTE!
PITTI
CLAP CLAP CLAP CLAP CLAP

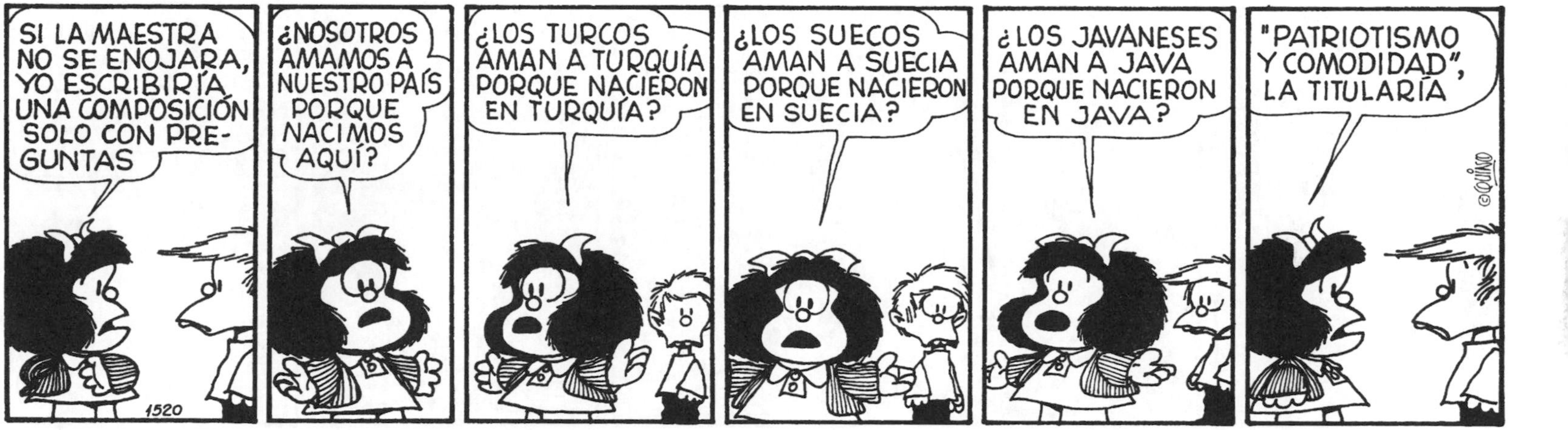
SI LA MAESTRA NO SE ENOJARA, YO ESCRIBIRÍA UNA COMPOSICIÓN SOLO CON PREGUNTAS
¿NOSOTROS AMAMOS A NUESTRO PAÍS PORQUE NACIMOS AQUÍ?
¿LOS TURCOS AMAN A TURQUÍA PORQUE NACIERON EN TURQUÍA?
¿LOS SUECOS AMAN A SUECIA PORQUE NACIERON EN SUECIA?
¿LOS JAVANESES AMAN A JAVA PORQUE NACIERON EN JAVA?
"PATRIOTISMO Y COMODIDAD", LA TITULARÍA
1520
©QUINO

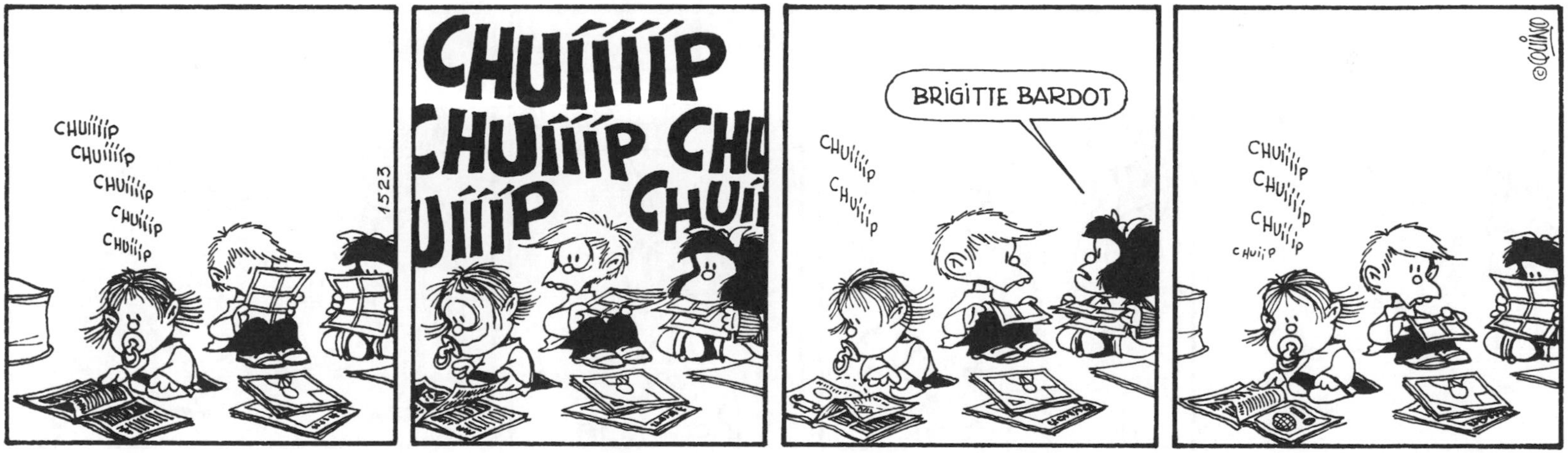
CHUÍÍÍÍP
CHUÍÍÍÍP
CHUÍÍÍÍP
CHUÍÍÍP
CHUÍÍÍP
1523
CHUÍÍÍÍP
CHUÍÍÍP
CHUÍÍÍP
CHU
CHUÍ
CHUÍÍÍP
CHUÍÍÍP
BRIGITTE BARDOT
CHUÍÍÍP
CHUÍÍÍP
CHUÍÍÍP
CHUÍÍP
©QUINO

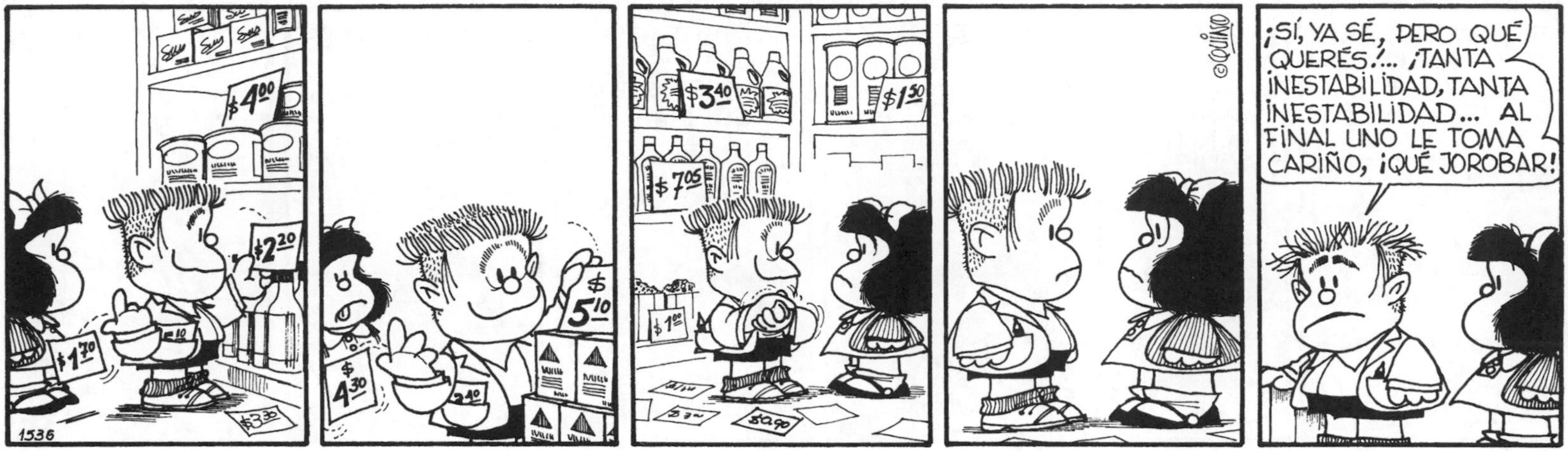
1536
©QUINO
¡SÍ, YA SÉ, PERO QUÉ QUERÉS!... ¡TANTA INESTABILIDAD, TANTA INESTABILIDAD... AL FINAL UNO LE TOMA CARIÑO, ¡QUÉ JOROBAR!

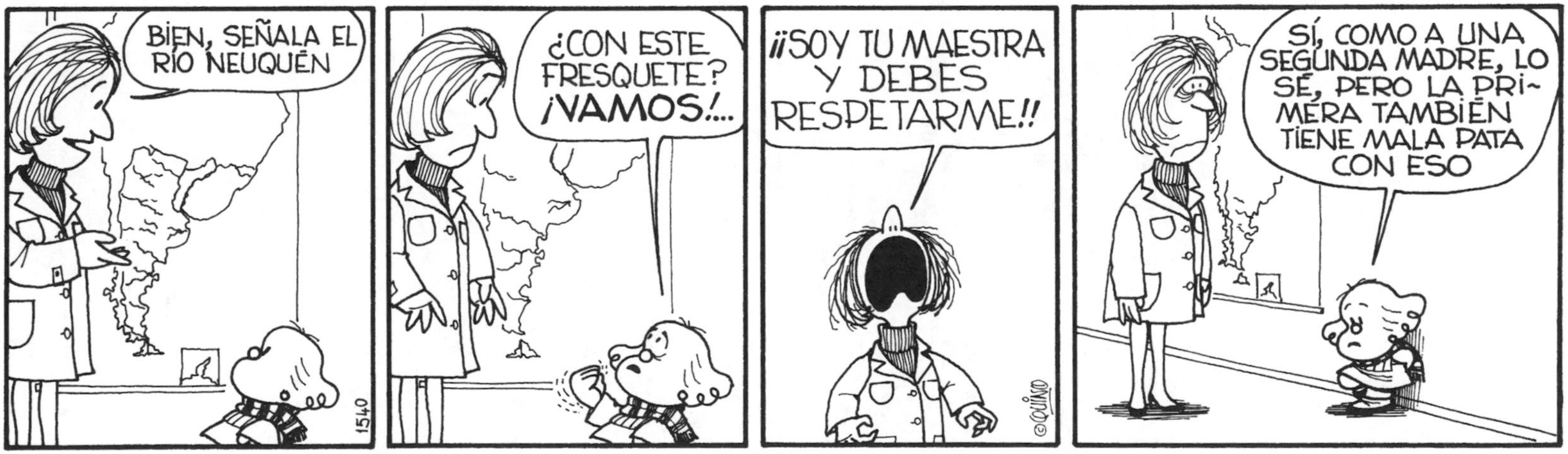
BIEN, SEÑALA EL RÍO NEUQUÉN
1540
¿CON ESTE FRESQUETE? ¡VAMOS!...
¡¡SOY TU MAESTRA Y DEBES RESPETARME!!
©QUINO
SÍ, COMO A UNA SEGUNDA MADRE, LO SÉ, PERO LA PRIMERA TAMBIÉN TIENE MALA PATA CON ESO

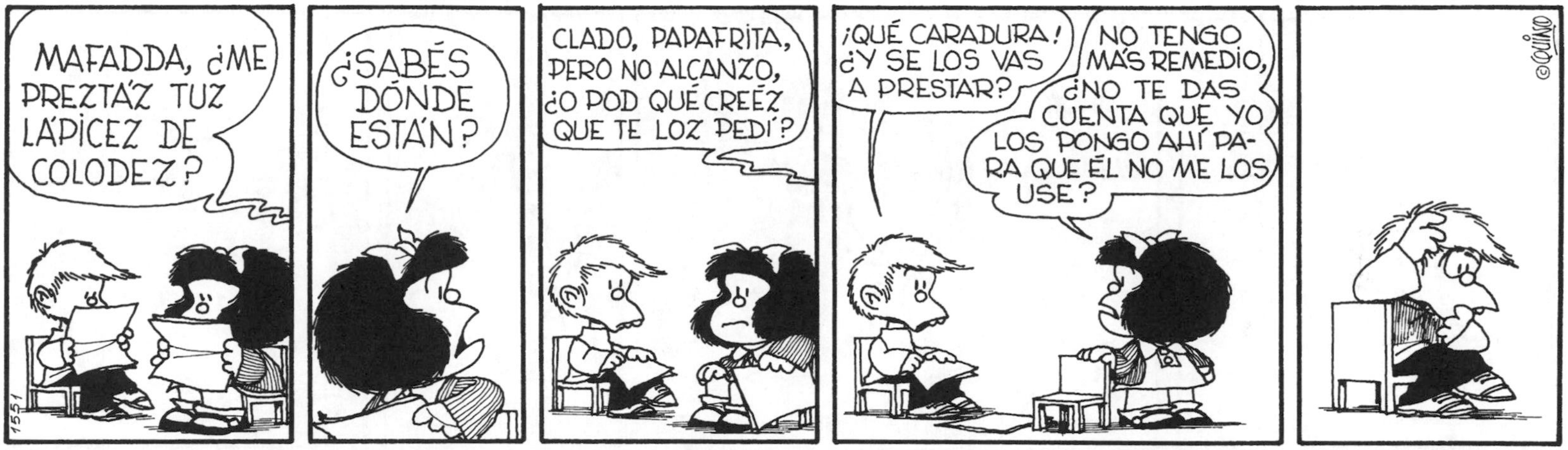
MAFADDA, ¿ME PREZTÁZ TUZ LÁPICEZ DE COLODEZ?
¿SABÉS DÓNDE ESTÁN?
CLADO, PAPAFRITA, PERO NO ALCANZO, ¿O POD QUÉ CREÉZ QUE TE LOZ PEDÍ?
¡QUÉ CARADURA! ¿Y SE LOS VAS A PRESTAR?
NO TENGO MÁS REMEDIO, ¿NO TE DAS CUENTA QUE YO LOS PONGO AHÍ PARA QUE ÉL NO ME LOS USE?
1551
©QUINO

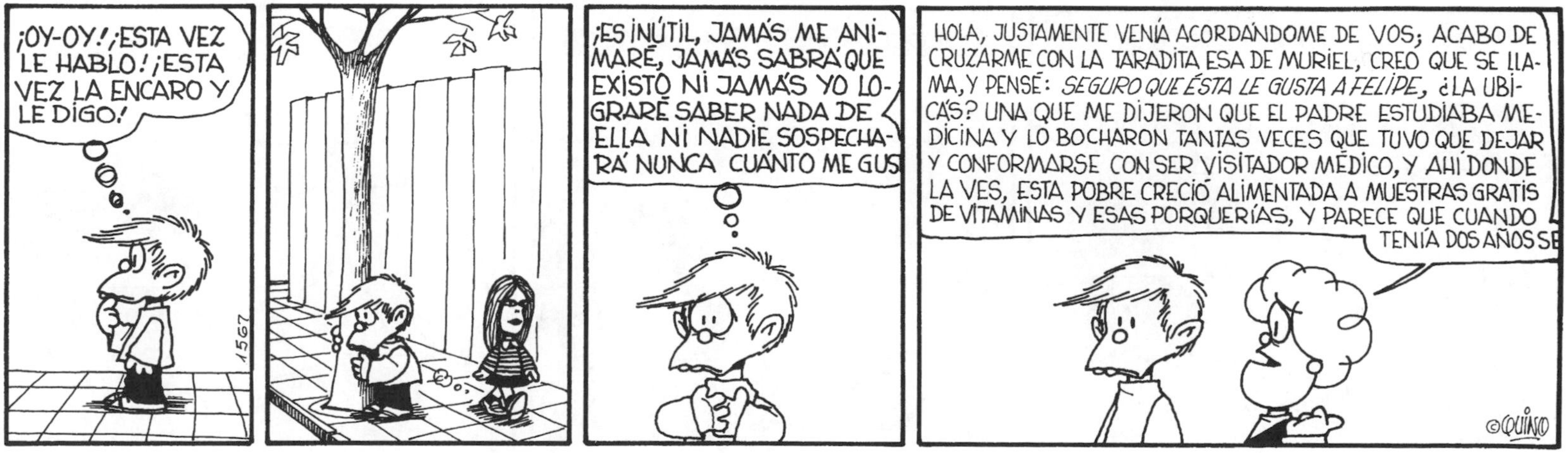
¡OY-OY! ¡ESTA VEZ LE HABLO! ¡ESTA VEZ LA ENCARO Y LE DIGO!
1567
¡ES INÚTIL, JAMÁS ME ANIMARÉ, JAMÁS SABRÁ QUE EXISTO NI JAMÁS YO LOGRARÉ SABER NADA DE ELLA NI NADIE SOSPECHARÁ NUNCA CUÁNTO ME GUS
HOLA, JUSTAMENTE VENÍA ACORDÁNDOME DE VOS; ACABO DE CRUZARME CON LA TARADITA ESA DE MURIEL, CREO QUE SE LLAMA, Y PENSÉ: *SEGURO QUE ÉSTA LE GUSTA A FELIPE*, ¿LA UBICÁS? UNA QUE ME DIJERON QUE EL PADRE ESTUDIABA MEDICINA Y LO BOCHARON TANTAS VECES QUE TUVO QUE DEJAR Y CONFORMARSE CON SER VISITADOR MÉDICO, Y AHÍ DONDE LA VES, ESTA POBRE CRECIÓ ALIMENTADA A MUESTRAS GRATIS DE VITAMINAS Y ESAS PORQUERÍAS, Y PARECE QUE CUANDO TENÍA DOS AÑOS SE
©QUINO

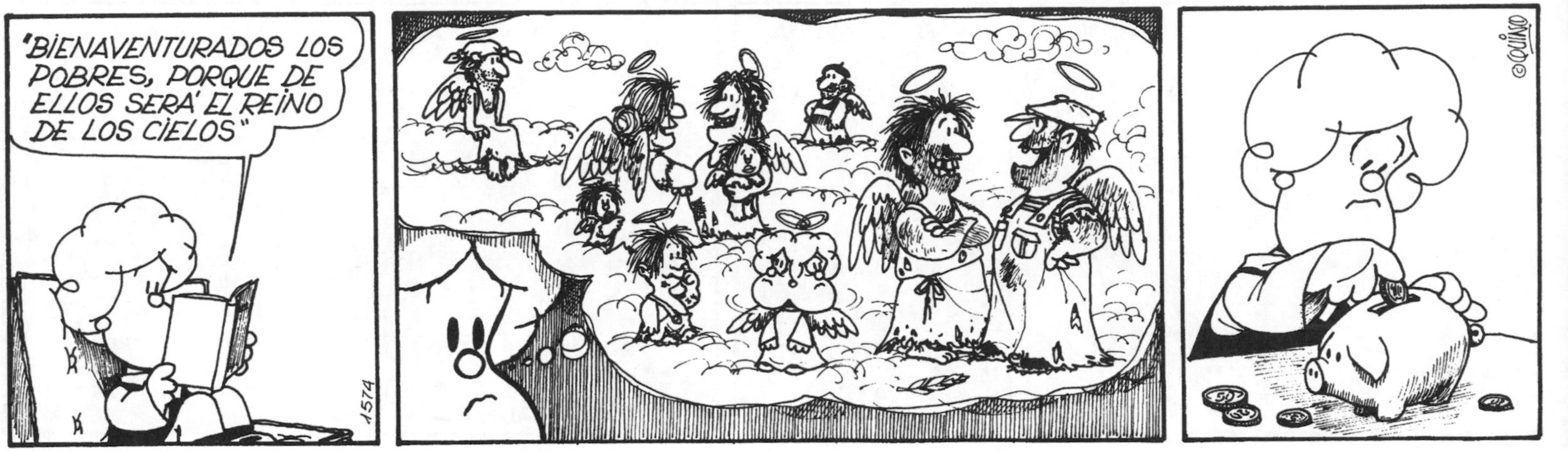
"BIENAVENTURADOS LOS POBRES, PORQUE DE ELLOS SERÁ EL REINO DE LOS CIELOS"
1574
©QUINO

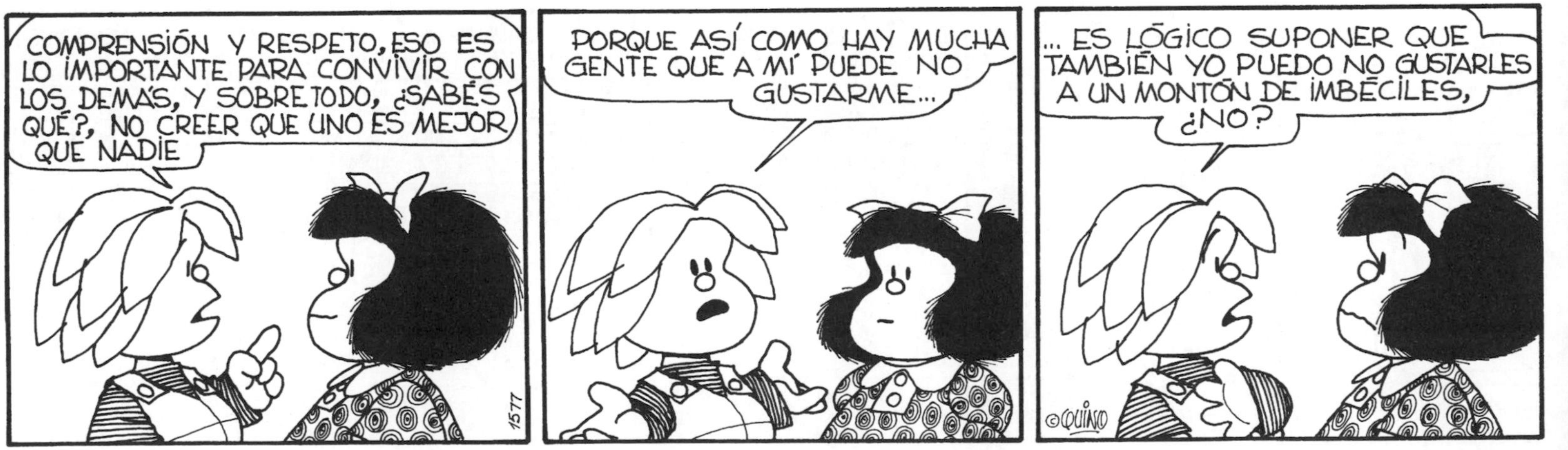
COMPRENSIÓN Y RESPETO, ESO ES LO IMPORTANTE PARA CONVIVIR CON LOS DEMÁS, Y SOBRETODO, ¿SABÉS QUÉ?, NO CREER QUE UNO ES MEJOR QUE NADIE
1577
PORQUE ASÍ COMO HAY MUCHA GENTE QUE A MÍ PUEDE NO GUSTARME...
... ES LÓGICO SUPONER QUE TAMBIÉN YO PUEDO NO GUSTARLES A UN MONTÓN DE IMBÉCILES, ¿NO?
©QUINO

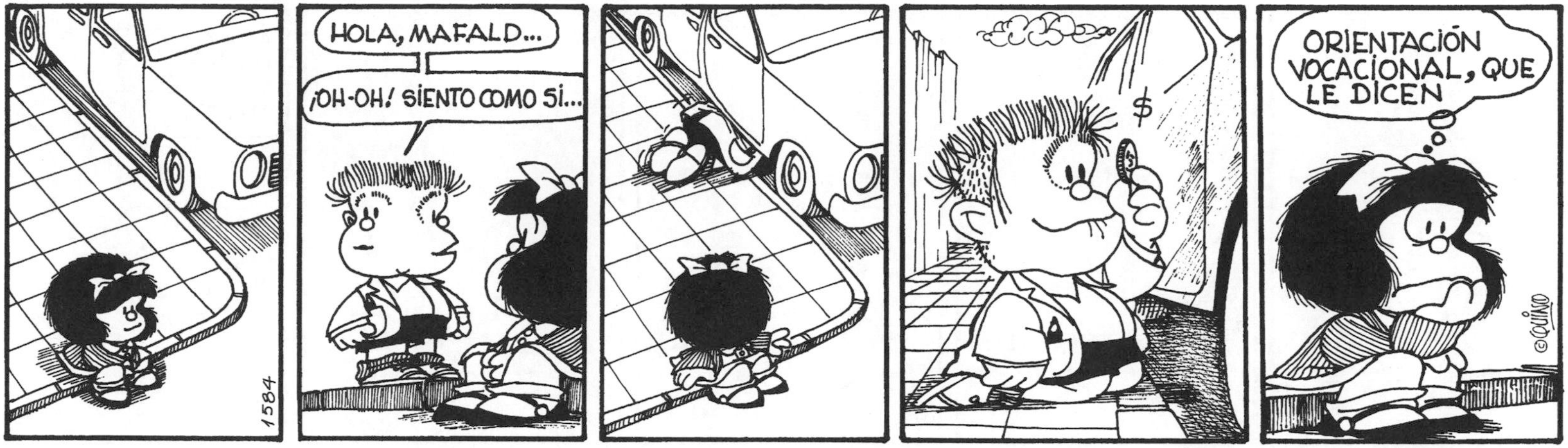
1584
HOLA, MAFALD...
¡OH-OH! SIENTO COMO SI...
$
ORIENTACIÓN VOCACIONAL, QUE LE DICEN
©QUINO

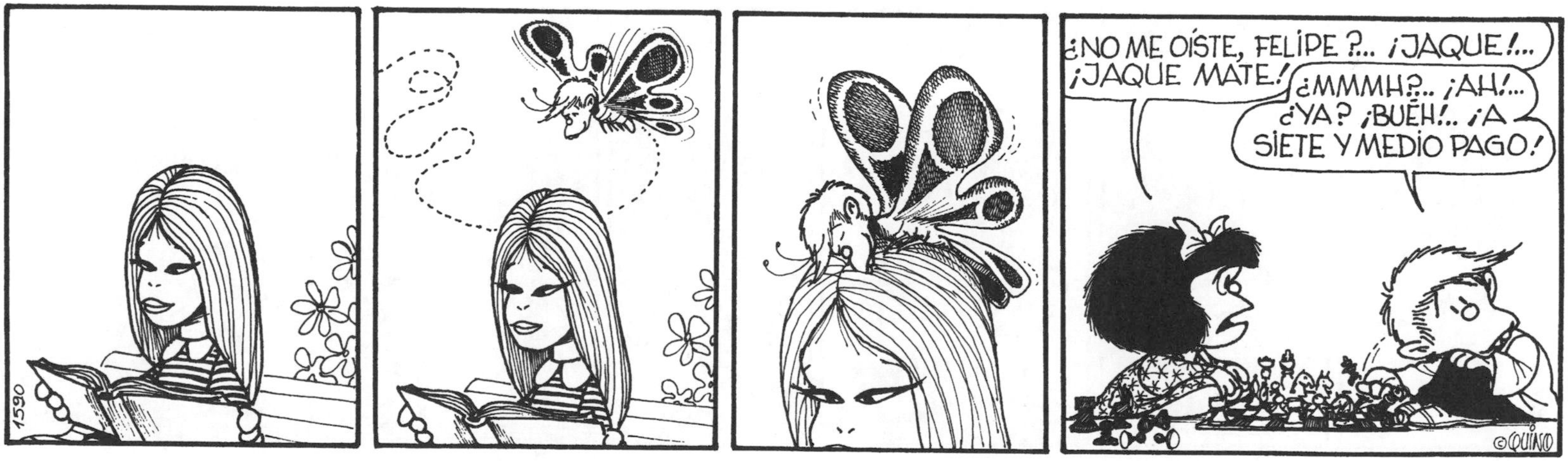
1590
¿NO ME OÍSTE, FELIPE?... ¡JAQUE!... ¡JAQUE MATE!
¿MMMH?... ¡AH!... ¿YA? ¡BUEH!... ¡A SIETE Y MEDIO PAGO!
©QUINO

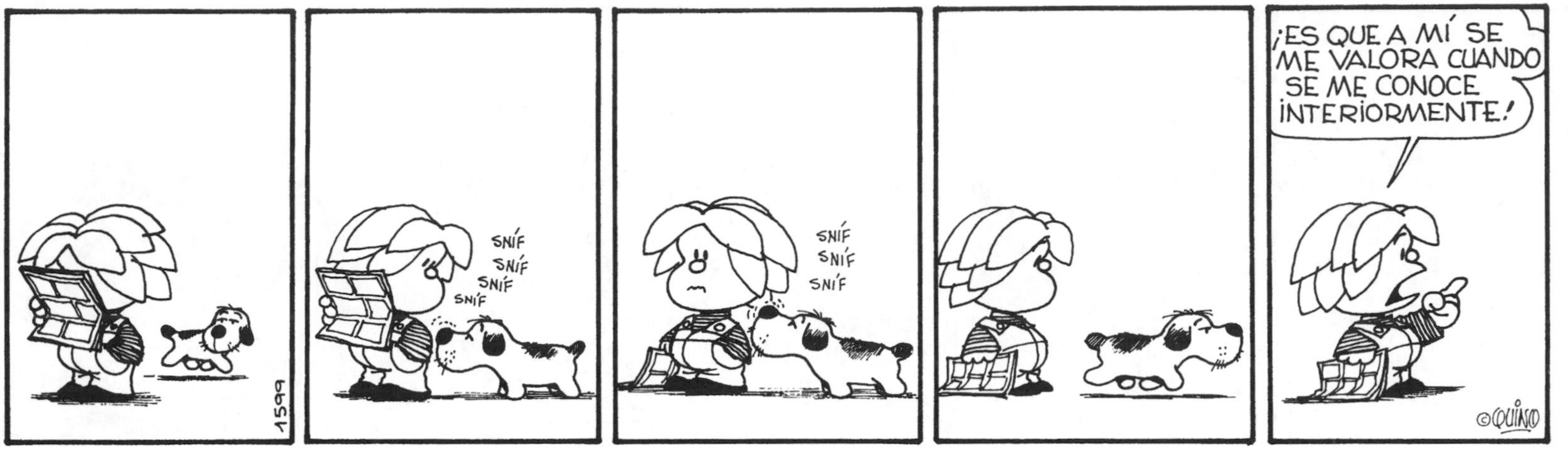
1599
SNIF
SNIF
SNIF
SNIF
SNIF
SNIF
SNIF
¡ES QUE A MÍ SE ME VALORA CUANDO SE ME CONOCE INTERIORMENTE!
©QUINO

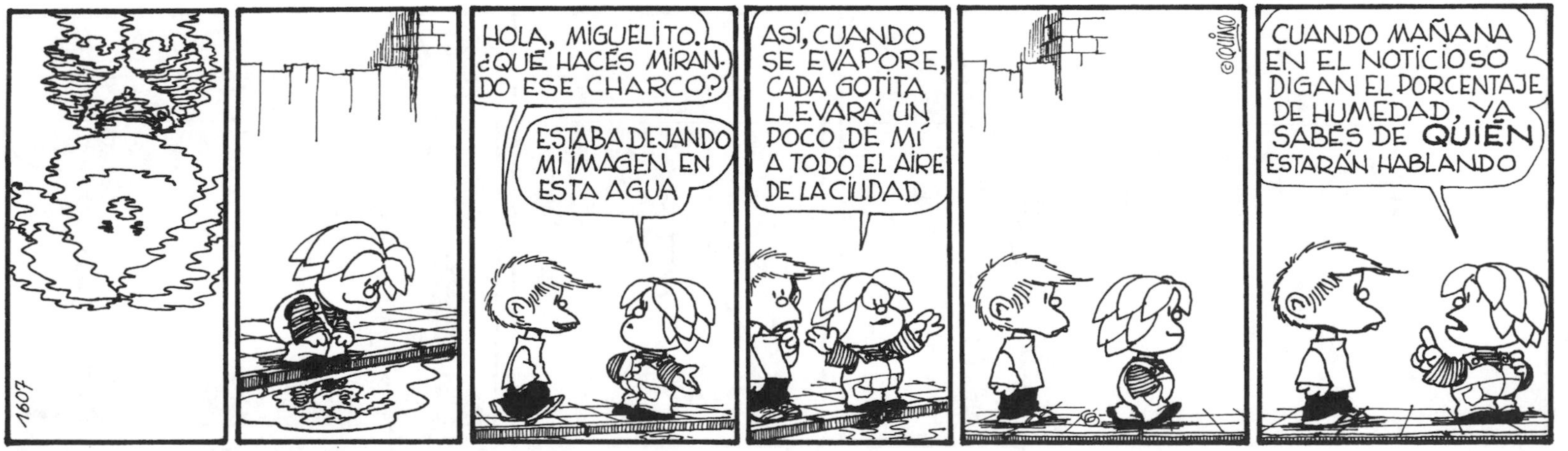
1607
HOLA, MIGUELITO. ¿QUÉ HACÉS MIRANDO ESE CHARCO?
ESTABA DEJANDO MI IMAGEN EN ESTA AGUA
ASÍ, CUANDO SE EVAPORE, CADA GOTITA LLEVARÁ UN POCO DE MÍ A TODO EL AIRE DE LA CIUDAD
©QUINO
CUANDO MAÑANA EN EL NOTICIOSO DIGAN EL PORCENTAJE DE HUMEDAD, YA SABÉS DE QUIÉN ESTARÁN HABLANDO

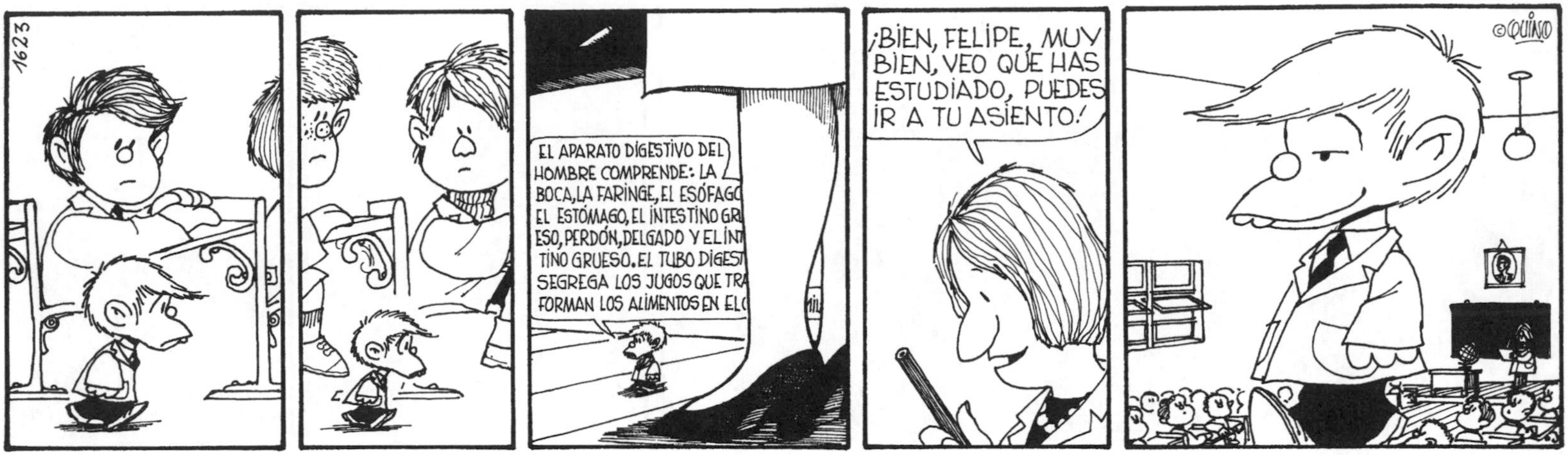
1623
EL APARATO DIGESTIVO DEL HOMBRE COMPRENDE: LA BOCA, LA FARINGE, EL ESÓFAGO EL ESTÓMAGO, EL INTESTINO GR ESO, PERDÓN, DELGADO Y EL INT TINO GRUESO. EL TUBO DIGEST SEGREGA LOS JUGOS QUE TRA FORMAN LOS ALIMENTOS EN EL
¡BIEN, FELIPE, MUY BIEN, VEO QUE HAS ESTUDIADO, PUEDES IR A TU ASIENTO!
©QUINO

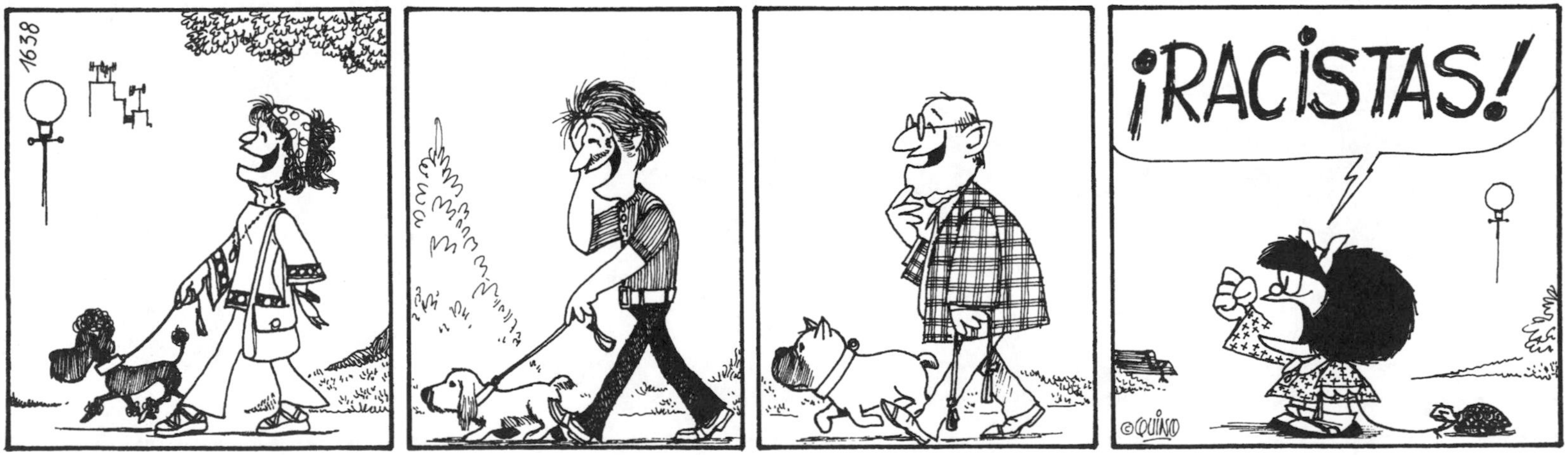
1638
¡RACISTAS!
©QUINO

¿PENSARON ALGUNA VEZ QUE SI NO FUERA POR TODOS NADIE SERÍA NADA?

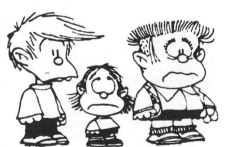

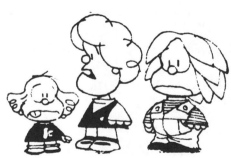

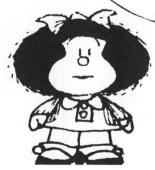

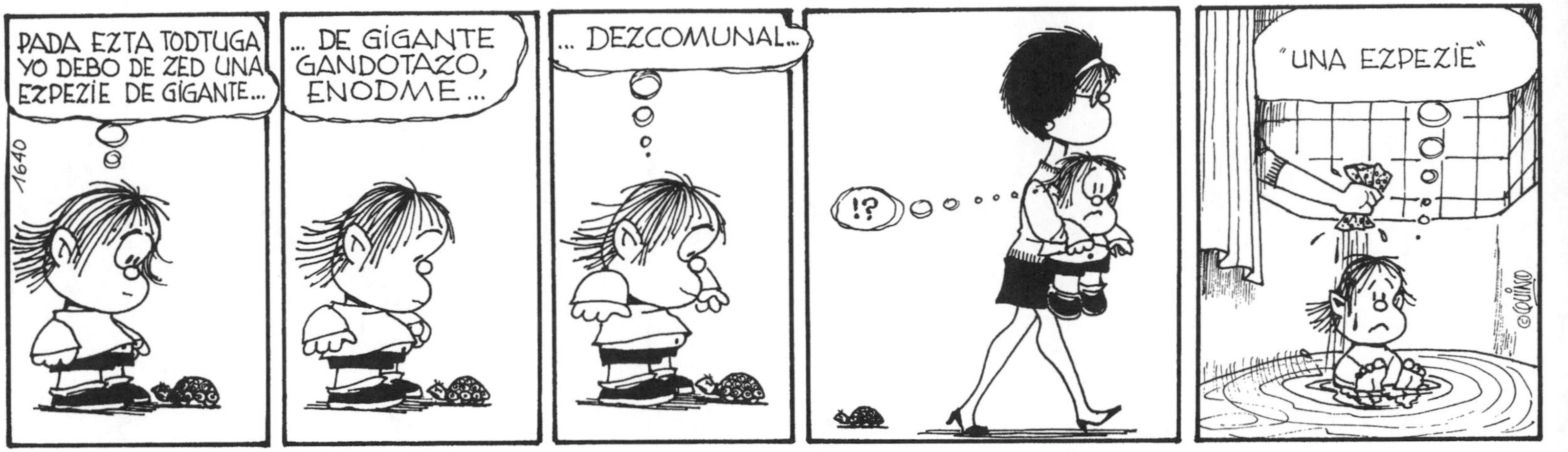
1640
PADA EZTA TODTUGA YO DEBO DE ZED UNA EZPEZIE DE GIGANTE...
... DE GIGANTE GANDOTAZO, ENODME ...
... DEZCOMUNAL...
!?
"UNA EZPEZIE"
©QUINO

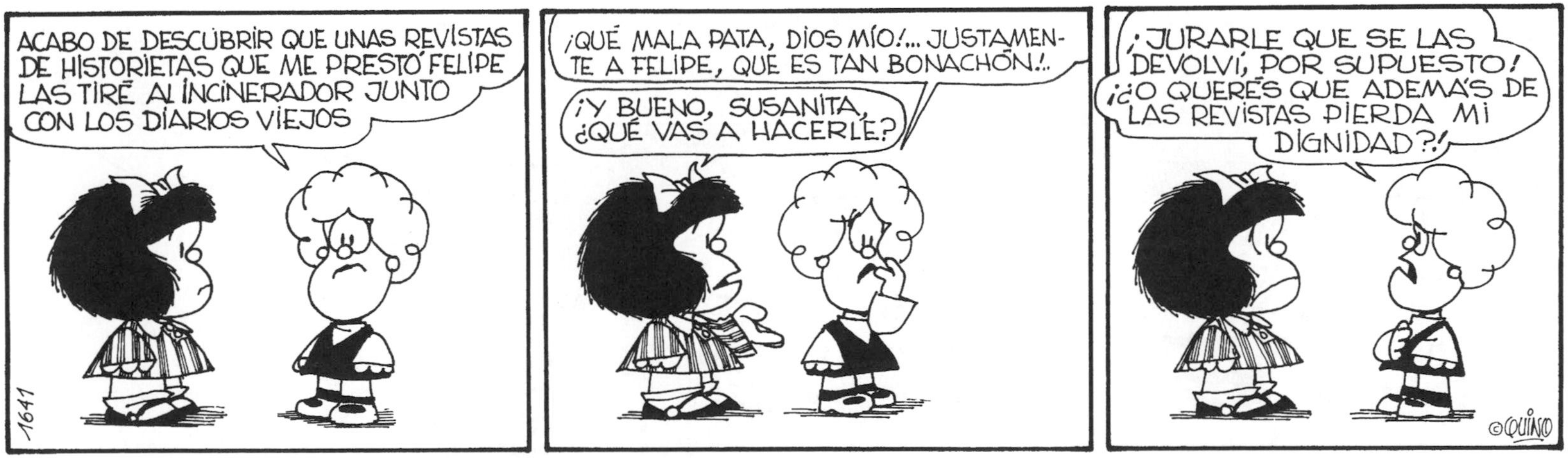
1641
ACABO DE DESCUBRIR QUE UNAS REVISTAS DE HISTORIETAS QUE ME PRESTÓ FELIPE LAS TIRÉ AL INCINERADOR JUNTO CON LOS DIARIOS VIEJOS
¡QUÉ MALA PATA, DIOS MÍO!... JUSTAMENTE A FELIPE, QUE ES TAN BONACHÓN!..
¡Y BUENO, SUSANITA, ¿QUÉ VAS A HACERLE?
¡JURARLE QUE SE LAS DEVOLVÍ, POR SUPUESTO! ¡¿O QUERÉS QUE ADEMÁS DE LAS REVISTAS PIERDA MI DIGNIDAD?!
©QUINO

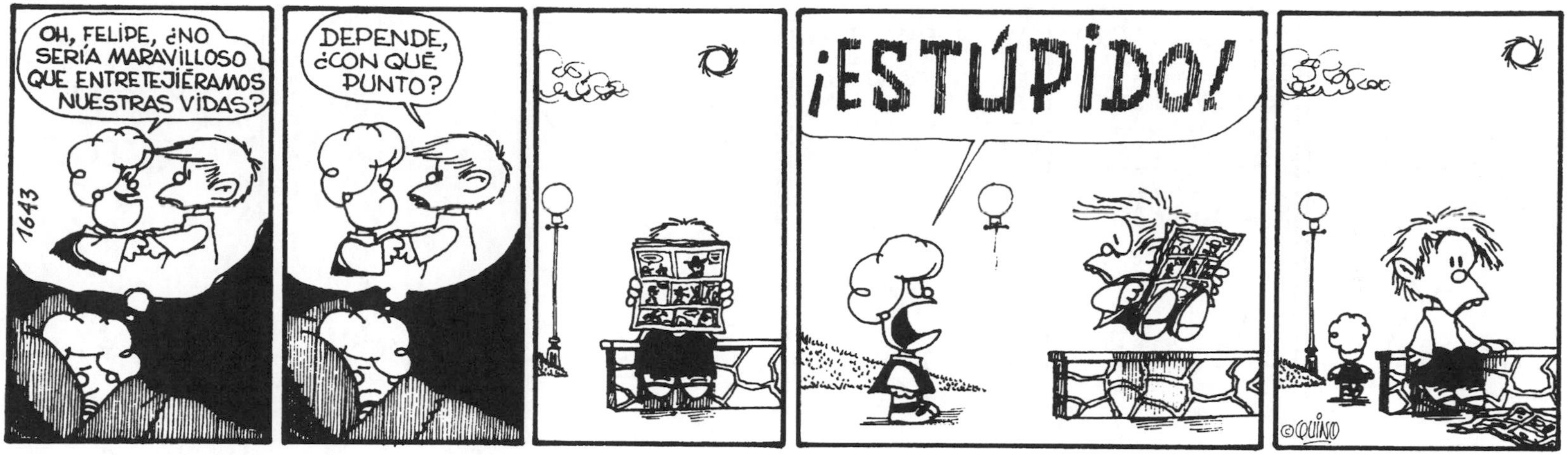
1643
OH, FELIPE, ¿NO SERÍA MARAVILLOSO QUE ENTRETEJIÉRAMOS NUESTRAS VIDAS?
DEPENDE, ¿CON QUÉ PUNTO?
¡ESTÚPIDO!
©QUINO

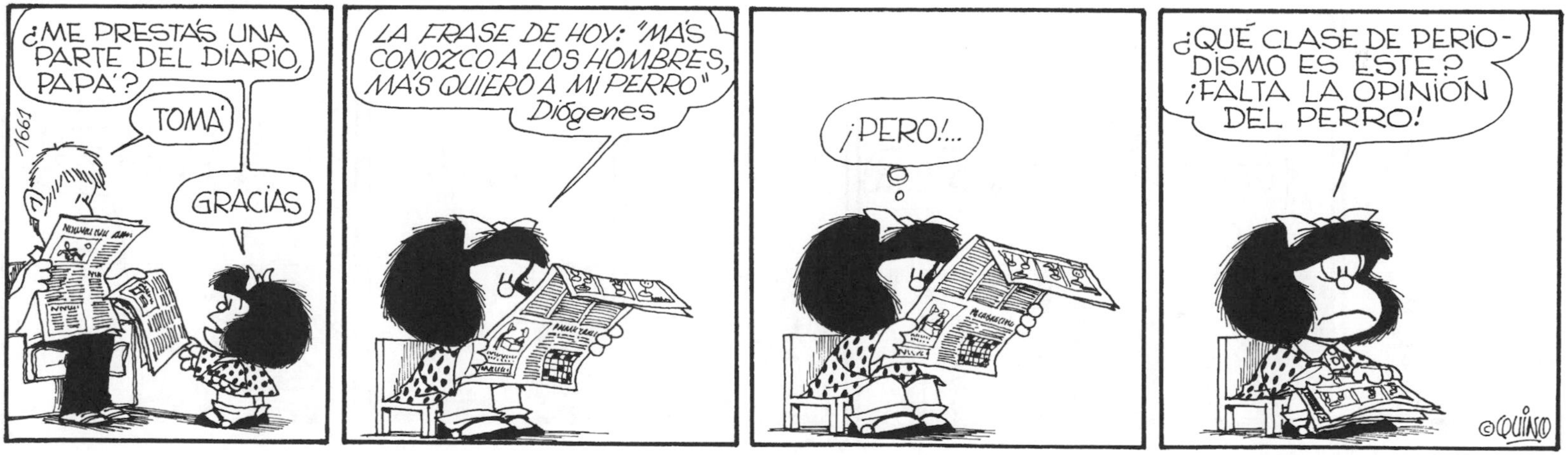
1661
¿ME PRESTÁS UNA PARTE DEL DIARIO, PAPÁ?
TOMÁ
GRACIAS
LA FRASE DE HOY: "MÁS CONOZCO A LOS HOMBRES, MÁS QUIERO A MI PERRO" Diógenes
¡PERO!...
¿QUÉ CLASE DE PERIODISMO ES ESTE? ¡FALTA LA OPINIÓN DEL PERRO!
©QUINO

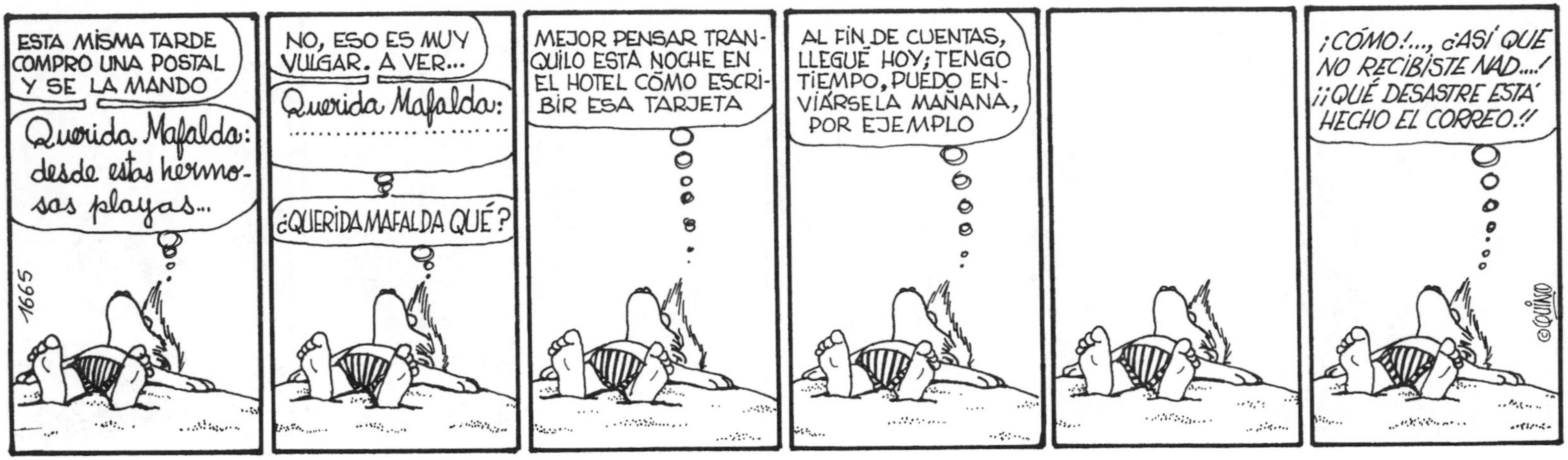
ESTA MISMA TARDE COMPRO UNA POSTAL Y SE LA MANDO
Querida Mafalda: desde estas hermosas playas...
1665
NO, ESO ES MUY VULGAR. A VER...
Querida Mafalda: ....
¿QUERIDA MAFALDA QUÉ?
MEJOR PENSAR TRANQUILO ESTÁ NOCHE EN EL HOTEL CÓMO ESCRIBIR ESA TARJETA
AL FIN DE CUENTAS, LLEGUÉ HOY; TENGO TIEMPO, PUEDO ENVIÁRSELA MAÑANA, POR EJEMPLO
¡CÓMO!..., ¿ASÍ QUE NO RECIBISTE NAD...! ¡¡QUÉ DESASTRE ESTÁ HECHO EL CORREO.!!
©QUINO

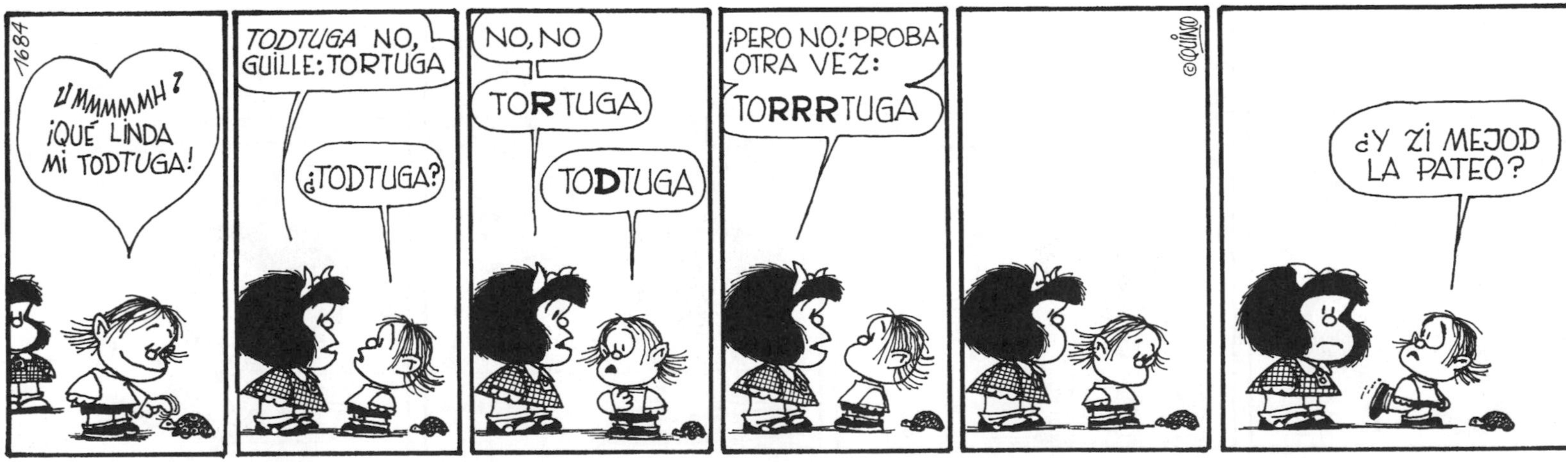
1684
¿MMMMMH? ¡QUÉ LINDA MI TODTUGA!
TODTUGA NO, GUILLE: TORTUGA
¿TODTUGA?
NO, NO
TORTUGA
TODTUGA
¡PERO NO! PROBÁ OTRA VEZ:
TORRRTUGA
©QUINO
¿Y ZI MEJOD LA PATEO?

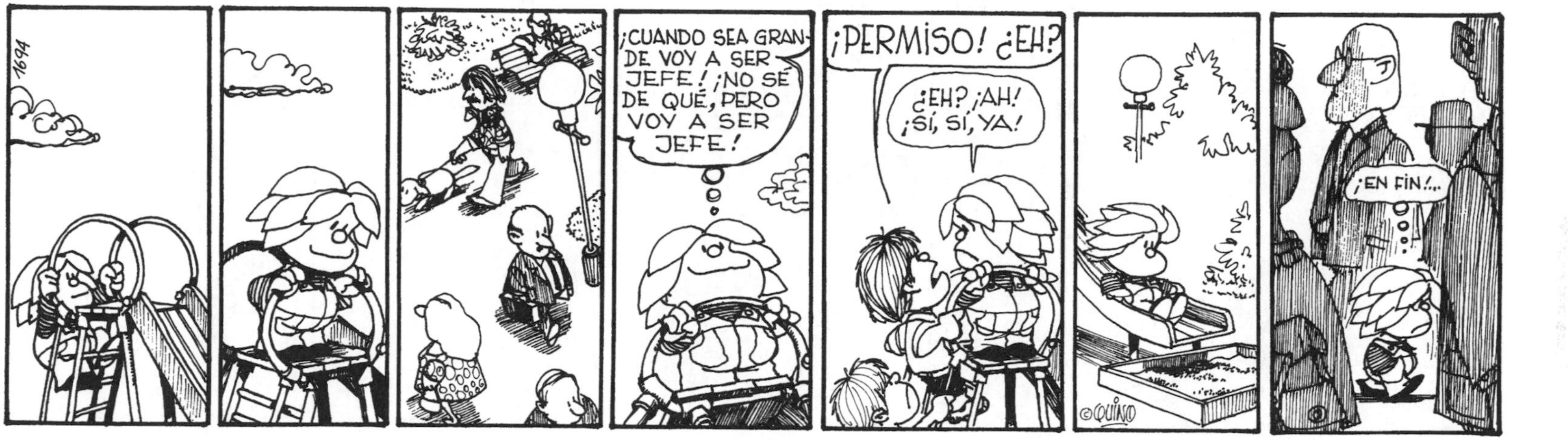
1694
¡CUANDO SEA GRANDE VOY A SER JEFE! ¡NO SÉ DE QUÉ, PERO VOY A SER JEFE!
¡PERMISO! ¿EH?
¿EH? ¡AH! ¡SÍ, SÍ, YA!
©QUINO
¡EN FIN!...

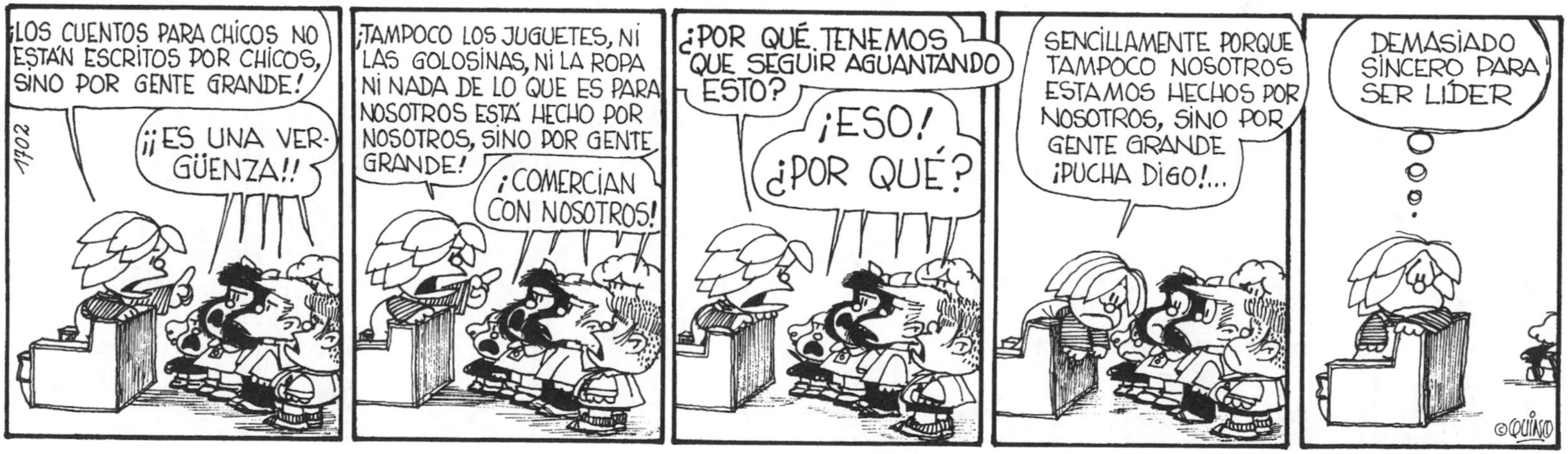
1702
¡LOS CUENTOS PARA CHICOS NO ESTÁN ESCRITOS POR CHICOS, SINO POR GENTE GRANDE!
¡¡ES UNA VERGÜENZA!!
¡TAMPOCO LOS JUGUETES, NI LAS GOLOSINAS, NI LA ROPA NI NADA DE LO QUE ES PARA NOSOTROS ESTÁ HECHO POR NOSOTROS, SINO POR GENTE GRANDE!
¡COMERCIAN CON NOSOTROS!
¿POR QUÉ TENEMOS QUE SEGUIR AGUANTANDO ESTO?
¡ESO! ¿POR QUÉ?
SENCILLAMENTE PORQUE TAMPOCO NOSOTROS ESTAMOS HECHOS POR NOSOTROS, SINO POR GENTE GRANDE ¡PUCHA DIGO!...
DEMASIADO SINCERO PARA SER LÍDER
©QUINO

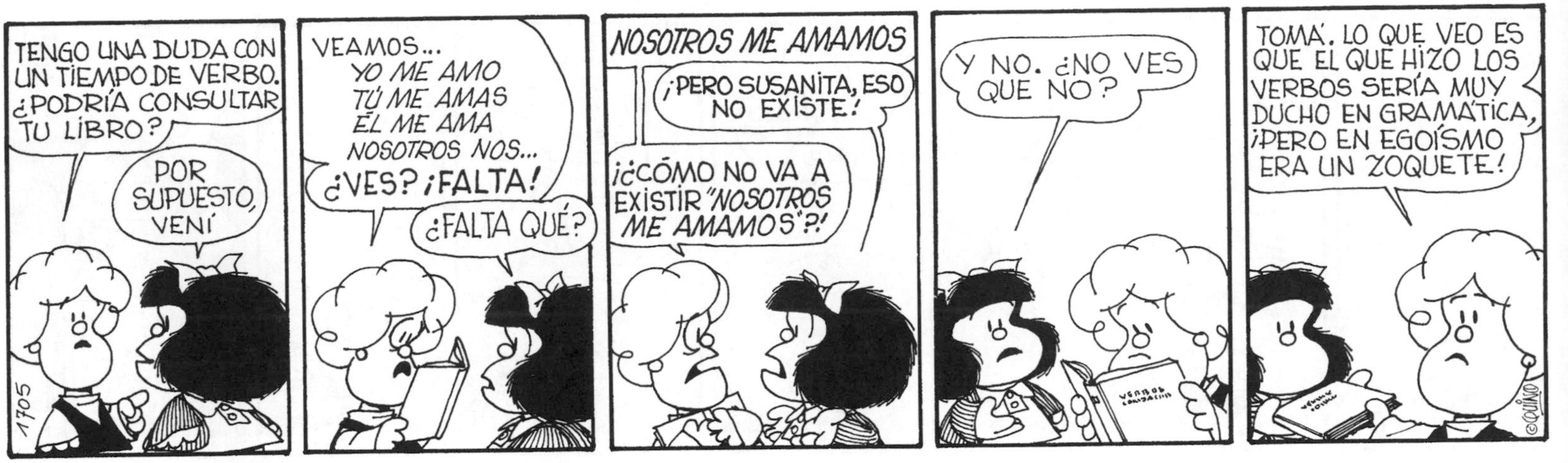

1705
TENGO UNA DUDA CON UN TIEMPO DE VERBO. ¿PODRÍA CONSULTAR TU LIBRO?
POR SUPUESTO, VENÍ
VEAMOS... YO ME AMO TÚ ME AMAS ÉL ME AMA NOSOTROS NOS... ¿VES? ¡FALTA!
¿FALTA QUÉ?
NOSOTROS ME AMAMOS
¡PERO SUSANITA, ESO NO EXISTE!
¡¿CÓMO NO VA A EXISTIR "NOSOTROS ME AMAMOS"?!
Y NO. ¿NO VES QUE NO?
TOMÁ. LO QUE VEO ES QUE EL QUE HIZO LOS VERBOS SERÍA MUY DUCHO EN GRAMÁTICA, ¡PERO EN EGOÍSMO ERA UN ZOQUETE!
© QUINO

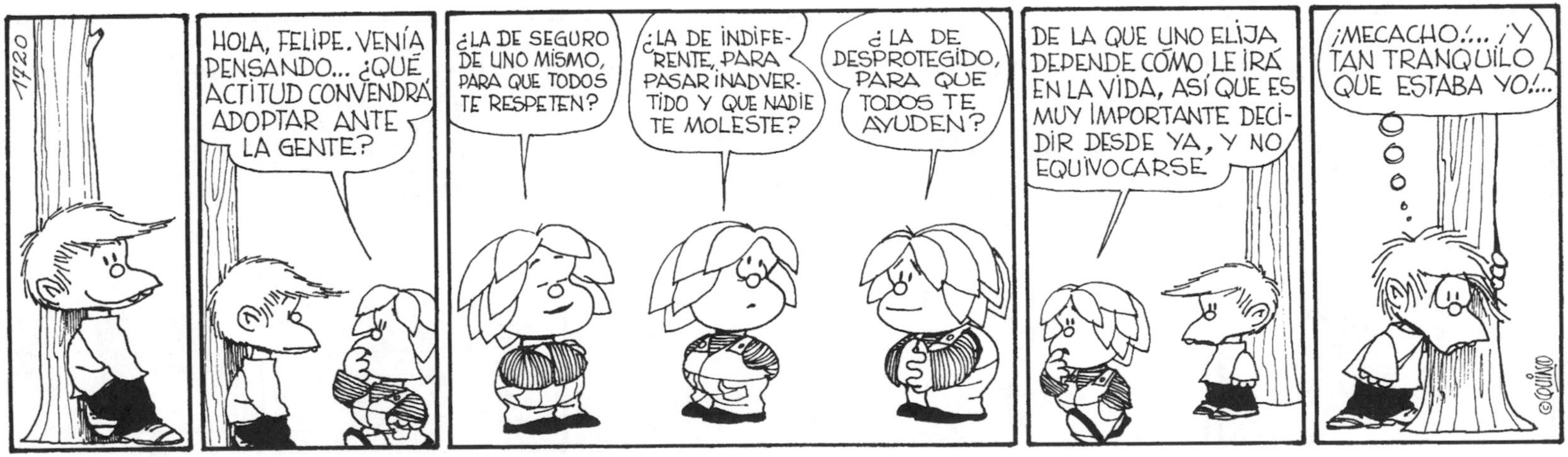

1720
HOLA, FELIPE. VENÍA PENSANDO... ¿QUÉ ACTITUD CONVENDRÁ ADOPTAR ANTE LA GENTE?
¿LA DE SEGURO DE UNO MISMO, PARA QUE TODOS TE RESPETEN?
¿LA DE INDIFERENTE, PARA PASAR INADVERTIDO Y QUE NADIE TE MOLESTE?
¿LA DE DESPROTEGIDO, PARA QUE TODOS TE AYUDEN?
DE LA QUE UNO ELIJA DEPENDE CÓMO LE IRÁ EN LA VIDA, ASÍ QUE ES MUY IMPORTANTE DECIDIR DESDE YA, Y NO EQUIVOCARSE
¡MECACHO!... ¡Y TAN TRANQUILO QUE ESTABA YO!...
© QUINO

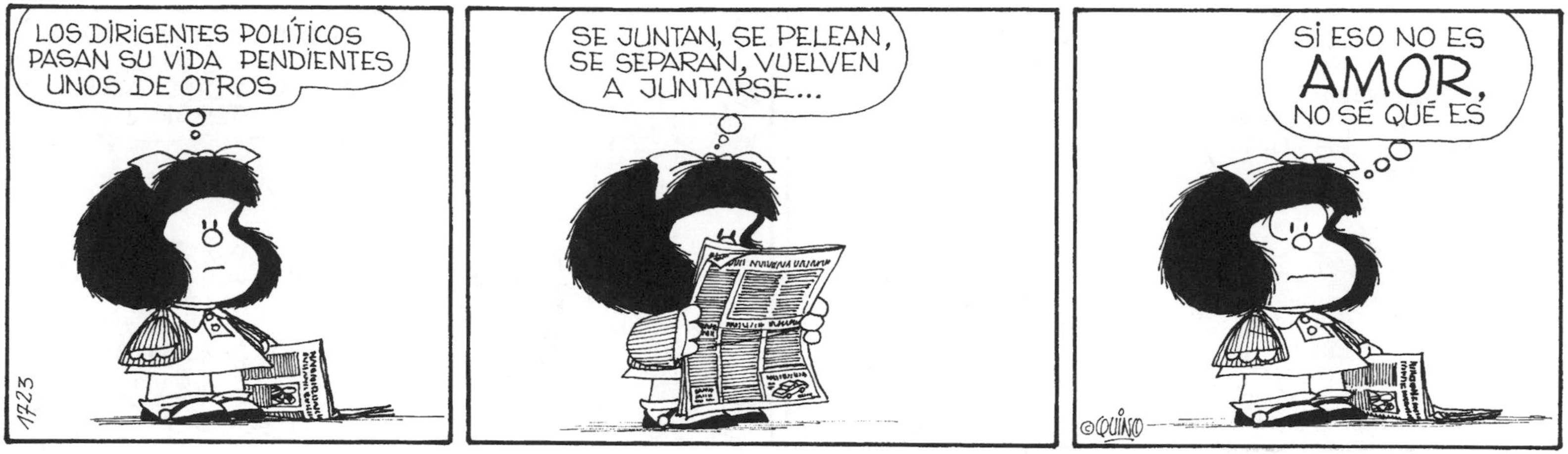
1723
LOS DIRIGENTES POLÍTICOS PASAN SU VIDA PENDIENTES UNOS DE OTROS
SE JUNTAN, SE PELEAN, SE SEPARAN, VUELVEN A JUNTARSE...
SI ESO NO ES AMOR, NO SÉ QUÉ ES
©QUINO

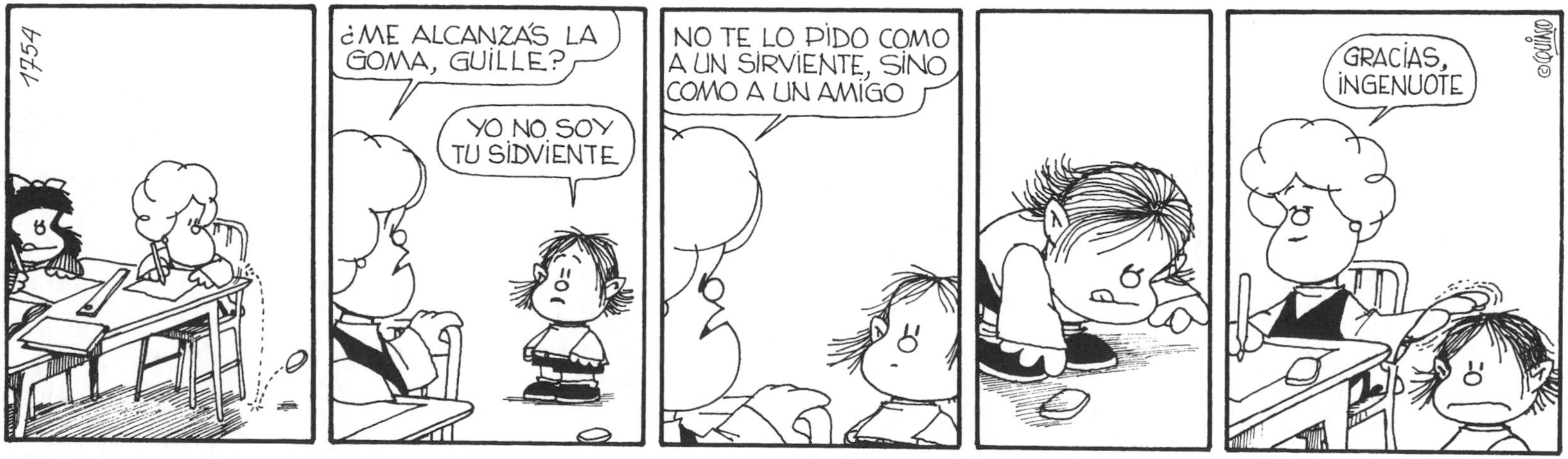
1754
¿ME ALCANZÁS LA GOMA, GUILLE?
YO NO SOY TU SIDVIENTE
NO TE LO PIDO COMO A UN SIRVIENTE, SINO COMO A UN AMIGO
GRACIAS, INGENUOTE
©QUINO

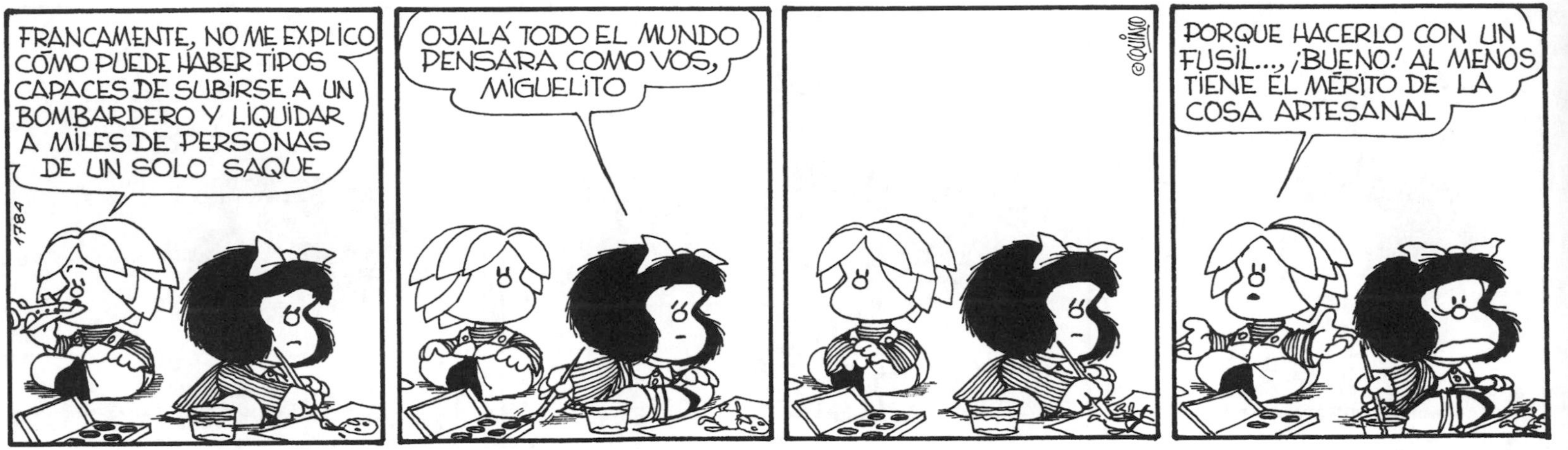
1784
FRANCAMENTE, NO ME EXPLICO CÓMO PUEDE HABER TIPOS CAPACES DE SUBIRSE A UN BOMBARDERO Y LIQUIDAR A MILES DE PERSONAS DE UN SOLO SAQUE
OJALÁ TODO EL MUNDO PENSARA COMO VOS, MIGUELITO
©QUINO
PORQUE HACERLO CON UN FUSIL..., ¡BUENO! AL MENOS TIENE EL MÉRITO DE LA COSA ARTESANAL

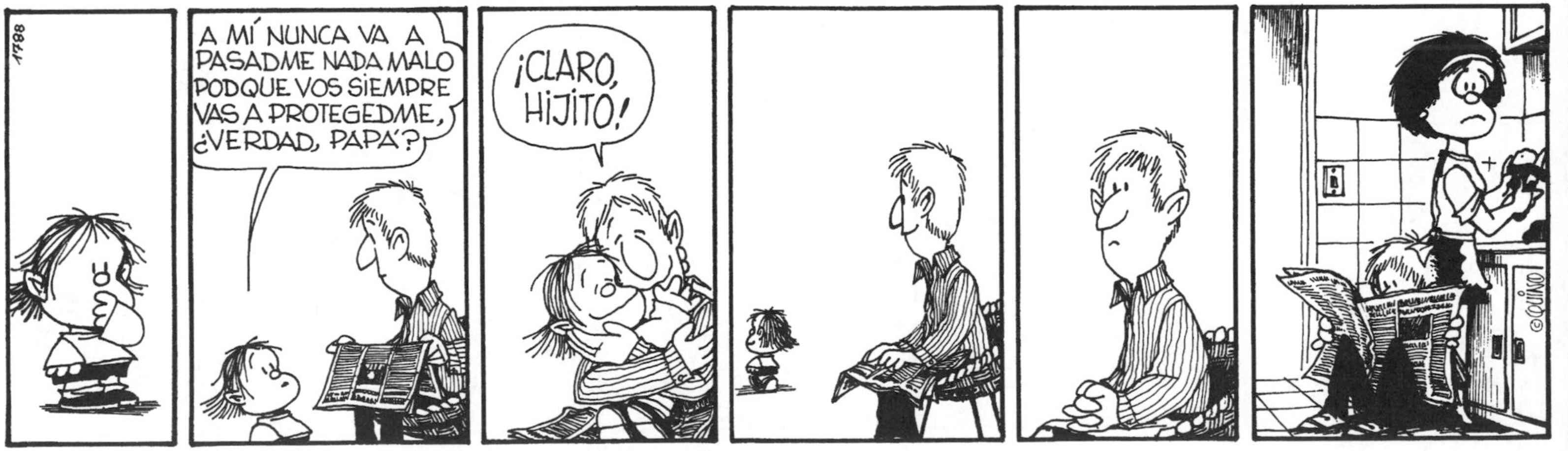
1788
A MÍ NUNCA VA A PASADME NADA MALO PODQUE VOS SIEMPRE VAS A PROTEGEDME, ¿VERDAD, PAPÁ?
¡CLARO, HIJITO!
©QUINO

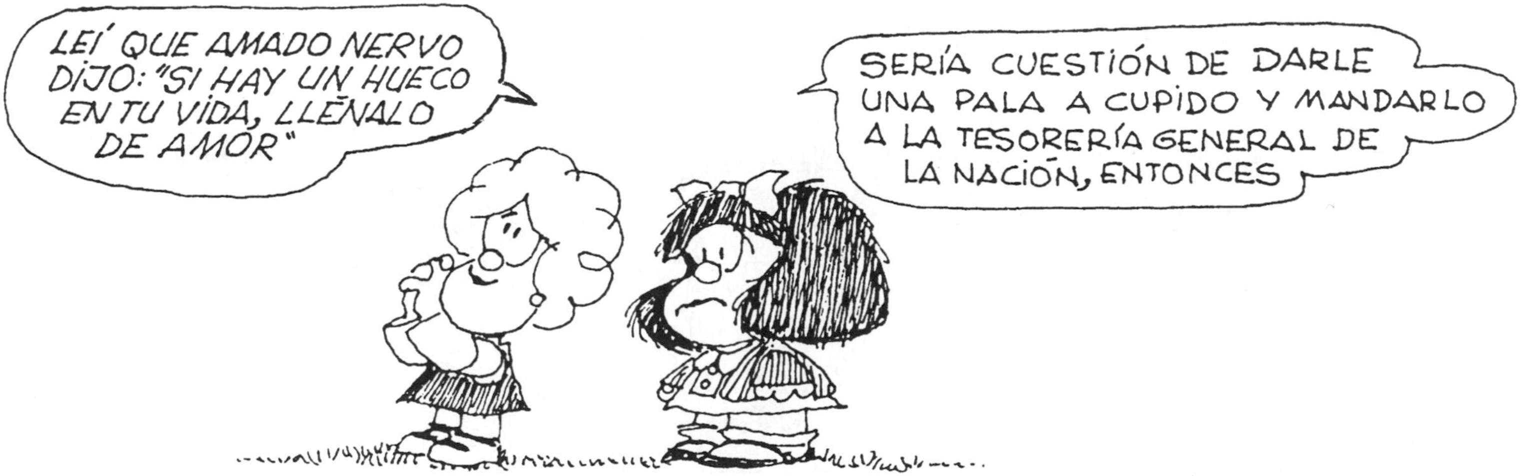
LEÍ QUE AMADO NERVO DIJO: "SI HAY UN HUECO EN TU VIDA, LLÉNALO DE AMOR"
SERÍA CUESTIÓN DE DARLE UNA PALA A CUPIDO Y MANDARLO A LA TESORERÍA GENERAL DE LA NACIÓN, ENTONCES

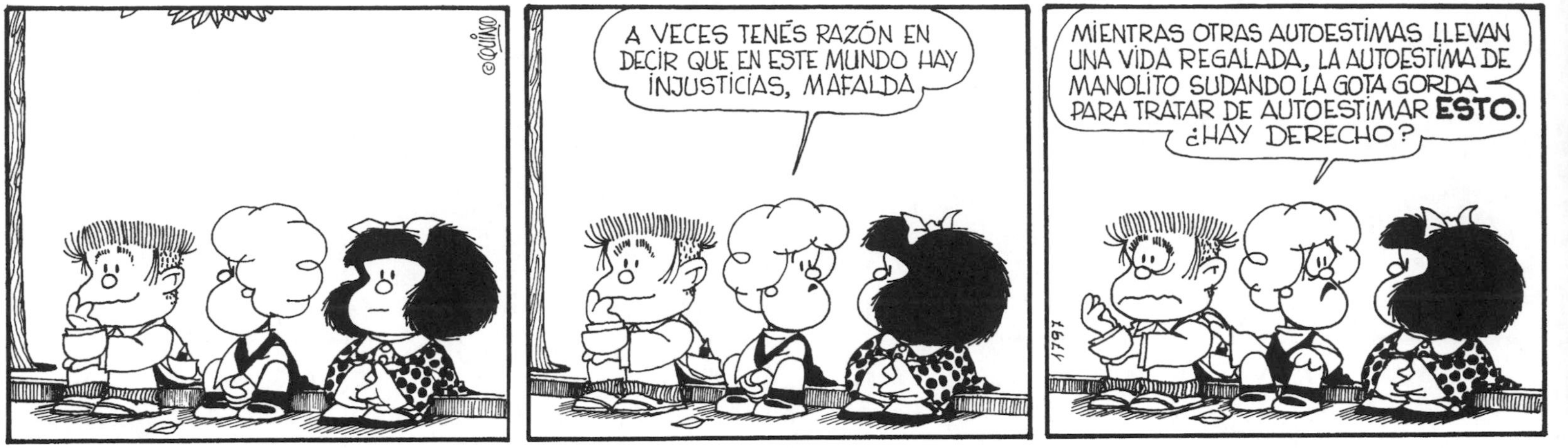
A VECES TENÉS RAZÓN EN DECIR QUE EN ESTE MUNDO HAY INJUSTICIAS, MAFALDA
MIENTRAS OTRAS AUTOESTIMAS LLEVAN UNA VIDA REGALADA, LA AUTOESTIMA DE MANOLITO SUDANDO LA GOTA GORDA PARA TRATAR DE AUTOESTIMAR **ESTO**. ¿HAY DERECHO?

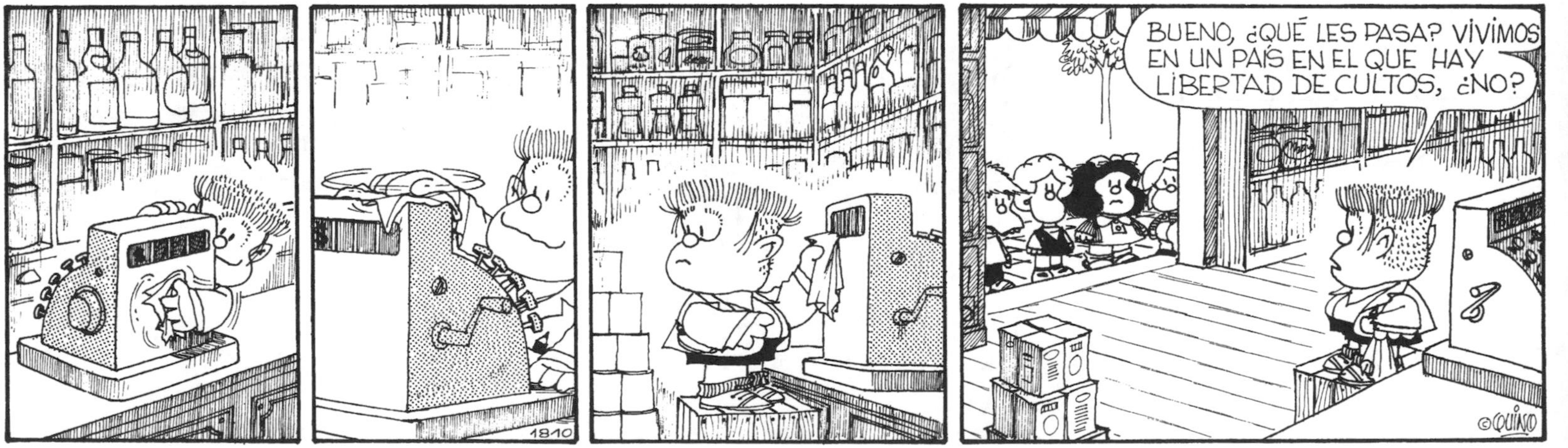
BUENO, ¿QUÉ LES PASA? VIVIMOS EN UN PAÍS EN EL QUE HAY LIBERTAD DE CULTOS, ¿NO?

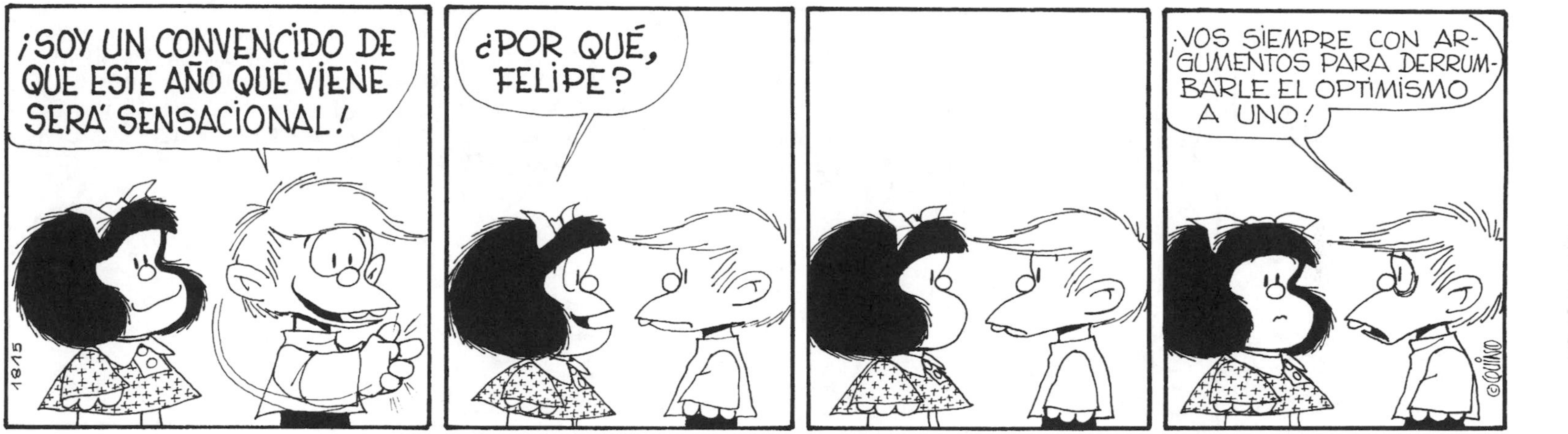

1815
¡SOY UN CONVENCIDO DE QUE ESTE AÑO QUE VIENE SERÁ SENSACIONAL!
¿POR QUÉ, FELIPE?
¡VOS SIEMPRE CON AR-GUMENTOS PARA DERRUM-BARLE EL OPTIMISMO A UNO!
©QUINO

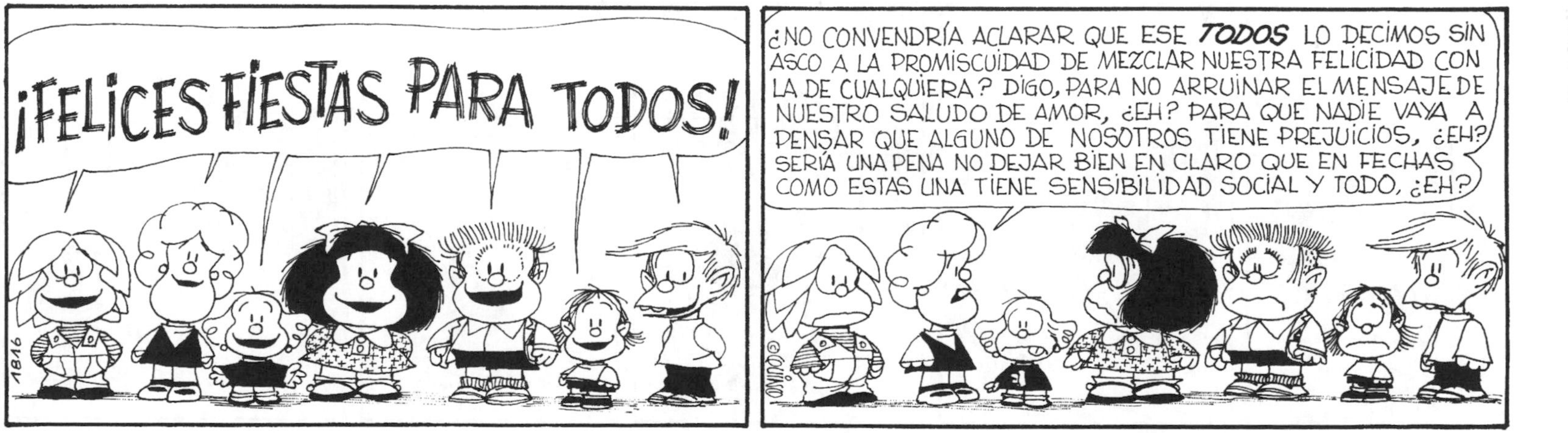

1816
¡FELICES FIESTAS PARA TODOS!
¿NO CONVENDRÍA ACLARAR QUE ESE **TODOS** LO DECIMOS SIN ASCO A LA PROMISCUIDAD DE MEZCLAR NUESTRA FELICIDAD CON LA DE CUALQUIERA? DIGO, PARA NO ARRUINAR EL MENSAJE DE NUESTRO SALUDO DE AMOR, ¿EH? PARA QUE NADIE VAYA A PENSAR QUE ALGUNO DE NOSOTROS TIENE PREJUICIOS, ¿EH? SERÍA UNA PENA NO DEJAR BIEN EN CLARO QUE EN FECHAS COMO ESTAS UNA TIENE SENSIBILIDAD SOCIAL Y TODO, ¿EH?
©QUINO

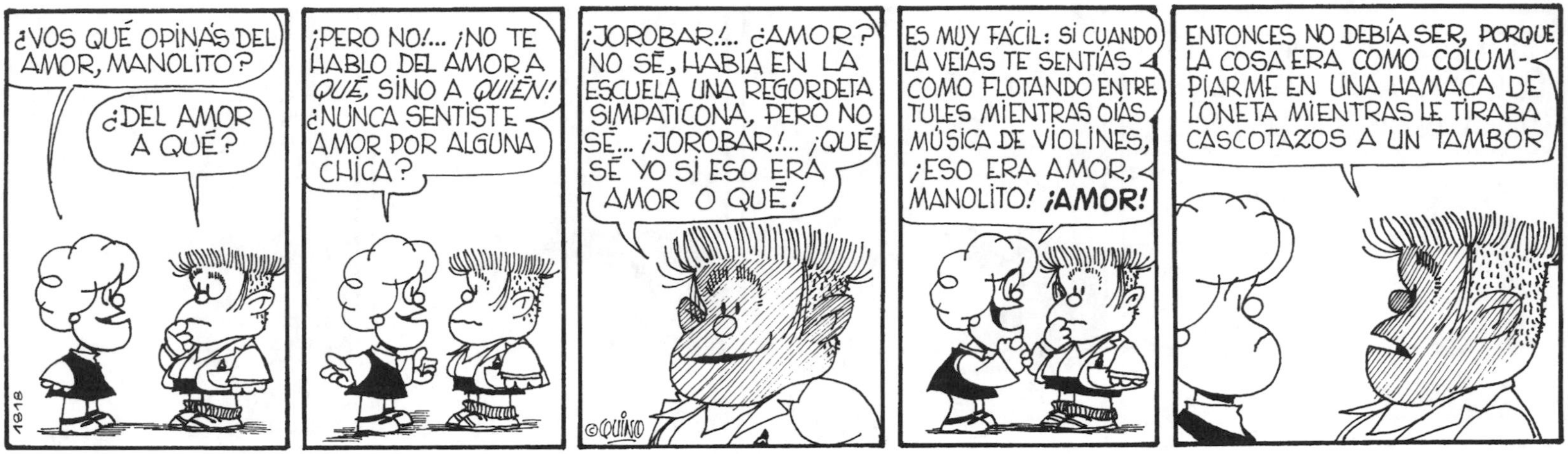
1918
¿VOS QUÉ OPINÁS DEL AMOR, MANOLITO?
¿DEL AMOR A QUÉ?
¡PERO NO!... ¡NO TE HABLO DEL AMOR A QUÉ, SINO A QUIÉN! ¿NUNCA SENTISTE AMOR POR ALGUNA CHICA?
¡JOROBAR!... ¿AMOR? NO SÉ, HABÍA EN LA ESCUELA UNA REGORDETA SIMPATICONA, PERO NO SÉ... ¡JOROBAR!... ¡QUÉ SÉ YO SI ESO ERA AMOR O QUÉ!
©QUINO
ES MUY FÁCIL: SI CUANDO LA VEÍAS TE SENTÍAS COMO FLOTANDO ENTRE TULES MIENTRAS OÍAS MÚSICA DE VIOLINES, ¡ESO ERA AMOR, MANOLITO! ¡AMOR!
ENTONCES NO DEBÍA SER, PORQUE LA COSA ERA COMO COLUMPIARME EN UNA HAMACA DE LONETA MIENTRAS LE TIRABA CASCOTAZOS A UN TAMBOR

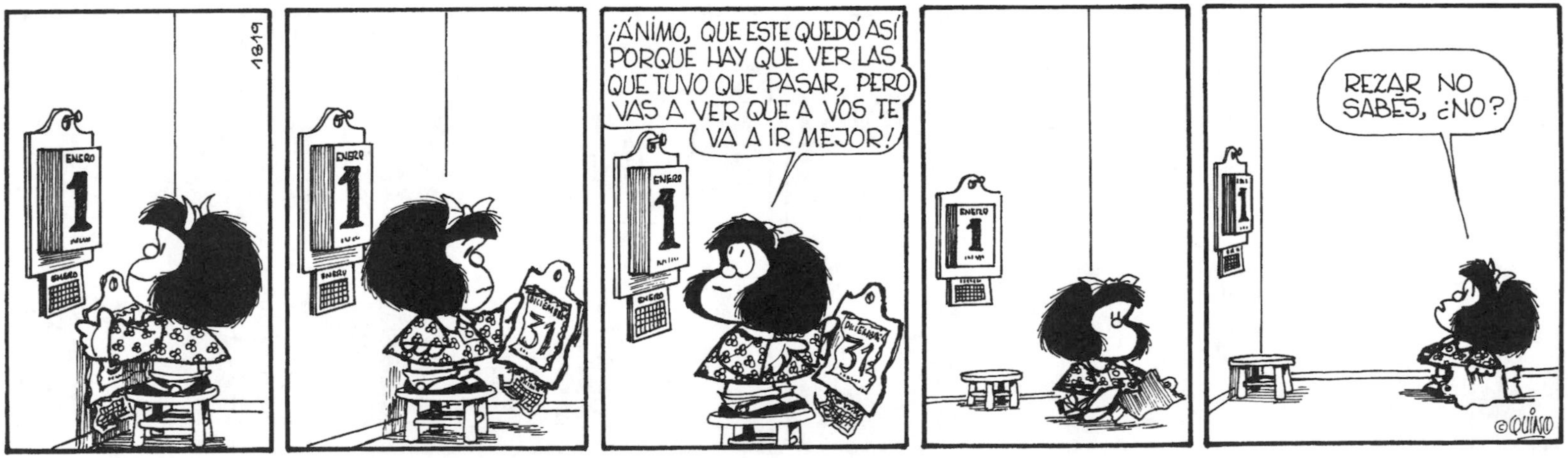
1819
¡ÁNIMO, QUE ESTE QUEDÓ ASÍ PORQUE HAY QUE VER LAS QUE TUVO QUE PASAR, PERO VAS A VER QUE A VOS TE VA A IR MEJOR!
REZAR NO SABÉS, ¿NO?
©QUINO

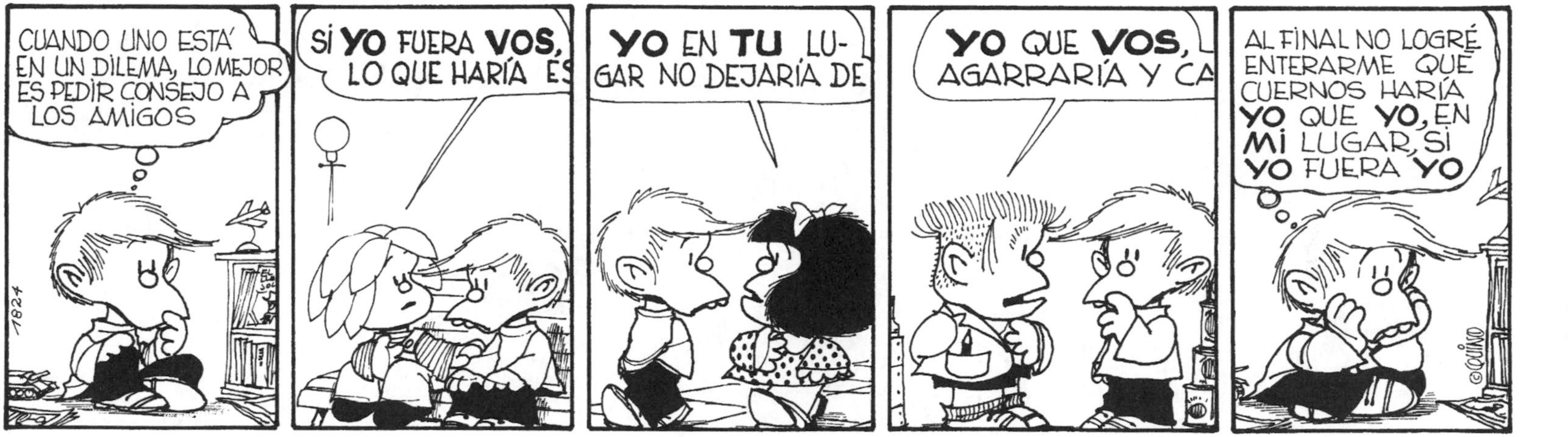
CUANDO UNO ESTÁ EN UN DILEMA, LO MEJOR ES PEDIR CONSEJO A LOS AMIGOS
1824
SI YO FUERA VOS, LO QUE HARÍA ES
YO EN TU LUGAR NO DEJARÍA DE
YO QUE VOS, AGARRARÍA Y CA
AL FINAL NO LOGRÉ ENTERARME QUÉ CUERNOS HARÍA YO QUE YO, EN MI LUGAR, SI YO FUERA YO
© QUINO

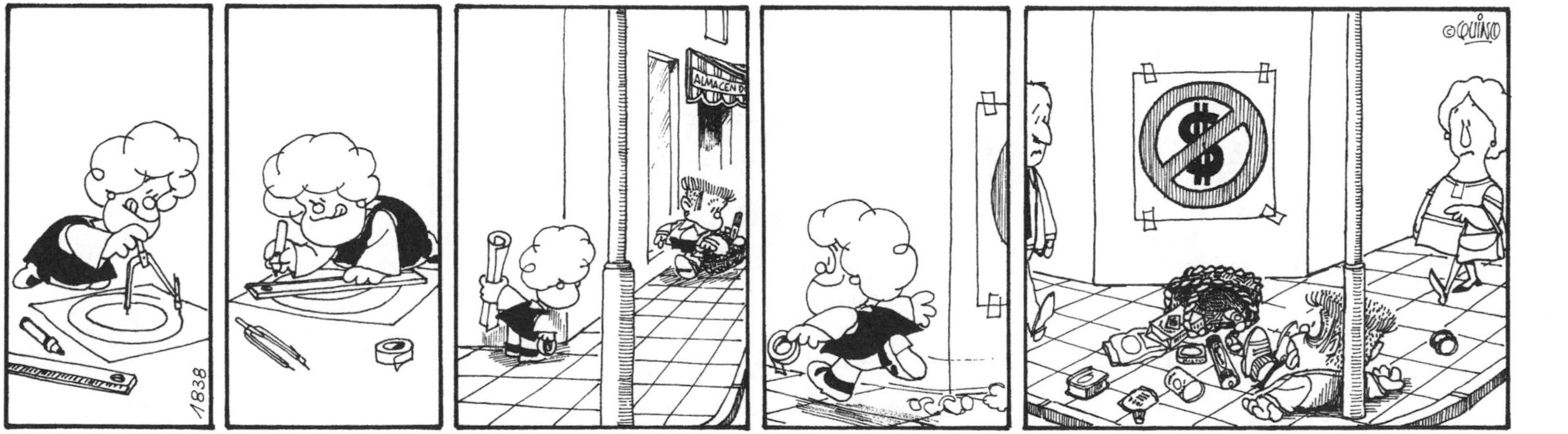
1838
© QUINO

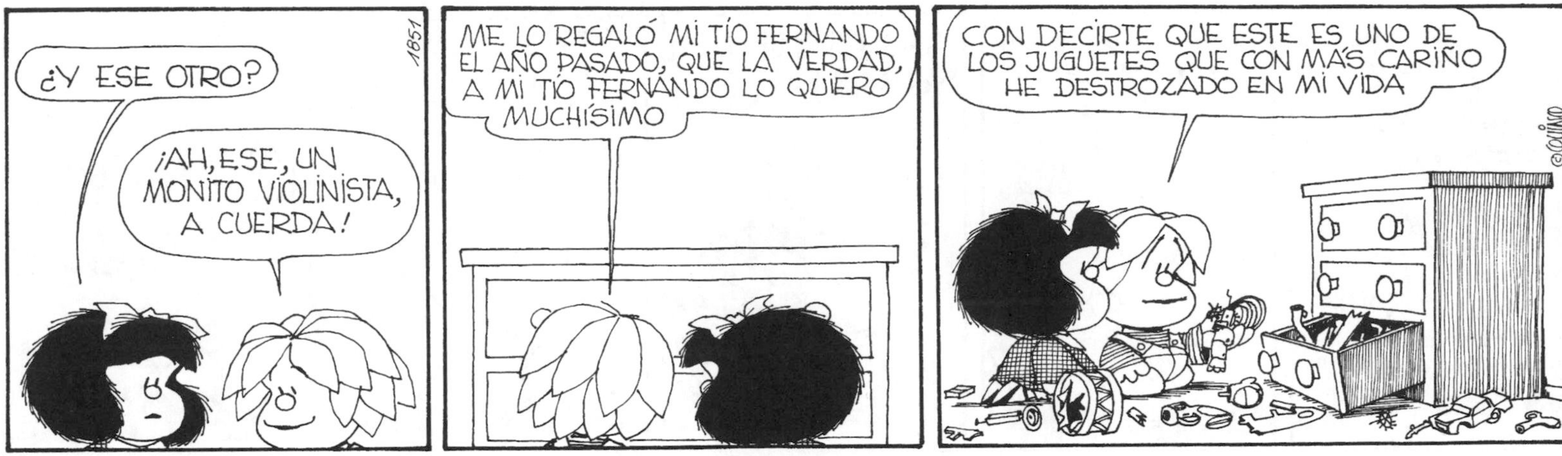
1851
¿Y ESE OTRO?
¡AH, ESE, UN MONITO VIOLINISTA, A CUERDA!
ME LO REGALÓ MI TÍO FERNANDO EL AÑO PASADO, QUE LA VERDAD, A MI TÍO FERNANDO LO QUIERO MUCHÍSIMO
CON DECIRTE QUE ESTE ES UNO DE LOS JUGUETES QUE CON MÁS CARIÑO HE DESTROZADO EN MI VIDA
©QUINO

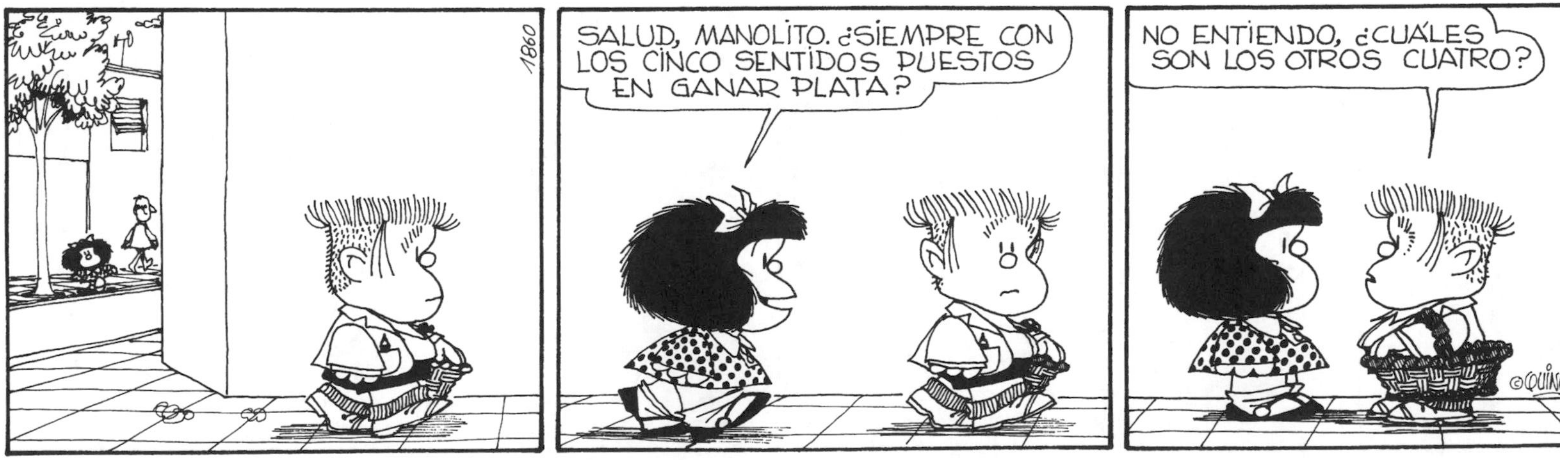
1860
SALUD, MANOLITO. ¿SIEMPRE CON LOS CINCO SENTIDOS PUESTOS EN GANAR PLATA?
NO ENTIENDO, ¿CUÁLES SON LOS OTROS CUATRO?
©QUINO

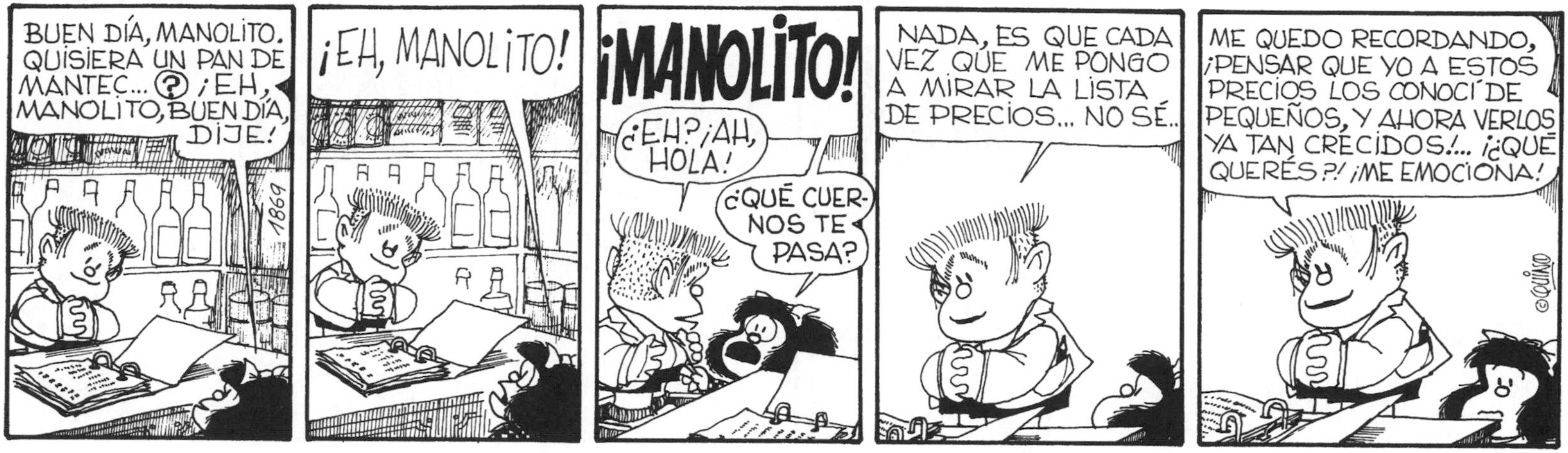
BUEN DÍA, MANOLITO. QUISIERA UN PAN DE MANTEC... ? ¡EH, MANOLITO, BUEN DÍA, DIJE!
1869
¡EH, MANOLITO!
¡MANOLITO!
¿EH? ¡AH, HOLA!
¿QUÉ CUERNOS TE PASA?
NADA, ES QUE CADA VEZ QUE ME PONGO A MIRAR LA LISTA DE PRECIOS... NO SÉ...
ME QUEDO RECORDANDO, ¡PENSAR QUE YO A ESTOS PRECIOS LOS CONOCÍ DE PEQUEÑOS, Y AHORA VERLOS YA TAN CRECIDOS!... ¡¿QUÉ QUERÉS?! ¡ME EMOCIONA!
©QUINO

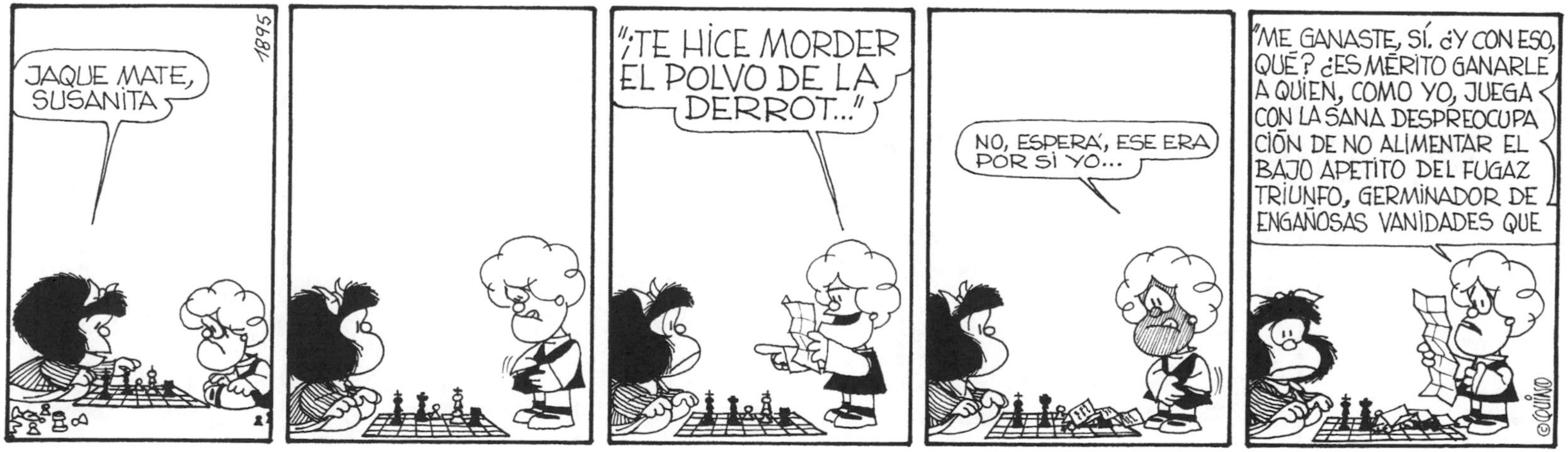
1895
JAQUE MATE, SUSANITA
"¡TE HICE MORDER EL POLVO DE LA DERROT..."
NO, ESPERÁ, ESE ERA POR SI YO...
"ME GANASTE, SÍ. ¿Y CON ESO, QUÉ? ¿ES MÉRITO GANARLE A QUIEN, COMO YO, JUEGA CON LA SANA DESPREOCUPACIÓN DE NO ALIMENTAR EL BAJO APETITO DEL FUGAZ TRIUNFO, GERMINADOR DE ENGAÑOSAS VANIDADES QUE
©QUINO

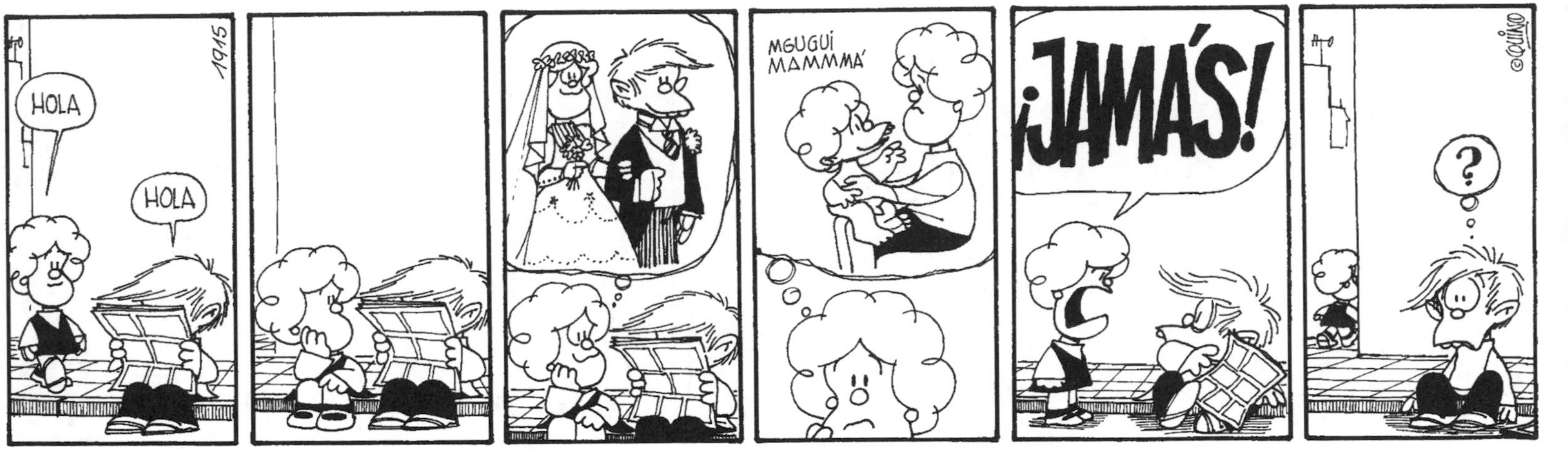
HOLA
HOLA
MGUGUÍ MAMMMÁ
¡JAMÁS!
?
©QUINO

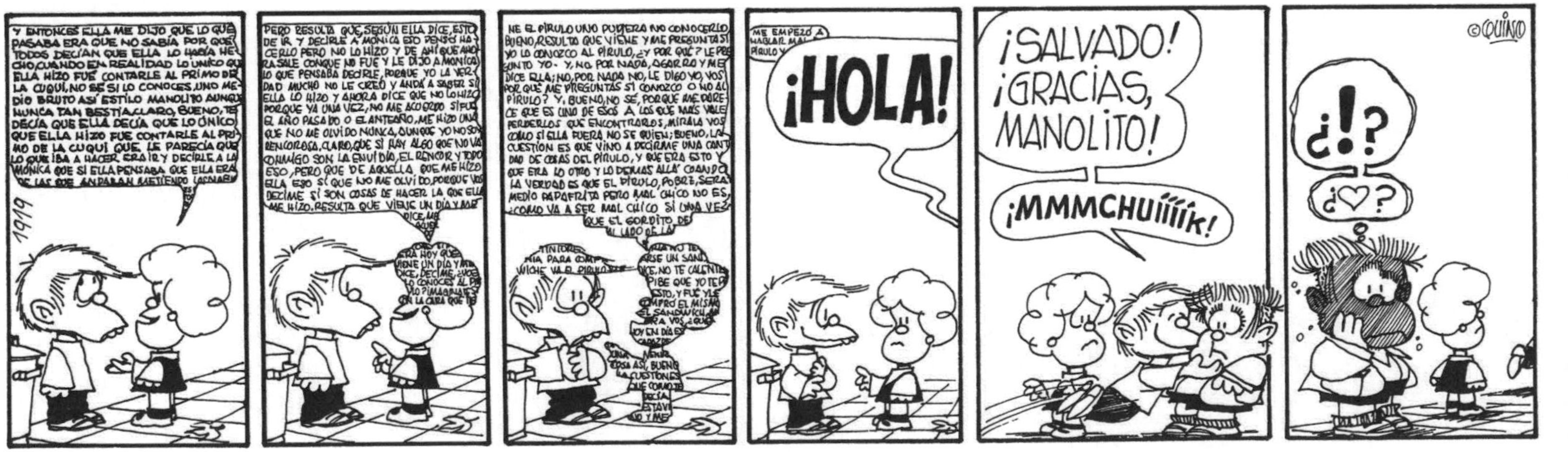
Y ENTONCES ELLA ME DIJO QUE LO QUE PASABA ERA QUE NO SABÍA POR QUÉ TODOS DECÍAN QUE ELLA LO HABÍA HECHO, CUANDO EN REALIDAD LO ÚNICO QUE ELLA HIZO FUÉ CONTARLE AL PRIMO DE LA CUQUI, NO SÉ SI LO CONOCES, UNO MEDIO BRUTO ASÍ ESTILO MANOLITO AUNQUE NUNCA TAN BESTIA, CLARO, BUENO, TE DECÍA QUE ELLA DECÍA QUE LO ÚNICO QUE ELLA HIZO FUE CONTARLE AL PRIMO DE LA CUQUI QUE LE PARECÍA QUE LO QUE IBA A HACER ERA IR Y DECIRLE A LA MÓNICA QUE SI ELLA PENSABA QUE ELLA ERA
PERO RESULTA QUE, SEGÚN ELLA DICE, ESTO DE IR Y DECIRLE A MÓNICA ESO PENSÓ HACERLO PERO NO LO HIZO Y DE AHÍ QUE AHORA SALE CONQUE NO FUE Y LE DIJO A MÓNICA LO QUE PENSABA DECIRLE, PORQUE YO LA VERDAD MUCHO NO LE CREO Y ANDÁ A SABER SI ELLA LO HIZO Y AHORA DICE QUE NO LO HIZO PORQUE YA UNA VEZ, NO ME ACUERDO SI FUE EL AÑO PASADO O EL ANTEAÑO, ME HIZO UNA QUE NO ME OLVIDO NUNCA, AUNQUE YO NO SOY RENCOROSA, CLARO, QUE SI HAY ALGO QUE NO VA CONMIGO SON LA ENVIDIA, EL RENCOR Y TODO ESO, PERO QUE DE AQUELLA QUE ME HIZO ELLA ESO SÍ QUE NO ME OLVIDO, PORQUE VOS DECIME SI SON COSAS DE HACER LA QUE ELLA ME HIZO. RESULTA QUE VIENE UN DÍA Y ME
NE EL PIRULO UNO PUDIERA NO CONOCERLO BUENO, RESULTA QUE VIENE Y ME PREGUNTA SI YO LO CONOZCO AL PIRULO, ¿Y POR QUÉ? LE PREGUNTO YO. Y, NO POR NADA, AGARRA Y ME DICE ELLA; NO, POR NADA NO, LE DIGO YO, VOS POR QUÉ ME PREGUNTÁS SI CONOZCO O NO AL PIRULO? Y, BUENO, NO SÉ, PORQUE ME PARECE QUE ES UNO DE ESOS A LOS QUE MÁS VALE PERDERLOS QUE ENCONTRARLOS, MIRALA VOS COMO SI ELLA FUERA NO SÉ QUIÉN; BUENO, LA CUESTIÓN ES QUE VINO A DECIRME UNA CANTIDAD DE COSAS DEL PIRULO, Y QUE ERA ESTO Y QUE ERA LO OTRO Y LO DEMÁS ALLÁ CUANDO LA VERDAD ES QUE EL PIRULO, POBRE, SERÁ MEDIO PAPAFRITA PERO MAL CHICO NO ES, ¿CÓMO VA A SER MAL CHICO SI UNA VEZ
¡HOLA!
¡SALVADO! ¡GRACIAS, MANOLITO!
¡MMMCHUÍÍÍÍK!
¿!?
¿♡?
©QUINO

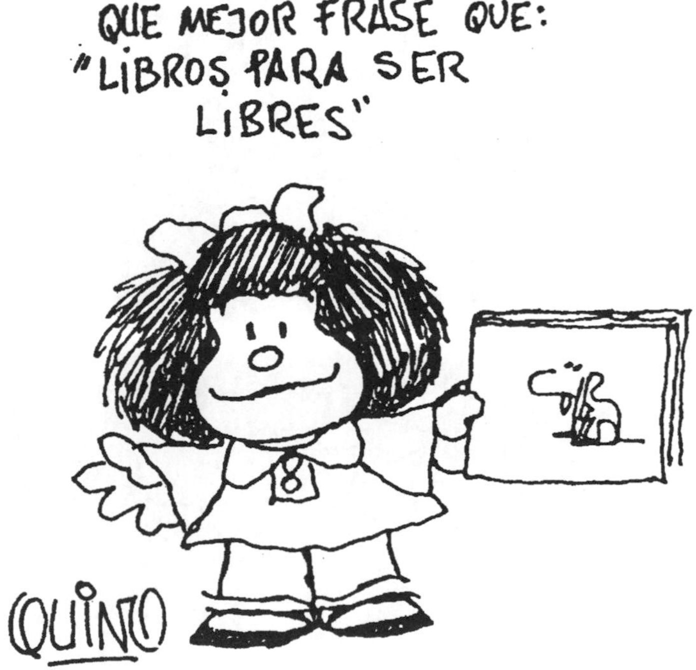
QUÉ MEJOR FRASE QUE:
"LIBROS PARA SER LIBRES"
QUINO

Joaquín Lavado nació el 17 de julio de 1932 en Mendoza (Argentina) en el seno de una familia de emigrantes andaluces. Descubrió su vocación como dibujante a los tres años. Por esas fechas ya lo empezaron a llamar **Quino**. En 1954 publica su primera página de chistes en el semanario bonaerense *Esto Es*. En 1964, su personaje Mafalda comienza a aparecer con regularidad en el semanario *Primera Plana*. El éxito de sus historietas le brinda la oportunidad de publicar en el diario nacional *El Mundo* y será el detonante del *boom* editorial que se extenderá por todos los países de lengua castellana. Tras la desaparición de *El Mundo* y un año de ausencia, Mafalda regresa a la prensa en 1968 gracias al semanario *Siete Días* y en 1970 llega a España de la mano de Esther Tusquets y de la editorial Lumen. En 1973, Mafalda y sus amigos se despiden para siempre de sus lectores. Lumen ha publicado los once tomos recopilatorios de viñetas de *Mafalda*, numerados de 0 a 10, y también en un único volumen —*Mafalda. Todas las tiras* (2011)—, así como las viñetas que permanecían inéditas y que integran junto con el resto el libro *Todo Mafalda*, publicado con ocasión del cincuenta aniversario del personaje. En 2018 vio la luz la recopilación en torno al feminismo *Mafalda. Femenino singular*; en 2019, *Mafalda. En esta familia no hay jefes*, y en 2020, *El amor según Mafalda*. También han aparecido en Lumen los libros de viñetas humorísticas del dibujante, entre los que destacan *Mundo Quino* (2008), *Quinoterapia* (2008), *Simplemente Quino* (2016) o el volumen recopilatorio *Esto no es todo* (2008).

Quino ha logrado tener una gran repercusión en todo el mundo, se han instalado esculturas de Mafalda en Buenos Aires, Oviedo y Mendoza, sus libros han sido traducidos a más de veinte lenguas y dialectos (los más recientes son el armenio, el búlgaro, el hebreo, el polaco y el guaraní), y ha sido galardonado con premios tan prestigiosos como el Príncipe de Asturias de Comunicación y Humanidades y el B'nai B'rith de Derechos Humanos. Quino murió en Mendoza el 30 de septiembre de 2020.

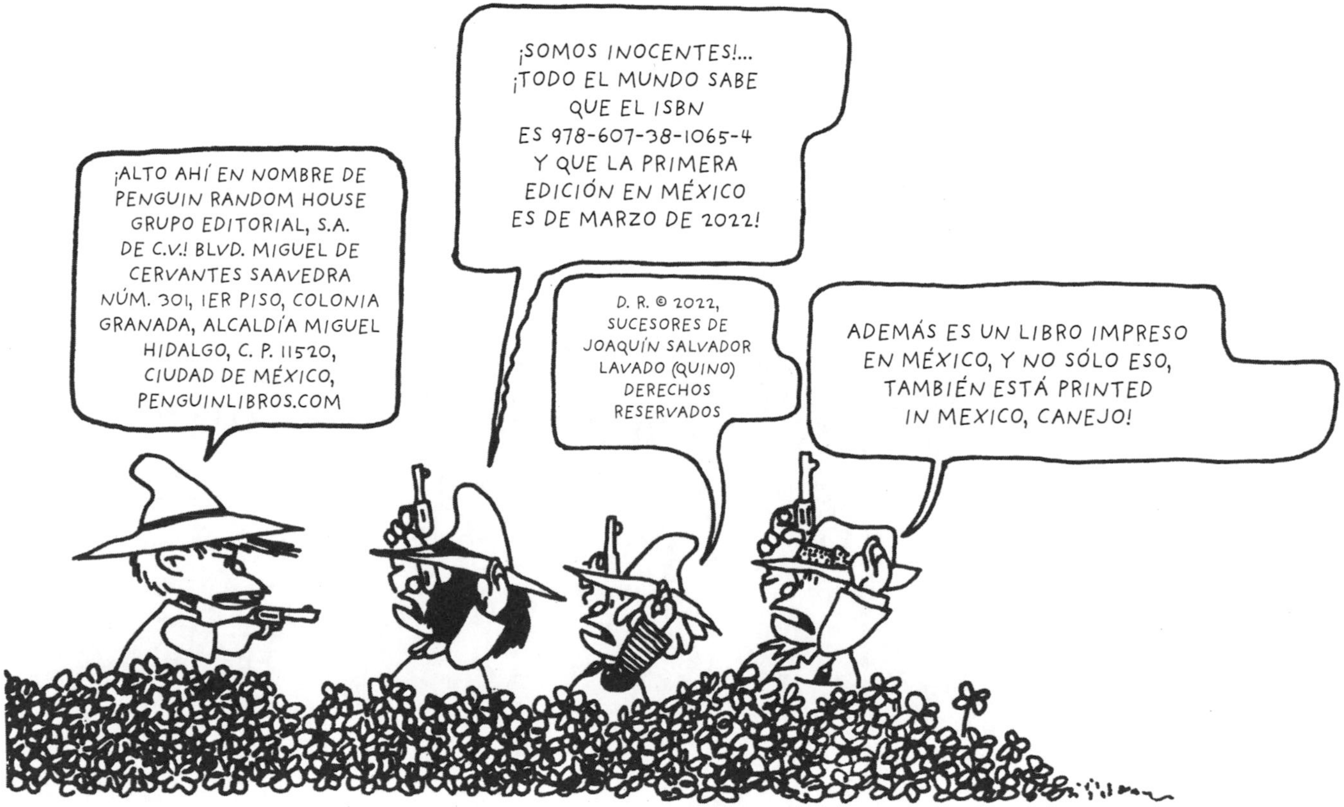
¡ALTO AHÍ EN NOMBRE DE PENGUIN RANDOM HOUSE GRUPO EDITORIAL, S.A. DE C.V.! BLVD. MIGUEL DE CERVANTES SAAVEDRA NÚM. 301, 1ER PISO, COLONIA GRANADA, ALCALDÍA MIGUEL HIDALGO, C. P. 11520, CIUDAD DE MÉXICO, PENGUINLIBROS.COM
¡SOMOS INOCENTES!... ¡TODO EL MUNDO SABE QUE EL ISBN ES 978-607-38-1065-4 Y QUE LA PRIMERA EDICIÓN EN MÉXICO ES DE MARZO DE 2022!
D. R. © 2022, SUCESORES DE JOAQUÍN SALVADOR LAVADO (QUINO) DERECHOS RESERVADOS
ADEMÁS ES UN LIBRO IMPRESO EN MÉXICO, Y NO SÓLO ESO, TAMBIÉN ESTÁ PRINTED IN MEXICO, CANEJO!

El amor según Mafalda de Quino
se terminó de imprimir en marzo de 2022
en los talleres de
Litográfica Ingramex, S.A. de C.V.
Centeno 162-1, Col. Granjas Esmeralda, C.P. 09810
Ciudad de México.